FEMINICÍDIO

UMA ANÁLISE SOCIOJURÍDICA DA VIOLÊNCIA CONTRA A MULHER NO BRASIL

3ª edição

Adriana Ramos de Mello

FEMINICÍDIO

UMA ANÁLISE SOCIOJURÍDICA DA VIOLÊNCIA CONTRA A MULHER NO BRASIL

3ª edição

GZ
EDITORA
Rio de Janeiro
2020

2ª edição - 2019 - 3ª tiragem
3ª edição - 2020

Ilustração da capa
Ana Paula Moreira

CIP - Brasil. Catalogação-na-fonte.
Sindicato Nacional dos Editores de Livros, RJ.

M476f
3ª ed.

Mello, Adriana Ramos de

Feminicídio: uma análise sociojurídica da violência contra a mulher no Brasil / Adriana Ramos de Mello. - 3ª ed. - Rio de Janeiro: GZ, 2020.

276 p.; 24 cm.

Inclui bibliografia e índice

ISBN: 978-85-9524-073-5

1. Violência contra as mulheres - Legislação - Brasil. 2. Violência familiar - Legislação - Brasil. I. Título.

19-61285

CDU: 347.156(81)

contato@editoragz.com.br
www.editoragz.com.br

Av. Erasmo Braga, 299 - Sala 202 - 2º andar - Centro
CEP: 20020-000 - Rio de Janeiro - RJ
Tels.: (0XX21) 2240-1406 / 2240-1416 - Fax: (0XX21) 2240-1511

Impresso no Brasil
Printed in Brazil

Aos meus filhos queridos, *Julia* e *Antonio*, por minha ausência durante o período de estudo e respeito aos meus momentos de solidão na elaboração deste livro.

Ao *Caetano*, companheiro de vida que comigo partilha o desafio de construir relações igualitárias.

Dedico este livro, especialmente, em memória de todas as meninas e mulheres que foram vítimas da discriminação, da violência de gênero e do feminicídio e não tiveram a oportunidade de denunciar a violência sofrida.

Agradecimentos

Este livro, como todo trabalho acadêmico, é fruto de uma produção coletiva. Mesmo correndo o risco de cometer omissões involuntárias, não posso deixar de agradecer às seguintes pessoas, que, mais de perto, colaboraram para sua realização: a prof. Dra. Encarna Bodelón González, professora, orientadora dos meus estudos na Espanha, Diretora do Grupo de Pesquisa Antígona, vinculado à Universidade Autônoma de Barcelona, pela acolhida generosa e pelo acesso que me possibilitou aos livros, pesquisas e seminários vinculados ao tema; a Prof. Dra. Ana Lucia Sabadell, professora, coorientadora, amiga, que durante esses cinco anos de elaboração da tese soube deixar a sua marca intelectual; a Dra. Leila Linhares Barsted, advogada, minha grande amiga e companheira de luta pelos direitos das mulheres e Coordenadora Executiva da CEPIA, por seu exemplo de mulher e feminista; a equipe do arquivo do Tribunal de Justiça do Estado do Rio de Janeiro, brilhantemente coordenada pelo servidor Márcio Ronaldo Leitão Teixeira, que me possibilitou o acesso aos autos dos processos pesquisados; aos servidores e juízes dos Tribunais do Júri da Comarca da Capital, que me facilitaram o acesso aos processos criminais; a Agramara Andrade Agra Illa Lopes e Thiago Fontana do Carmo Machado, jovens pesquisadores, que com seriedade e grande disponibilidade, auxiliaram-me na pesquisa de campo realizada na Comarca do Rio de Janeiro; a socióloga Ranúsia Santos, que me auxiliou com a análise sociológica dos processos; a Prof. Dra. Lana Lage, professora, historiadora e companheira de luta pelas valiosas contribuições sobre a história da mulher no Brasil; a Prof. Lívia Paiva, que me auxiliou na correção do texto e na atualização dos dados, dando sugestões relevantes.

Apresentação

Na última década, com a aprovação, em 2006, da Lei Maria da Penha, a questão da violência contra as mulheres, além de ter ganhado maior visibilidade na sociedade e ensejar fortes manifestações de censura a essa violência, delegou ao Poder Judiciário um protagonismo inédito com a criação dos Juizados de Violência Doméstica e Familiar contra a Mulher. O Rio de Janeiro foi um dos primeiros Estados a contar com esses Juizados e neles, desde o início, se destacou o protagonismo da Dra. Adriana Ramos de Mello, Juíza do I Juizado da Capital.

Se a sensibilidade da Dra. Adriana sobre a questão da violência contra a mulher já estava presente antes da Lei Maria da Penha, sua atuação frente a esse Juizado marcou um diferencial de grande importância para aquelas que, vítimas de violência, recorreram à Justiça. Seu desempenho como magistrada e estudiosa do Direito, além de sensível ao diálogo e às demandas dos movimentos de mulheres, foi além da esfera do Poder Judiciário. Ampliou o campo do debate sobre as causas e amplitude da violência de gênero em sua atuação à frente do Fórum da Violência Doméstica e de Gênero da Escola de Magistratura do Rio de Janeiro, contribuindo para a divulgação dos avanços, dos obstáculos e dos desafios para a implementação da Lei Maria da Penha.

Um protagonismo mais vigoroso no mundo do Direito e na sociedade requer uma análise mais ampla e complexa sobre a problemática da violência contra as mulheres e, nesse sentido, a sólida formação acadêmica da Dra. Adriana permitiu que aprofundasse a compreensão sobre as questões sociais e culturais que estão na origem dessa forma mais grave de violência – os assassinatos de mulheres por razão de gênero.

De fato, dados recentes do *Mapa da Violência 2015: homicídios de mulheres no Brasil*, produzido pela Flacso, ONU Mulheres, OPS/OM e a Secretaria de Políticas para as Mulheres, revelam a magnitude desses homicídios ao indicar que 50,3% das mortes violentas de mulheres são cometidas por familiares e 32,2% por parceiros e ex-parceiros, o que demonstra a "domesticidade" desses crimes. Esses homicídios por razão de gênero, desde a década de 2000, já vinham sendo tipificados como feminicídios em legislações de outros países latino-americanos e, em 2008, o Mecanismo de Seguimento da Convenção para Prevenir, Punir e Erradicar a Violência contra a Mulher (Convenção de Belém do Pará) da Organização dos Estados Americanos – OEA, lançou um Declaração sobre o Feminicídio de forma a ampliar o debate sobre essa criminalidade.

No Brasil, a Dra. Adriana é uma pioneira na provocação desse debate, ainda incipiente nos movimentos de mulheres de nosso país. Seja na elaboração de propostas ou na promoção de seminários no âmbito da Escola de Magistratura e do Tribunal de Justiça do Estado do Rio de Janeiro, chamou atenção para a necessidade de nomear, e dar existência no campo do Direito, ao feminicídio como o assassinato de mulheres por razão de gênero. Com tal intuito, apresentou proposta legislativa à CPMI da Violência Contra a Mulher. Mesmo que a lei brasileira sobre feminicídio, aprovada em 2015, não contemple as suas orientações, é inegável que o debate sobre o feminicídio no nosso país muito deve à sua provocação. No presente livro, fruto de seu Doutorado em Direito Público, a reflexão que desenvolve amplia a compreensão sobre esse grave crime, que não se restringe às relações domésticas/familiares. A autora apresenta os principais conceitos sobre o feminicídio, suas características, as formas diferenciadas de sua tipificação nas diversas legislações latino-americanas e as principais questões presentes na tipificação desse delito. Articula esse conhecimento ao panorama da violência contra as mulheres no Brasil e à conceituação incompleta do feminicídio na lei brasileira. Em importante esforço de pesquisa, analisa casos concretos de assassinatos de mulheres buscando situá-los à luz da problemática do feminicídio, lançando instigantes indagações relativas ao contexto das mortes de mulheres no Rio de Janeiro no período de 2000 a 2010, à forma como o Judiciário fluminense julgou esses casos e ao impacto da Lei Maria da Penha na mudança de comportamento na sociedade e no mundo jurídico. Ao longo desse livro, a autora nos oferece uma reflexão apurada sobre o desafio de olhar para o fenômeno da criminalidade e do próprio Direito com a perspectiva de gênero.

Trata-se, assim, de um trabalho de fôlego e pioneiro no Brasil no campo da Sociologia do Direito, ousando, como destaca a autora, entender o Direito "como conjunto cheio de contradições que pode ser subvertido a partir do seu interior e adquirir, assim, utilidade para a causa das mulheres".

Boa leitura!

Leila Linhares Barsted

Prefácio

É com muita alegria que apresentamos hoje a obra da Dra. Adriana Mello, que é o resultado de uma meticulosa pesquisa de doutorado desenvolvida entre os anos de 2011 e 2015 e que foi submetida ao tribunal de tese na cidade de Barcelona no dia 10 de dezembro do ano passado, especificamente na faculdade de Direito da Universitat Autônoma de Barcelona (Bellaterra-Espanha).

Há vários anos orientamos e desenvolvemos pesquisas na área da teoria e sociologia feminista do Direito na Europa e na América Latina e formamos diversas pesquisadoras e pesquisadores que hoje, ao exemplo da autora, atuam expandindo o debate jurídico-feminista no meio acadêmico e na práxis do Direito.

Entendemos que o fenômeno da violência contra a mulher, na maioria esmagadora dos casos, se relaciona com a problemática da sociedade patriarcal e, portanto, trata-se de uma questão de gênero. E a forma mais extrema de manifestação dessa violência está representada pelo assassinato, que pode ser perpetrado por um ente próximo (namorado, marido, companheiro ex ou atual), mas também por um desconhecido, sempre quando o contexto nos indique que o móbil do crime é o fato de a vítima "ser mulher". Denominar o assassinato de mulheres nessa condição de homicídio implica, do ponto de vista de uma política criminal feminista, na negação dessa própria violência, reforçando assim sua "invisibilidade social". Fenômenos que são invisíveis são, na verdade, fenômenos que inexistem na perspectiva científica (incluindo aqui a jurídica).

Por outro lado, o desenvolvimento dos direitos humanos na esfera internacional tem levado a uma contínua juridificação, quase de corte casuístico, de atos que atentem contra tais direitos, sejam eles direitos indígenas, direitos das crianças, direitos dos idosos e também das mulheres.

Por esses motivos, o processo de juridificação do feminicídio como uma prática delitiva indicativa de uma forma particular de violência contra a mulher, se tornou uma bandeira do movimento feminista nas últimas décadas. Em todos os lugares do mundo, todos os dias, mulheres são vítimas de assassinatos pelo simples fato de "serem mulheres". E aqui chegamos ao objeto de estudo desta obra: a análise da problemática do feminicídio, com ênfase no caso brasileiro.

Ela é escrita por uma juíza que se confrontou com essa forma de violência não por meio, inicialmente, da leitura de livros ou devido a participação em pesquisas – que é a forma como costumamos nos aproximar de uma temática no meio acadêmico, mas sim pelo seu árduo – e muitas vezes frustrante – trabalho de magistrada, que se depara com mulheres vítimas dessa violência. A autora escutou seus relatos, muitas vezes pensou e decidiu "por elas". E essa experiência a fez confrontar-se com aquilo que as diversas teorias feministas do Direito denominam "invisibilidade da violência" e de "negação de direitos", que ocorre por força da atuação de uma série de mecanismos complexos de tutela de valores machistas, que marcam o desenvolvimento de nossas sociedades patriarcais. O nosso sistema de justiça não se subtrai a essa realidade, ao contrário, é local de produção e reprodução da discriminação da mulher, conforme é comprovado pela extensa literatura especializada.

Por isso, o interesse da autora pelo tema se entrelaça com a sua própria carreira profissional, tal como ela nos relata na introdução deste livro. Mas este entrelaçamento entre a pesquisadora e a operadora do Direito permitiu que ela desenvolvesse uma "peculiar" sensibilidade aos problemas relativos à violência contra a mulher e certamente, foi a práxis que levou a autora ao meio acadêmico.

Por isso, entendemos que a obra que hoje se apresenta à comunidade brasileira constitui uma das mais fecundas contribuições que pode ser feita ao estudo jurídico do tema e ao mesmo tempo cobre um enorme vazio acadêmico sobre a matéria, particularmente no Brasil, onde se identifica uma profunda carência de obras que abordem com a devida seriedade o problema da violência de gênero e especialmente o feminicídio, enquanto uma das manifestações deste tipo de violência.

Com raras exceções, as autoras e os autores que se dedicam ao estudo da violência na seara jurídica, apresentam análises superficiais, se dedicam a comentar artigos de lei e a jurisprudência e ainda, mesmo quando se ocupam da "defesa" dos direitos da mulher e se propõem a discutir questões de cunho constitucional (como por exemplo, a não violação do princípio da igualdade entre os gêneros em decorrência do tratamento legal da violência doméstica); o fazem desprovidas e desprovidos de qualquer formação sobre a teoria feminista do direito e seu impacto na formulação do Direito hodierno, tanto na esfera interna como externa. Isso decorre de um problema mais complexo, posto que o Brasil "cedeu" às pressões internacionais (e também de grupos feministas) e iniciou uma etapa de "juridificação" paulatina de direitos da mulher. Porém, a juridificação não foi precedida (e nem mesmo ocorreu de forma concomitante) a um processo de reflexão teórica, científica e de debates públicos, sobre a questão da mulher, a problemática do patriarcado na atualidade e a atuação revolucionária do feminismo em nossa modernidade. Neste sentido, segue um caminho completamente diferente dos países europeus e da América do Norte.

Dentro deste contexto, era mais que esperado que surgissem – principalmente após o estabelecimento da Lei Maria da Penha –, obras que refletissem o estado atual da questão, que nesse caso se constituiu pelo "vazio" de uma reflexão teórica. Adriana entendeu esse contexto e ao escolher seu tema de doutorado e duas rígidas orientadoras, se prontificou, na verdade, a estudar com a devida seriedade e profundidade o feminicídio, apresentando uma análise onde a reflexão da teoria feminista do direito interno e externo se une à uma reflexão sociológica e antropológica do problema e culmina com uma interessantíssima análise acerca da atuação do sistema de justiça brasileiro. Por tais motivos, podemos afirmar que se trata de uma obra de fôlego, profunda, que reflete anos de leitura e análise racional de suas fontes.

A autora, conforme já indicamos anteriormente, conhece o sistema de justiça desde uma perspectiva interna devido a sua atuação profissional. Esse olhar, obviamente, não é neutro na medida em que a autora não identifica a magistratura como "outro", mas tem a valiosa qualidade de não se deixar seduzir pela lógica do próprio sistema que ela, em sua prática jurídica, representa. Ao analisar a problemática da violência contra a mulher e do feminicídio no Brasil ela consegue, com muita precisão, identificar onde se situam os "mecanismos de sabotagem" de tutela de direitos humanos das mulheres no âmbito do funcionamento do sistema de justiça. E assim contribui para desvendar a falsa neutralidade de nossas instituições em face da problemática de gênero. Na verdade, esse é um dos objetivos da teoria e sociologia feminista do direito nas últimas décadas: levantar o véu da ignorância e denunciar as práticas sexistas dentro do sistema jurídico.

Por este motivo, podemos afirmar que o trabalho da Dra. Adriana Mello é o resultado de uma profunda e minuciosa pesquisa. Inicialmente a autora se debruça sobre um complexo problema: a definição do feminicídio, posto que, sem um conceito, não é possível desenvolver um estudo de cunho jurídico.

A violência contra a mulher começa a ser problematizada, ainda que de forma paulatina, com o movimento feminista dos anos 1960, que inicialmente apenas tinha se centrado – por questões políticas em torno ao debate do patriarcado – na violência sexual. De todas as formas, do ponto de vista acadêmico, o Direito foi um dos últimos setores das ciências humanas e sociais a desenvolver estudos de cunho feminista. Isso em si não constitui nenhuma contradição, se considerarmos não só a formulação patriarcal das ciências jurídicas modernas, mas seu papel como forma de controle social. As mulheres não intervinham no espaço público porque o sistema jurídico não lhes permitia. Muitas mulheres se rebelaram e quebraram janelas e jogaram bombas na Inglaterra, por exemplo, para exigir o direito ao voto no início do século passado. Lembramos também aqui o exemplo de Rosa de Luxemburgo, que apesar de toda a sua atuação política, nunca pode participar de um parlamento europeu, porque as mulheres não podiam ser votadas!

Portanto, o "percurso" das reflexões e reivindicações das cientistas feministas no âmbito das ciências sociais obviamente não poderia se iniciar por meio de um debate "jurídico". É que o Direito, enquanto forma de controle social, serviu (e ainda serve) como mecanismo de (re)produção da discriminação da mulher, justamente para mantê-la controlada, submissa e "fora" da esfera pública. Por isso mesmo, seus problemas devem permanecer "invisíveis", porque a visibilidade significa aqui ruptura com o mecanismo patriarcal de controle social, implica, portanto, em "revolução social".

Assim, são estudiosas da sociologia e da antropologia que na segunda metade do século passado – em um primeiro momento no espaço norte-americano –, que se dedicaram inicialmente ao estudo do feminicídio. E nesse âmbito se discute em profundidade (e em perspectiva muito diversa daquela jurídica) a conceitualização do fenômeno. Por isso, a autora voltou seus olhos a essas ciências que, simplesmente, não fazem parte do universo jurídico. E o fez com muito cuidado, apresentando detalhadamente este profícuo debate.

Mas essa reflexão realizada na Sociologia e na Antropologia em torno ao conceito de feminicídio não converge, como bem nos demonstra o trabalho de Adriana, para um conceito unívoco de feminicídio. Diferentemente do debate que se desenvolveu em relação à violência doméstica, aqui não há consenso sobre o significado do fenômeno. A conceitualização se move entre a ideia de que feminicídio se caracteriza como diversas formas de "assassinato" de mulheres que ocorrem no âmbito de uma sociedade patriarcal e a ideia de que outras formas de violência que não culminem com a morte também podem integrar o conceito. Ressaltando que o surgimento de uma dupla nomenclatura "feminicídio" e "femicídio" são indicativas dessas dificuldades conceituais, como bem destaca a autora.

O massacre de mulheres (incluindo adolescentes, meninas e até bebês) que ocorreu na cidade de Juarez no México a finais do século passado contribuiu para o profícuo desenvolvimento de um debate sobre o feminicídio na América Latina e as feministas latinas se ocuparam intensamente da questão. A condenação na Corte Interamericana de Direitos Humanos do México também contribuiu para tirar da invisibilidade esse grave problema social. De todas as formas, a ausência de definição unívoca do fenômeno refletiu-se no tratamento jurídico do feminicídio na América Latina, existindo países, como ressaltam as especialistas, dentre estas, nossa autora, que adotam definições mais restritivas e outras mais amplas.

Depois desta exaustiva trajetória, que por si só, já permitiria "fechar" uma tese de doutorado, Adriana se recorda de seu país e passa a analisar o fenômeno sociológico da violência contra a mulher, as reações dos grupos feministas no Brasil nos idos anos de 1970, as primeiras medidas jurídicas que se desenvolveram, com a criação, nos anos de 1980 no governo de Franco Montoro, das delegacias da mulher. Recorre todo esse percurso avaliando a posição do Judiciário e culmina com uma interessante análise sobre a violência doméstica e a prática de feminicídio no Brasil. No final da realização da sua tese doutoral, em 2015, a autora se depara com o processo de criminalização do feminicídio no Brasil, tratado como qualificadora no crime de homicídio. A autora então inclui nesta obra uma interessante análise do tratamento penal dado à questão e faz reflexões que devem servir para nortear o pensamento dos operadores jurídicos e todos aqueles que se confrontam (ou se preocupam) com a problemática da violência contra a mulher.

Por último, recordamos que na Alemanha se afirma, em uma perspectiva totalmente patriarcal, que "o diretor" de tese é um DOKTORVATER (pai do doutorando), nós aqui queremos dizer, desde uma perspectiva feminista, que estamos muito orgulhosas de termos dirigido a tese que hoje aqui se apresenta e que, como DOKTORMÜTTER (mães da doutoranda) consideramos que todos os elogios devem ser dirigidos a Adriana, que teve o mérito de assumir essa empreitada e nos concede hoje uma obra impecável, que mudará, certamente, os rumos da discussão sobre o feminicídio no Brasil. Boa leitura a todas e a todos!

Rio de Janeiro, aos 11 de fevereiro de uma chuvosa tarde de verão.

Ana Lucia Sabadell
Professora titular do Departamento de Teoria do Direito da
Faculdade Nacional de Direito da Universidade Federal do Rio de Janeiro (Brasil)

Encarna Bodelón
Professora ordinária do Departamento de Filosofia, Teoria e Sociologia do Direito da
Facultad de Derecho da Universidad Autonoma de Barcelona (Espanha)

Nota à 3ª edição

A minha trajetória profissional e a história deste livro constam logo da introdução da 1ª edição. Não preciso repeti-las. Apresento às leitoras e aos leitores a 3ª edição da obra *Feminicídio*: uma análise sociojurídica da violência contra a mulher no Brasil.

O objetivo didático me levou a escrever um texto mais simples e acessível a todas as pessoas que se interessam pelo tema. Assim, evito as grandes polêmicas e discussões teóricas sobre o assunto. Prefiro tratar delas em outros trabalhos já publicados ou que, tendo sido objeto de aulas e conferências talvez possam ser editados em breve.

O tema violência contra a mulher e feminicídio tem suscitado muitos debates no meio jurídico e na sociedade, mas os números alarmantes da violência doméstica e familiar vêm nos instigando a estudá-lo e propor soluções para o enfrentamento à violência contra a mulher pelo sistema de justiça.

Uma das grandes novidades desta edição é a Resolução nº 284, de 5 de junho de 2019, editada pelo Conselho Nacional de Justiça, que instituiu o Formulário Nacional de Avaliação de Risco para a prevenção e o enfrentamento de crimes e demais atos praticados no contexto de violência doméstica e familiar contra a mulher.

Introduzi ainda nesta edição o tratamento da violência doméstica e do femicídio/feminicídio em Portugal, país que também vem enfrentando o fenômeno e sendo acompanhado pela Associação Portuguesa de Apoio à V**ítima** – APAV, eis que, segundo a referida entidade, entre os crimes de homicídio em Portugal, em quase um terço dos casos acompanhados há um relacionamento de intimidade entre vítima e agressor.

Procurei manter o livro atualizado, especialmente quanto à jurisprudência brasileira, particularmente do Superior Tribunal de Justiça. Este é o motivo da maior parte das atualizações que hoje a integram, bem como as que agora são incluídas.

Além disso, algumas leis foram aprovadas recentemente, sendo importante que esta edição seja atualizada de acordo, dentre elas a Lei nº 13.505/2017, a Lei nº 13.641/2018, a Lei nº 13.772/2018, a Lei nº 13.827/2019 e a Lei nº 13.836/2019.

Ao concluir esta edição, quero fazer um agradecimento especial à minha professora, orientadora e amiga Professora Dr.ª Ana Lúcia Sabadell. Um agradecimento especial à minha assessora Lívia Tavares Bezerra e ao meu assessor André Ribeiro da Rocha pelo interesse no assunto e debates acalorados no gabinete do I Juizado de Violência Doméstica e Familiar do Rio de Janeiro, que contribuíram em parte com esta obra.

E, por fim, quero agradecer a colaboração, seja por meio das correções e das sugestões, da querida Professora Danielle Tavares, do Departamento de Direito da Faculdade Nacional de Direito – FND/UFRJ.

Outubro de 2019.

Índice Sistemático

Introdução

O problema da violência contra a mulher, em razão de ser mulher, é grave, até hoje, em todas as partes do mundo. Mesmo que até nós, mulheres, em muitos casos não nos demos conta disso e pensemos ter chegado a um ponto de igualdade entre os sexos, de quando em quando somos forçosamente lembradas, seja pelas estatísticas, seja por episódios isolados que chegam ao nosso conhecimento, que esse não é exatamente o caso. É que muitas vezes é a naturalização da violência na nossa sociedade que faz com que vejamos como natural aquilo que não é; que achemos normal, por exemplo, que, por sermos mulheres, não podemos andar na rua a partir de certas horas ou em certos lugares; que não podemos andar sozinhas; que se não nos portarmos segundo um estrito protocolo, seremos nós – e não nossos agressores – as responsáveis pela violência que sofrermos. Essa invisibilização do problema da violência, porém, constitui-se justamente em parte essencial desse problema, dessa violência.

Quando se fala em violência contra as mulheres, não há que se pensar apenas na sua forma física imediata, nem apenas na violência doméstica ou familiar. Em muitos outros matizes de violência que nós, mulheres, experimentamos diariamente na sociedade, podem ser detectados traços de violência de gênero – ainda que isso não seja explícito, sofremos violência constantemente pelo mero fato de sermos mulheres.

Há a violência sexual, que não se resume ao estupro claro e consumado e há lesões e morte que não raro o acompanham, mas se esconde em detalhes cotidianos. Por exemplo, quando ao escolher nossas roupas nos policiamos, levando em conta não só o que nos faz sentir melhor, mas aquilo que pode ser pensado de nós pelas outras pessoas e as consequências que isso pode ter. Ou então, quando muitas de nós nos sentimos culpadas por violências sexuais praticadas contra as mulheres que não se sentem legitimadas para tomar suas próprias escolhas sobre seu corpo diante da pressão dos homens. Por conta disso, muitas situações que, tecnicamente, configurariam estupro, são tratadas com naturalidade. Porque, no senso comum, a ideia de consentimento é frequentemente invadida por uma série de fatores de cunho ideológico que a distorcem.

Também em outros ambientes, como no trabalho, a mulher sofre violência de forma velada, seja pelo notório fato de receber menos pelo mesmo trabalho, seja através de pequenos assédios que são vistos e ignorados pela maioria das pessoas, que julgam, seguindo o senso comum que naturaliza a violência, não ser da sua conta. Há assim, toda uma enorme dimensão simbólica abstrata da violência contra a mulher, que se traduz constantemente em consequências físicas, se impondo sobre nossos corpos. O cúmulo dessa imposição – que representa, porém, uma continuidade e não uma ruptura com ela – é a morte, a destruição do corpo da mulher e a subtração da sua vida, já destituída de valor humano.

Muitas vezes a violência física contra o corpo e a vida das mulheres se dá sem a necessidade de outro veículo além do seu próprio corpo – é o caso do suicídio. Muitas mulheres são levadas, tal a violência psicológica exercida sobre elas na sociedade, a tirar suas próprias vidas, o que, novamente, não é interpretado nunca como produto dessa mesma violência, justamente em função dela, dos seus aspectos mais gerais e mais ideológicos, que moldam a percepção social em geral de cada violência, cada morte específica.

É importante ressaltar que essa violência não está enraizada apenas nas mentes das pessoas, mas nas próprias instituições, no Estado ou fora dele, sendo o Direito uma das mais relevantes nessa dinâmica. As formas como o gênero é construído e interpretado, longe de serem naturais, são moldadas pelas instituições erigidas pelo homem (o uso da palavra "homem" para referir-se a essa generalidade humana já diz muito sobre sua natureza). Se os papéis do homem e da mulher parecem muito evidentes para nós, é porque vivemos no seio dessas instituições, que moldam nossas interpretações do mundo. Desenvolver outras interpretações, que gerem menos violência contra os corpos das mulheres, depende, antes de mais nada, da possibilidade de trazer-se à luz o caráter artificial dessas instituições. Para tanto, as palavras são muitas vezes determinantes, e em especial a aparição de certos conceitos no seio das instituições. Daí a importância do reconhecimento, pelo Direito, de uma prática social nefasta como o femicídio.

Isso se dá, de certo modo, como a inclusão de um aspecto transformador no seio do Direito. Ainda que no todo de sua coerência, o Direito permaneça sendo expressão da violência institucional contra as mulheres, isso não obsta o seu uso instrumental a fim de protegê-las, quando isso se faz possível. Isso porque o Direito não é um todo homogêneo, mas como conjunto cheio de contradições, pode ser subvertido a partir do seu interior e adquirir assim, utilidade para a causa das mulheres. Ainda que o Estado seja cúmplice no próprio feminicídio – através, por exemplo, da afirmação do poder-matar através da impunidade masculina –

ele também pode servir como arma contra ele. Com o tempo, espera-se que essas mudanças no Direito surtam também efeitos sobre a forma como a violência é percebida na sociedade.

A morte violenta de mulheres tem se tornado uma pandemia social na América Latina, mostrando o quão longe ainda estamos da civilização e o quão perto da barbárie. Isso, inclusive do ponto de vista das instituições que, como já mencionado, são cúmplices na violência. Exemplo disso são os assassinatos de mulheres de Ciudad Juárez, que, tendo dado início à parte das mais importantes discussões sobre assassinatos de mulheres na América Latina, é um dos objetos tratados por este livro.

Mas não é preciso sair do Brasil para observar a dimensão dessa violência nas sociedades latino-americanas, caracterizadas pela sua estranha combinação entre as tradições mais arcaicas e o caos mais pós-moderno, as instituições mais conservadoras e mais incapazes de se conservarem, não tendo nunca, sequer propriamente se consolidado. Nossos Estados, como no restante do mundo, mas de maneira de certo modo especial, são cúmplices da violência contra as mulheres e só uma tentativa muito persistente de incluir no seu seio a semente de uma mudança radical pode dar início a algum tipo de transformação, o que depende de uma vigilância constante.

Nesse aspecto, há que se ter em conta que *aquilo que não se nomeia não existe*. Especialmente no que concerne ao Estado ao Direito, o que não tem nome, e especialmente o que não tem seu nome inscrito nas instituições do Estado, não goza de existência. Nesse caso, a existência reconhecida e a existência *tout court* têm pouca diferença entre si. É preciso nomear o problema, antes de mais nada, para que ele possa começar a ser enfrentado.

Por isso, a criação de um crime sob o nome de femicídio ou feminicídio (e a decisão entre esses dois nomes, por si só, terá importância, como veremos, nos contornos assumidos pelo problema), sua tipificação ou sua especificação no seio de um tipo penal preexistente, serve a razões muito mais fundamentais do que a mera possibilidade de uma punição ou de uma punição mais grave desses delitos (o que poderia levar a se pensar em um punitivismo simplista). Essa interpretação, sim, é que seria simplista, pois ignoraria a dimensão do reconhecimento pelo Direito como instituição de uma realidade que ainda não é, muitas vezes, sequer uma realidade reconhecida no próprio campo social. Como veremos, muitas vezes não há sequer a necessidade de uma punição diferente para o crime de homicídio quando praticado contra mulheres, por serem mulheres, em relação ao homicídio em geral, bastando para o reconhecimento dessa diferença fundamental, que esteja nomeada no seio do Direito. Esse é, inclusive, o caso do Brasil, onde o homicídio qualificado por motivo torpe, considerado jurisprudencialmente como abarcando o que passa a ser chamado de feminicídio já era, por ser qualificado, tanto sujeito à pena maior quanto a ser crime hediondo, não havendo, portanto, que se falar em expansionismo penal nesse caso.

Vários são os aspectos, contudo, em que a marca da diferença entre o homicídio qualificado em geral e o feminicídio é determinante, independentemente de alguma diferenciação em termos da punição. Um deles é o problema da comum confusão, enraizada em um falso senso comum, do assassinato de mulheres com um "crime passional", cometido em um momento de ira e descontrole. É preciso diferenciar o femicídio/feminicídio para inscrevê-lo no rastro de uma linha de violência que pode ser identificada sempre de forma contínua, que não leva, portanto, à morte por acaso, por um lapso, mas de forma previsível, praticamente predestinada, a partir das violências mais cotidianas, que muitas vezes deixamos de perceber. A tendência ainda hoje, é de desacreditar a mulher, ou ainda de culpá-la. Diz-se que a mulher estava à noite na rua, ou usando um determinado tipo de roupa, ou ainda que tinha escolhido relacionar-se ou continuar se relacionando com um dado tipo de homem, de tal modo que a culpa, a responsabilidade pela violência sofrida é sempre dela mesma.

É muito difícil romper esse ciclo de violência, quando até mesmo os aspectos mais fundamentais da interpretação desta violência são atingidos por ela, pelo seu aspecto epistemológico, até mesmo ontológico, isto é, por uma violência que determina o conhecimento e o próprio ser das coisas. A mulher entra numa espiral da qual só poderia se livrar com a ajuda de uma força externa e maior, isto é, do Direito, mas se encontra subtraída dessa possibilidade, na medida em que o contexto de violência em que ela está inserida mostra-se invisível ao próprio Direito. Para que uma mulher procure a ajuda do Estado, é preciso que tenha muita confiança e certeza das consequências desse ato para ir adiante. Afinal, na melhor falha, é de volta ao alcance do seu agressor que ela cairá, tendo que responder perante ele pela busca de ajuda, e submetendo-se, portanto, à certeza de uma violência ainda maior. É preciso que o Estado se mostre confiável à mulher vítima de violência, e, para tanto, o primeiro passo é que ele seja capaz de construí-la como tal, com todas as suas particularidades.

Se, na publicação deste livro, é muito recente a conquista da criminalização do feminicídio no Brasil, através da promulgação da Lei nº 13.104/2015, é porque antes dela foi necessário um grande processo de luta por reconhecimento. E se hoje tenho consciência crítica da importância do reconhecimento desse fato social, por meio do nome feminicídio, no nosso Direito, é porque também passei por um longo período de estudos sobre o tema, desde que comecei a intuir que havia uma carência no Direito, algo que permanecia sem ser observado nem tratado adequadamente pelas suas previsões, ainda que, naquele momento, não tivesse uma ideia tão clara do que era. Este livro assim representa um registro de muitas das discussões e observações que foram necessárias para a construção dessa consciência no nosso Direito nos últimos anos, tendo o seu desenvolvimento, de certa forma, acompanhado o processo que culminou na criminalização específica da morte de mulheres, pelo fato de serem mulheres, no nosso país.

* * *

Meu interesse pelo tema da violência contra a mulher começou a tomar corpo a partir do início da década passada, ainda que, de uma forma ou de outra, o tema da violência nunca seja alheio à vida de qualquer mulher, em diferentes graus de consciência, na sociedade em que vivemos.

Em meados de 2001, fui promovida para a Comarca de Duque de Caxias, Município mais populoso da Baixada Fluminense. Ali, um fenômeno começou a se impor, cada vez mais, à minha atenção: grande parte dos casos que chegavam aos Juizados Especiais Criminais estava relacionada à violência contra a mulher. A bem da verdade, a maioria da minha demanda – quase 70% – era de crimes contra a mulher. Não pude ficar alheia a esse fato.

Na época, esse tipo de questão se resolvia, via de regra, em uma prestação pecuniária – pagamento de cesta básica – quase como se houvesse um preço para a violência contra a mulher. O agressor assim permanecia exercendo seu controle sobre a vítima, o que aumentava, evidentemente, a impunidade. Se, mesmo nessas circunstâncias, a demanda relacionada à violência contra a mulher era massiva, era porque se tratava, realmente, de uma violência mais que rotineira.

Isso começou a me incomodar muito, a ponto de me sentir compelida, por solidariedade a essas mulheres, a tomar uma providência. Era necessária, segundo me parecia, uma estrutura de atendimento que desse a elas um sentimento de segurança ao procurarem o Poder Judiciário. Sem uma estrutura desse tipo, a força do agressor sobre suas vidas sempre seria mais presente do que a autoridade do Estado, mantendo-as reféns. Em parceria com a Prefeitura de Duque de Caxias e com a Unigranrio, consegui começar a estabelecer uma estrutura de atendimento à mulher que gerou o NAJUR – Núcleo de Atendimento Jurídico e Psicossocial do Juizado Especial Criminal. Formamos um convênio com a Unigranrio concernindo ao atendimento jurídico e a prefeitura ajudou com uma assistente social e uma psicóloga. Fazíamos trabalho psicossocial junto a essas mulheres, oferecendo a elas uma escuta atenta à singularidade de cada caso. Assim, podíamos dar a cada uma a sensação de acolhimento e segurança indispensáveis para que suas angústias e necessidades fossem expressas.

A partir desse primeiro engajamento direto com a questão da violência contra as mulheres, meu interesse pelo tema cresceu, tornando-se também acadêmico. Fiz meu Mestrado junto à Universidade Candido Mendes. Na época, era um mestrado muito crítico. Minha linha de pesquisa era a de criminologia crítica, com Nilo Batista, que foi de grande influência no meu posicionamento intelectual sobre a questão da violência contra as mulheres. A criminologia crítica procura abordar o Direito Penal de forma a não fechá-lo ao aporte de outras áreas do conhecimento, fechamento este que recalca os fatores sociais que produzem o crime e a violência. Esse mestrado crítico me ajudou muito a entender a realidade do nosso sistema social seletivo e, quase sempre, prejudicial para as pessoas negras e pobres. As minhas preocupações adquiridas na prática passaram então, a contar com uma mais aguda consciência teórica e crítica.

Na Candido Mendes, fiz meu primeiro trabalho sobre o tema das mulheres vítimas de violência que procuravam os Juizados Especiais Criminais, a partir da minha experiência em Caxias. Concluí o mestrado em 2005 e, em seguida, comecei a pensar em continuar meus estudos sobre violência de gênero em um doutorado.

Logo surgiu a possibilidade de uma bolsa de doutorado em Barcelona, com a abordagem crítica que me interessava. Havia apenas um problema – uma mudança recente no currículo europeu implicava na necessidade de um novo mestrado, desta vez na Europa. Foi o que fiz. Por sorte, a afinidade entre as linhas de pesquisa do meu mestrado brasileiro e do europeu levou a que eu conseguisse convalidação em quase todas as matérias, que eram bem similares. Fiz, então, algumas matérias do mestrado europeu, defendi a dissertação adaptada em espanhol, e pude assim ingressar no Doutorado.

Fui aceita em um Doutorado diferente daquele a que eu tinha inicialmente me proposto – agora na Universidade Autônoma de Barcelona, que é onde há a linha de pesquisa especificamente voltada à questão do gênero. Isso acabou sendo interessante, na medida em que a criminologia crítica vista em geral precisa trazer elementos do pensamento específico sobre o gênero se quiser tratar efetivamente a questão da violência contra a mulher. O fato de o Direito em si ser patriarcal, bem como de a violência que se desenrola socialmente contra as mulheres estar ligada indissociavelmente a uma estrutura institucional e estatal, implica em uma grande singularidade da questão de gênero dentro da criminologia crítica. Por exemplo, a desconfiança diante da violência do Direito Penal deve ser mitigada, sempre a partir do fato de que também a violência doméstica e a perpetrada nas ruas contra as mulheres têm uma base institucional.

O Doutorado em questão era em Direito Público, tendo sido o femicídio/feminicídio o tema de minha tese, concluída em 2015. De forma considerável, as pesquisas nela desenvolvidas serviram de base para este livro. De 2011 a 2015, período do doutorado, permaneci em boa parte trabalhando como juíza, conciliando assim teoria e prática.

Nesse ínterim, eu já tinha passado a trabalhar em uma vara especializada em violência contra a mulher, no Juizado de Violência Doméstica e Familiar contra a Mulher, ligado à aplicação da Lei Maria da Penha. A 30ª Vara Criminal, onde eu trabalhava, foi transformada nesse Juizado. Essa transformação ocorreu graças, principalmente, à confiança da administração do Tribunal de Justiça, que à época era presidido pelo Des. Murta Ribeiro. Foi ele que, com o apoio do Governo do Estado, acreditou que haveria número suficiente para justificar a implantação do novo segmento, em um momento em que havia desconfiança de que os índices de violência contra a mulher realmente justificassem a criação da vara especializada. A lucidez e a confiança mostradas por Murta Ribeiro nessa ocasião, isto é, a partir do ano de 2007, não podem ser sublinhadas o suficiente. Ele confiou em mim e implantou aqueles que seriam os primeiros Juizados do Rio de Janeiro, no Centro (o I Juizado, do qual sou titular até hoje) e em Campo Grande e, logo depois, devido à grande demanda relacionada à violência contra a mulher, também em Jacarepaguá e em Nova Iguaçu. Não fosse pela sensibilidade do Desembargador, hoje talvez não tivéssemos 11 juizados autônomos em todo o Estado do Rio.

Participei diretamente da criação desta política interna no meu Tribunal e, ao mesmo tempo, viajei pelo Brasil num trabalho visando ao convencimento dos Tribunais a adotarem a mesma política. Havia, inicialmente, uma certa resistência à implantação desse segmento nos Estados, que aliás, permanece até hoje, ainda que em menor grau. Tivemos nesse processo o apoio do Conselho Nacional de Justiça – CNJ, que à época contava como Conselheira com a juíza Andrea Pachá, do Rio de Janeiro, que apoiou a causa desde o início. Em 2007, o CNJ já havia emitido recomendação muito importante (Recomendação nº 9, de 8 de março de 2007), no sentido de que os Tribunais de Justiça criassem Juizados de Violência Doméstica e Familiar contra a Mulher e adotassem outras medidas tendentes à implantação de políticas públicas visando a garantir os direitos humanos das mulheres no âmbito das relações domésticas e familiares. No mesmo ano, o Des. Murta Ribeiro assinou a resolução que instituía, na comarca da capital do Rio de Janeiro, os dois Juizados de Violência contra a Mulher recém-citados.

Em 2009 foi criado, por ocasião da III Jornada sobre a Lei Maria da Penha, o FONAVID – Forum Nacional de Juízes de Violência Doméstica e Familiar contra a Mulher, a fim de garantir a efetividade dessa lei, promovendo o combate à violência contra a mulher através do aperfeiçoamento e da troca de experiências entre os magistrados participantes, bem como participando ativamente junto aos órgãos responsáveis pelas políticas públicas em relação à matéria. Presidi esse fórum por dois anos, sendo o primeiro realizado em 23, 24 e 25 de novembro, no Rio de Janeiro, tendo como objeto de trabalho a efetividade, a aplicação e a uniformização de entendimentos sobre a Lei Maria da Penha. O evento contou com a participação de magistrados, psicólogos, assistentes sociais e técnicos de 24 Estados brasileiros, e, ao final dos debates, foram elaborados, pelas equipes multidisciplinares e magistrados, 16 enunciados, visando a uniformizar os procedimentos de todos os Tribunais de Justiça brasileiros.

Ter presidido esse Fórum foi uma experiência enriquecedora. Acredito que os juízes participantes, de modo geral, saíram com as mentes mais fortalecidas e sensibilizadas para bem aplicar a Lei Maria da Penha, tão delicada que é em suas particularidades. Saí com a certeza de que esse evento foi um marco divisório no que tange à boa aplicação dessa lei em todo o país. Assim, pelo meu envolvimento em todos os processos recém-mencionados, de implantação dos Juizados e de capacitação e sensibilização dos juízes, bem como através da minha própria atuação no I Juizado, fui me aprofundando de forma qualificada nos estudos que vinha desenvolvendo junto à academia, no meu Mestrado e Doutorado, pois em todo tempo tinha contato direto com a prática da teoria, de um modo que me permitia pôr esta última constantemente à prova e assim repensá-la.

De certo modo, eu já aplicava a Lei Maria da Penha *avant la lettre* antes de ela existir, na época em que administrava o NAJUR. A oportunidade de observar então a lei em funcionamento, permitiu-me tanto notar os benefícios trazidos por ela quanto suas fraquezas, aqueles pontos cegos que ainda necessitavam de implementações futuras. É o caso da questão da morte como fim de um contínuo de violência contra a mulher, que não era tratada de forma específica, diferenciada da lesão corporal, pela lei em questão.

Comecei a perceber que a separação entre a tentativa de homicídio e a lesão corporal era muito mais frágil do que podia parecer, e que dependia muito de como os juízes dos Tribunais de Júri interpretavam o fato, determinando suas relações com a linguagem em que a norma era expressa. Em alguns casos, os juízes declinavam da competência para o Juizado de Violência Doméstica, mas quando os casos chegavam as minhas mãos, percebia que eram muito claramente casos de tentativa de homicídio. Isso, é claro, era revoltante. Lembro do caso de uma mulher que teve 70% da superfície do seu corpo queimada pelo companheiro. Ela foi socorrida e sobreviveu, e acabou não confirmando expressamente que ele teria tentado matá-la. Isso foi suficiente para que o processo fosse remetido ao Juizado de Violência Doméstica. Não foi considerado pelo juiz que alguém que queima 70% do corpo de outra pessoa está, pelo menos assumindo o risco de matá-la, se não diretamente procurando fazê-lo. Ademais, não foi levada em consideração por ele a violência psicológica a que a mulher é submetida em casos desse tipo, como se fosse fácil para ela afirmar que o marido teria tentado matá-la. Ou seja, não foram levadas em conta as particularidades da violência de gênero.

Outro caso de que lembro e que também me deixou perplexa foi o de uma mulher que quase foi atingida por disparos de arma de fogo, da parte do seu marido, que era policial militar. Na delegacia, ela confirmou a tentativa de homicídio. Mas, na primeira audiência da primeira fase do júri, apresentou uma versão diferente dos fatos. Disse que, na verdade, se confundira porque o marido estaria tentando atingir um assaltante – versão claramente duvidosa. Novamente, o julgador não viu ou não quis ver para além daquilo que formalmente se apresenta como narrativa do caso, deixando de levar em conta as violências que influem sobre essa narrativa. Ainda em um terceiro caso marcante, uma mulher foi esfaqueada sete vezes até que o agressor parasse. O juiz julgou não haver tentativa de homicídio.

Essas foram algumas das histórias comoventes que me levaram a pensar na realidade das mulheres que sofrem tentativas de homicídio e não são objeto de qualquer tratamento especial pelo Código de Processo Penal. Muitas não gozam de proteção alguma. Os agressores são logo soltos e elas têm que conviver com essa realidade cruel de ameaça constante. É evidente que a consciência disso sempre precede, em alguma medida, todo o processo, de modo que o medo do momento em que seus agressores serão soltos, em que terão que de alguma forma explicar-se diante deles, acertar contas, correndo assim o risco de represálias, restringe as possibilidades de que elas procurem, para começar, proteção jurídica.

Na medida em que observava os casos que chegavam aos cuidados do Juizado de Violência Doméstica contra a Mulher, tornou-se cada vez mais clara para mim a necessidade de atenção específica do Direito à questão da morte da mulher por ser mulher. A Lei Maria da Penha, apesar de todos os inegáveis avanços que havia proporcionado, ainda era insuficiente em muitos aspectos para garantir às mulheres o mínimo de dignidade diante da violência. Por isso, a discussão da criminalização do feminicídio se fazia de imediato necessária.

Nesse momento, não havia discussão nenhuma no Brasil sobre o tema do feminicídio. Os movimentos sociais e de mulheres feministas não discutiam essa possibilidade. Discutia-se muito, é claro, a violência contra a mulher, mas o termo *feminicídio* não aparecia, talvez por uma falta de exploração das possibilidades de o Direito Penal contribuir na luta em defesa das mulheres. Não sem razão, pode-se pensar que o Direito, pela sua matriz patriarcal, não apresentaria soluções para a questão das mulheres. Ignora-se, assim, porém, a possibilidade de usar-se dessa estrutura também em prol das mulheres, ainda que pontual e especificamente. É o que entra em jogo quando se pensa a questão da criminalização do feminicídio, como forma de instrumentalizar o Direito Penal na defesa das mulheres contra a violência. Iniciativa do mesmo tipo já tinha sido tomada, por exemplo, através da própria Lei Maria da Penha, com resultados positivos. Era necessário, porém, aprofundar essas conquistas no Direito, e isso envolveria uma condenação institucional veemente do feminicídio como conduta diferenciada e específica.

Daí que em 2012, quando estava em discussão a reformulação do nosso Código Penal, eu já estava embrenhada no tema do feminicídio. O projeto 236/2012 que tramita, desde então, no Congresso, previa uma mudança total no Código Penal, colocando em pauta temas como o aborto, a eutanásia, as drogas e outras questões polêmicas. Percebi, contudo, que esse projeto não contemplava nem a questão do feminicídio, nem a de outros crimes que teriam a ver com a questão da violência contra as mulheres. Percebia-se, apesar da aparição da questão do aborto, que era realmente um projeto feito por homens, para homens; masculino como o Direito em geral.

Passei a participar das discussões desse projeto, a fim de problematizar as questões de gênero, o que culminou na apresentação de uma emenda para tipificar o feminicídio ou, tecnicamente falando, adicionar uma qualificadora ao tipo penal do homicídio. Apresentei essa proposta em conjunto com a Dra. Leila Linhares, diretora da ONG Cepia, feminista importante que lutou pela Lei Maria da Penha. A proposta foi apresentada por meio da Associação dos Magistrados Brasileiros – AMB, que serviu como intermediário. O Presidente da instituição, Nelson Calandra, e a Vice-Presidente de Direitos Humanos, Renata Gil, pessoalmente entregaram o projeto à Senadora Ana Rita, à Deputada

Estadual Inês Pandeló e ao Secretário de Reforma do Poder Judiciário, Dr. Flávio Caetano, em 2012.

O projeto visava, entre outras coisas, a introduzir a terminologia do feminicídio no projeto do novo Código Penal. Essa qualificadora aplicar-se-ia sempre que o homicídio fosse praticado contra mulheres, em virtude de serem mulheres, com perversidade do agente do crime. Havia ainda, a preocupação com a possibilidade de que o novo Código Penal, no formato em que estava sendo apresentado, viesse a mitigar a aplicação da Lei Maria da Penha, de modo que outras questões ligadas ao gênero estavam presentes no mesmo projeto. Entre elas, destacam-se a inserção, no artigo relativo à lesão corporal, da questão do estupro de vulnerável, bem como outras questões relacionadas aos crimes domésticos contra a mulher.

Com o apoio da AMB, firmei um compromisso com o Ministério da Justiça para que o Brasil fosse oficialmente introduzido em protocolos internacionais já existentes e já firmados por outros países, que tratavam da proteção das mulheres contra a violência, e dos quais o Brasil ainda não participava. A partir daí seria necessário que o Brasil mostrasse ter ferramentas para a repressão e prevenção de crimes contra a mulher, dentre as quais a criminalização específica do feminicídio seria muito importante.

A partir dessa discussão, comecei a rodar o Brasil propondo o debate sobre a possibilidade de criminalização do feminicídio. Fiz disso uma luta e a toda parte onde havia a possibilidade de propor esse debate, eu comparecia. Confeccionamos blusas com o slogan da campanha, procuramos espalhar a ideia e trazê-la à atenção da sociedade, que de modo geral ainda não a conhecia. Sou presidente do Fórum Permanente de Violência Doméstica, Familiar e de Gênero da Escola da Magistratura do Rio de Janeiro – Emerj, criado em 2007 pelo Des. Paulo Ventura, que teve a sensibilidade de formar um centro de debates específico para o tema na Escola da Magistratura. Desde então, tenho palestrado sobre as questões da violência contra a mulher e do feminicídio.

Comecei também a participar da elaboração de protocolos internacionais de investigação ligados ao problema do feminicídio. Participei, em 2012, do *Seminario sobre Violencia de Género y Feminicídio em América Latina* e das oficinas para a criação de um modelo de protocolo de investigação eficaz de feminicídios, recebido na Guatemala pelo *Centro de Formación de la Cooperación Española de la Antigua Guatemala – CFCE Antigua*. O Seminário, organizado pela *Oficina de Derechos Humanos e pelo Consejo General de la Abocacía Española e a Agencia Española de cooperación Internacional para el Desarrollo – AECID do Ministerio de Asuntos Exteriores de España – MEC*, foi realizado em setembro de 2012 e tinha como objetivo promover métodos de atuação de instituições públicas em matéria de segurança e justiça a fim de superar os obstáculos de direito e procedimentais que impedem o acesso das mulheres aos recursos judiciais e a meios de proteção jurídica eficazes. Participei desse Seminário junto a mais 18 pessoas ocupantes de cargos dos mais diversos, de médicos forenses a magistrados.

As oficinas para a criação do *Modelo de Protocolo de Investigación Eficaz de Femicídios/Feminicídios em Latinoamérica* propunham recomendações para que se chegasse a um consenso sobre um modelo de protocolo que proporcionasse aos Estados um guia, contando com diretrizes gerais e práticas na investigação dos assassinatos de mulheres por questões de gênero, que permitisse a redução da impunidade. Participei, nesse contexto, de oficinas sobre diversidade de cenários, investigação do lugar dos fatos, coordenação de atores e realização de perícias.

No México, já havia lei criminalizando o feminicídio, faltando porém, condições de aplicação e efetividade. A questão da violência contra as mulheres vinha sendo pautada no país a partir dos crimes ocorridos em Ciudad Juárez, desde o início dos anos 1990, como parte de uma cultura de violência naturalizada nas relações de gênero. A partir daí surgiu a discussão dos protocolos, tendo em vista a situação de Ciudad Juárez, a falta de investigação e de devida diligência, a impunidade, bem como a tolerância geral do Estado diante desse tipo de criminalidade. Tendo me envolvido nessas discussões, passei a estudar os casos de Ciudad Juárez, como forma de pensar a questão da violência contra as mulheres nos seus precedentes mais graves.

Ao mesmo tempo, estava em curso desde 2012 a Comissão Parlamentar Mista de Inquérito – CPMI da Violência contra a Mulher. Essa Comissão tinha como foco a apuração das causas da violência contra as mulheres no Brasil, a fim de revelar as fragilidades e insuficiências do aparato institucional do Estado brasileiro que poderiam estar ocasionando o problema. A pergunta básica a ser respondida nesse inquérito era por que, mesmo com a legislação robusta em defesa das mulheres, não se observava na prática, uma diminuição da violência que elas sofriam, inclusive ocasionando a morte.

A Comissão visitou o país inteiro. A essa altura o tema do feminicídio começou a ser discutido e com efeito, nesses últimos dois anos, observou-se uma popularização do feminismo no Brasil, com o surgimento de coletivos muito engajados. Esse crescimento, é claro, não se deve unicamente ao aumento das discussões sobre feminicídio. Outros fatores, em especial o advento de certos meios horizontais de comunicação, que facilitaram a organização de grupos de mulheres e a difusão das ideias feministas, geraram uma adesão muito grande entre as jovens, com discussões muito ricas entre diferentes vertentes do feminismo, e foram determinantes para essa difusão.

Foi no cenário dessas discussões que, à frente do 1º Juizado de Violência Doméstica contra a Mulher, me dediquei a idealizar e implantar um projeto destinado a tornar mais célere e eficiente o atendimento às mulheres vítimas de violência. Percebi que as 48 horas previstas pela Lei Maria da Penha, apesar de serem um avanço, não representavam muitas vezes celeridade suficiente levando-se em conta o risco à que estão submetidas as mulheres. O ideal seria um lapso aproximado de 4 horas, e foi o que procuramos implementar, através do que chamamos de Projeto Violeta.

No Projeto, chegada a denúncia na delegacia e confirmada sua gravidade, havia seu encaminhamento imediato à Justiça, de modo que, se a vítima precisasse de alguma medida protetiva, como o afastamento do cônjuge do lar em função da possibilidade de novas violências, ela receberia essa decisão em poucas horas. Isso era essencial, pois era preciso que a vítima saísse já sob a proteção do Direito, pois muitas vezes a sua expectativa imediata era voltar à ameaça do seu agressor.

O funcionamento do Projeto Violeta, no fundo, era bastante simples. A única coisa necessária para que ele existisse era boa vontade e solidariedade à questão das mulheres. A Polícia Civil do Estado do Rio de Janeiro disponibilizou duas viaturas que faziam o transporte das mulheres à Justiça.

Ainda com o objetivo de facilitar o acesso das mulheres à Justiça, o projeto também aprimorava a qualidade das informações destinadas à vítima, levando em conta que a assistência jurídica a elas se mostra instrumento fundamental para a efetividade do princípio do livre acesso à Justiça e do direito à informação. Além de assegurar a celeridade na concessão das medidas, o projeto também objetivava o acompanhamento do processo de sua aplicação, realizando avaliações e estudos sobre a sua eficácia, a fim de que fossem adotadas medidas corretivas e adequadas de fortalecimento.

Com o Projeto Violeta, a mulher vítima de violência podia registrar o caso na delegacia, que o encaminhava de imediato para a avaliação do juiz, e sair com uma decisão judicial em mãos, incluindo a medida protetiva necessária para garantir a sua segurança. A Polícia Civil era notificada de imediato para cumpri-la. Os processos do Projeto eram sinalizados com uma tarja violeta, para que todos soubessem que daquele processo dependia a segurança imediata de uma mulher e fosse dada a ele a tramitação adequada. Da mesma cor eram todas as paredes das salas do Projeto.

Muitas das mulheres que nos procuravam apareciam chorando, com marcas de espancamento. Quase todas relatavam uma rotina de pequenas e grandes violências, culminando com a agressão que as levava à delegacia. No seio do Projeto Violeta, recebiam atendimento psicológico e jurídico, para que soubessem como proceder dali em diante. E, como determina a Lei Maria da Penha, defensores públicos tratavam, quando necessário, de pedidos de pensão alimentícia e guarda provisória dos filhos. Esse, inclusive, foi um dos principais ganhos advindos da Lei Maria da Penha – a criação de Juizados próprios para tratar casos de violência doméstica, capazes de decidir também sobre assuntos correlatos, como guarda e alimentos.

Esses esforços foram reconhecidos quando o Projeto Violeta foi vencedor da XI edição do Prêmio Innovare, realização do instituto de mesmo nome, da Associação de Magistrados Brasileiros – AMB e de outras instituições, na categoria Juiz. O anúncio foi feito em 16 de dezembro de 2014, em Brasília. O evento foi realizado no Salão Branco do Supremo Tribunal Federal – STF, reunindo magistrados, procuradores, advogados e autoridades do Poder Judiciário. O objetivo desse prêmio é reconhecer boas iniciativas de magistrados, advogados, defensores públicos e membros do Ministério Público. O reconhecimento obtido com o prêmio permitiu ao Projeto Violeta consagrar-se como exemplo a ser seguido na proteção das mulheres contra a violência de gênero, a partir e para além da Lei Maria da Penha.

Não há, é claro, como negar-se que essa lei trouxe muitos benefícios essenciais à defesa dos direitos das mulheres. Desde sua implementação, as mulheres estão mais informadas e com mais coragem para denunciar. Já não têm mais tanto medo de levar o companheiro à Justiça ou a prisão. Com a lei, elas já não podem mais desistir da denúncia por lesão corporal. A perda dessa faculdade, longe de um malefício, afasta do agressor a possibilidade de obrigar a mulher, mediante novas violências, a retirar a denúncia. Houve também grande avanço no número de centros, abrigos e Juizados especializados no atendimento às mulheres vítimas de violência.

Por outro lado, a lei só trazia melhorias na medida em que se dispunha de meios para bem aplicá-la. O Projeto Violeta foi uma iniciativa nesse sentido, mas ainda seria preciso muitos avanços em nível nacional. Fazia-se necessária uma capacitação cotidiana dos operadores da Justiça e policiais, que ao invés de desacreditar a mulher e procurar apaziguar o conflito, devem levar adiante o procedimento com a devida seriedade e consciência das pressões sob as quais está a mulher. Para funcionar, os Juizados especializados precisam de equipes formadas por psicólogos e assistentes sociais que possam, inclusive, auxiliá-los nas suas decisões, fornecendo informações às quais de outra forma eles não teriam acesso. Os enfermeiros e médicos, que primeiro atendem a vítima, devem ser capazes de identificar sinais de agressão e registrá-los, fazendo uma notificação. Esse trabalho todo é indispensável ao lado da prevenção, na medida em que a luta contra a violência já consumada torna-se muito mais difícil do que as cautelas contra ela. Nesse sentido foi que um projeto como o Violeta se fez imprescindível, e ainda assim era necessário pensar no próximo passo a ser dado.

Nesse quadro de constatação da insuficiência – em que pese todos os seus méritos – da Lei Maria da Penha, é que teve origem a discussão sobre a possibilidade de criminalização do feminicídio, que aparece como mais uma pauta imediata para os movimentos feministas, ainda que dentro da sua pluralidade haja posições diferentes e até conflitantes sobre o tema.

Em uma palestra recente que proferi na Faculdade de Direito da Pontifícia Universidade Católica do Rio de Janeiro – PUC-RIO, lotada de meninos e meninas, o interesse dos jovens, tanto mulheres quanto homens, ficou patente. Havia meninos de 19, 20 anos dizendo que queriam participar, o que me parece muito positivo. Acredito que o feminismo não é só para as mulheres. O feminismo é de interesse da sociedade em geral. E ele não tem nada a ver com a ideia de mulheres contra homens. Muito pelo contrário – trata-se de igualdade de oportunidades. O homem também ganha com o feminismo, e foi isso que aqueles meninos vieram me dizer: nós ganhamos com as mulheres empoderadas.

Uma das conclusões da CPMI da Violência contra a Mulher foi a necessidade imediata de tipificação do feminicídio, a fim de melhorar a resposta jurídica à violência contra as mulheres observada na sociedade. Há pouco tivemos, finalmente, essa tipificação. A rigor, como já mencionado, trata-se do acréscimo de uma qualificadora ao tipo penal do homicídio. Foi adicionado um sexto inciso à previsão do homicídio qualificado: matar alguém se o homicídio é cometido *contra a mulher por razões da condição do sexo feminino*. Especifica-se ainda, que se considera haver tais razões quando o crime envolve violência doméstica e familiar, ou menosprezo ou discriminação à condição de mulher.

Com essa nova previsão, mais do que garantir a rigorosa punição do crime de feminicídio, procura-se trazer à superfície do debate jurídico uma questão até então apagada pela ausência de um nome. Essa conquista assim apresenta-se não só como o resultado de uma longa luta, de um longo debate, mas igualmente como o começo de uma nova luta e de um novo debate. O presente trabalho, situado entre esses dois momentos, e mostrando a continuidade entre eles, deve tanto registrar o debate até aqui travado quanto dar margem a novas e necessárias discussões sobre a questão da violência contra a mulher em geral e, em específico, sobre o problema do feminicídio.

* * *

Começo este livro, no primeiro capítulo a seguir, com a discussão sobre os termos *feminicídio* e *femicídio*, suas origens, as diferentes conotações estabelecidas a partir delas, bem como sua evolução e subdivisão. Isso não poderia ser diferente, dada a importância reconhecida às palavras na construção da realidade. A decisão entre os termos *feminicídio* e *femicídio* tem consequências concretas, que não devem ser subestimadas. Ainda que, a partir da tipificação do feminicídio no Brasil, a discussão tenha sido, de certo modo – ou por ora – superada, ainda assim cabe seu registro, pois ela forma parte importante do processo de construção de sentidos em torno do feminicídio no Brasil.

No segundo capítulo, analisarei o marco normativo internacional relacionado ao combate e à prevenção do assassinato de mulheres por razões de gênero. Será dada atenção, primeiramente, aos tratados internacionais sobre o tema ratificados pelo Brasil, de modo a estabelecer o contexto da tipificação. A seguir, repassarei alguns casos que servem como importantes precedentes internacionais, como o caso penitenciária Miguel Castro Castro *vs.* Peru, e o caso González e outras ("campo algodonero") *vs.* México, além do nosso caso brasileiro de maior importância, o caso Maria da Penha.

A partir daí, no terceiro capítulo, passarei a um panorama da tipificação do feminicídio/femicídio levada a efeito, até o momento, em países latino-americanos. Passaremos pelos casos da Costa Rica, da Guatemala, do México, do Chile e do Peru, analisando detidamente a legislação de cada um desses países. A avaliação detida desses precedentes foi de grande importância na discussão sobre a melhor forma a ser adotada na tipificação do feminicídio no Brasil, levadas em conta tanto nossas particularidades nacionais quanto semelhanças com nossos vizinhos.

No quarto capítulo traçarei uma breve história da violência contra a mulher no Brasil, visando uma melhor compreensão dos processos históricos que formam a singularidade do nosso caso. Começarei pelo período colonial, dando a seguir destaque ao movimento feminista que teve lugar na virada do século XIX para o XX, e por fim desembocando nas lutas atuais, que se concretizaram em conquistas como a Lei Maria da Penha.

É dessa lei que tratará o quinto capítulo, analisando suas previsões, tanto nos aspectos penais quanto processuais, além de outras disposições. Uma análise cuidadosa da Lei Maria da Penha se faz necessária por ser ela, até o momento, a principal concretização do movimento feminista de um mecanismo de proteção das mulheres contra a violência no âmbito do Direito brasileiro. Entender não apenas sua importância, mas principalmente suas carências, diagnosticando os pontos em que implementações ainda são necessárias, faz-se essencial na discussão que leva à criminalização do feminicídio, por considerar-se que a Lei Maria da Penha, por não trazer previsões específicas relacionadas à morte da mulher como resultado da violência de gênero, dava espaço para que essa violência específica – justamente sua manifestação mais maligna – permanecesse, em certa medida, fora do radar.

No sexto capítulo, farei uma análise da política brasileira de enfrentamento à violência contra a mulher em um sentido mais geral, no contexto da Constituição da República de 1988. Serão aqui observados diferentes fatores que formaram o contexto de combate a violência de gênero que culminou, apenas recentemente, na criminalização do feminicídio. Nesse capítulo está incluída a parte mais recente da presente pesquisa, em que é discutido, justamente, o advento da criminalização do feminicídio em nosso sistema jurídico.

Por fim, o sétimo e último capítulo incluído neste livro traz uma breve análise de dados, relativa a processos por homicídio de mulheres no Município do Rio de Janeiro, no período entre os anos 2000 e 2010. Essa pesquisa, que realizei a fim de melhor compreender os mecanismos da violência contra mulher nos contextos em que atuo, deve servir como ilustração específica dos fenômenos que vinham sendo discutidos no corpo do livro, possibilitando considerações sobre as melhores formas de prevenir e combater a violência contra a mulher, a partir das suas causas sociais mais comuns e das circunstâncias em que mais costuma se desenrolar.

Com esta publicação, espero ajudar a assentar as bases da discussão sobre o feminicídio no Brasil, registrando o que até aqui teve que ser discutido, e dando o tom para as discussões futuras. Afinal, apenas agora começa a aparecer essa nova palavra que, através das instituições, começa a ecoar para os brasileiros em geral. Na medida em que, sendo reconhecida pelo Direito, a figura do feminicídio começar a aparecer na mídia, no debate público etc., passará a fazer parte do nosso uso cotidiano da Língua e, assim, do nosso mundo compartilhado. Esse é, como já ressaltei, em muitos sentidos o começo de uma discussão, e não seu fim.

CAPÍTULO 1

Os Conceitos de Feminicídio e Femicídio

Observa-se que os conceitos de *femicídio* e *feminicídio*[1] em voga na América Latina nos últimos anos encontram antecedente direto na expressão de língua inglesa *femicide*, desenvolvida na área de estudos de gênero e da sociologia por Diana Russell e Jane *Caputi*, no início da década de 1990.[2]

As autoras (RUSSELL; *CAPUTI*, 1992) entendem *femicide* como:

> [O] extremo do *continuum* de terror antifeminino, que inclui uma grande variedade de abusos verbais e físicos, tais como estupro, tortura, escravidão sexual (particularmente na prostituição), relações incestuosas e extrafamiliares de abuso sexual de crianças; agressões físicas e emocional, o assédio sexual (no telefone, na rua, no escritório e na sala de aula), a mutilação genital (clitoridectomia, a excisão, infibulação) operações ginecológicas desnecessárias, heterossexualidade forçada, a esterilização forçada, a maternidade forçada, (ao criminalizar a contracepção e o aborto), psicocirurgia, a negação de

1 Os conceitos relacionados ao fenômeno do feminicídio/femicídio que aparecem neste trabalho provêm das ciências sociais através da ampla literatura sobre o tema que se produziu nos últimos anos. Na tradução do termo *femicide* para o castelhano surgiram duas tendências: femicídio e feminicídio. A diferença entre essas duas expressões tem sido objeto de profunda discussão na América Latina e a maior parte das estudiosas do tema dedica um capítulo ou seção à diferença entre ambas. Atualmente ainda não existe um consenso sobre essa terminologia.

2 O termo *femicide*, na verdade, tem sido utilizado por mais de dois séculos, sendo a primeira vez em *A satirical view of London at the commencement of the nineteenth century (corry)* em 1801, que significava "the killing of a woman". Em 1827, a terceira edição de *The confessions of a unexecuted femicide* foi publicada. Esse manuscrito foi escrito por um femicida chamado William MacNish sobre o assassinato de uma mulher (RUSSEL; HAMES, 2001:13).

> alimentos para as mulheres em algumas culturas, a cirurgia estética, e outras mutilações, em nome de embelezamento.[3]

Pasinato (2011) utiliza a nomenclatura *femicídio*, entendendo-o como o "ponto final de um *continuum* de terror, que inclui agressões verbais, físicas e uma extensa gama de manifestações de violência e privações a que as mulheres são submetidas ao longo de suas vidas".

Historicamente é muito difícil documentar os casos de violência contra a mulher e mais problemático ainda saber qual a extensão dessa violência. Em vários países feminicídio/femicídio não é uma categoria jurídica, o que dificulta a obtenção de dados oficiais, seja do passado ou do presente, com relação ao índice oficial de mortes de mulheres. Em que pese o conceito em questão ser novo, o fenômeno é tão antigo quanto o patriarcado.

Ao analisar as legislações sobre violência contra as mulheres na América Latina, podemos concluir que a relação entre as mulheres e o Direito tem sido desigual desde suas origens. Historicamente a cultura, a linguagem e a exclusão dos espaços públicos e da tomada de decisões têm situado o homem como paradigma do ser humano, invisibilizando as necessidades e problemas pelos quais passam as mulheres e outros coletivos, como por exemplo, a precariedade do tratamento jurídico dado à violência contra as mulheres.

Somente há algumas décadas as mulheres começaram a perceber no Direito um mecanismo que ratifica as desigualdades entre os gêneros e gerador indireto de violência. O movimento feminista passou a questionar, em diferentes enfoques, o papel do Direito como aliado do sistema patriarcal. Aí surgiram as primeiras manifestações da teoria feminista do direito (ORTUÑO, 2011:46).

O objetivo dessa vertente teórica era revelar a ideologia discriminadora que está na estrutura profunda do Direito, bem como desconstruir o entrançado normativo para evidenciar a subordinação implícita

---

3 No original: "Femicide is on the extreme end of continuum of anti female terror that includes a wide variety of verbal and physical abuse, such as rape, torture, sexual slavery (particularly in prostitution), incestuous and extra familial child sexual abuse; physical and emotional battery, sexual harassment (on the phone, in the street, on the office, and in the classroom), genital mutilation (clitoridectomies, excision, infibulations) unnecessary gynecological operations, forced heterosexuality, forced sterilization, forced motherhood, (by criminalizing contraception and abortion) psychosurgery, denial of food to women in some cultures, cosmetic surgery, and other mutilations in the name of beautification" (RUSSEL; CAPUTTI, 1992:2).

da mulher enraizada nas leis. Tal revelação abre novas formas de entender as desigualdades e a discriminação. Através dessa análise é possível observar como preconceitos e estereótipos de gênero ultrapassam os processos de criação das normas e ajudam a manter a subordinação das mulheres na sociedade.

A partir dos anos 1970, no entanto, quando as mulheres começaram a reivindicar seus direitos sexuais e reprodutivos, algumas condutas relacionadas à sexualidade da mulher também passaram a ser criminalizadas pelo Direito Penal, como o aborto e o uso de métodos contraceptivos. Da análise do Direito a partir da perspectiva de gênero, foi possível equiparar a mulher como propriedade do homem. De outro lado, a transgressão dos marcos reguladores dos direitos sexuais e reprodutivos das mulheres foi considerada atentado à honra e à moral, colocando a mulher como objeto de tutela, e não como sujeito de direitos.

Hoje, na América Latina, têm surgido várias leis que tipificam o delito de feminicídio/femicídio, sob grande influência do movimento feminista da região. Com efeito, o movimento feminista na América Latina tem características especiais que lhe dão força peculiar, incluindo sua especial vinculação ao marco internacional dos direitos humanos.

As leis de feminicídio/femicídio surgem em um contexto marcado por grande atenção social e política que os homicídios de mulheres têm recebido nas últimas décadas em nível mundial. Destaca-se a aguda situação das mulheres habitantes da América Central e do México, fator determinante no desenvolvimento e posicionamento das expressões *feminicídio/femicídio* nessa região.

Em atenção a isso, este primeiro capítulo se divide em três partes. Em primeiro lugar, se apresenta as classificações de femicídio/feminicídio e o uso da expressão *femicide* nos Estados Unidos. Em segundo lugar, a evolução do conceito na América Latina. Finalmente, pergunta-se qual seria o conceito mais adequado para o Direito Penal.

1.1. Classes de femicídio e feminicídio: tipologias existentes

1.1.1. A expressão *femicide* e o debate nos Estados Unidos

De acordo com as investigações existentes sobre a matéria produzidas nos Estados Unidos e América Latina, as expressões *femicídio* e *feminicídio* encontram seus antecedentes na expressão inglesa *femicide* (RUSSELL; HARMES, 2001). Para as autoras, uma das características do *femicide* é a ausência de outros indicadores como raça/etnia ou geração.[4]

O termo foi utilizado pela primeira vez em público quando Russell[5] proferiu uma conferência para cerca de duas mil mulheres de 40 países no primeiro Tribunal Internacional de Crimes contra as Mulheres em Bruxelas em 1976.

Uma pesquisa realizada por Jacquelyn C. Campbell, investigadora que estuda o femicídio nos Estados Unidos, concluiu que houve um aumento de cerca de 54% a 72%, de 1976 a 1996, dos assassinatos de mulheres, em grande parte praticados por "*intimate partner*", ou seja, parceiros íntimos dessas mulheres (maridos, namorados, ex-maridos ou ex-namorados). Durante esse período, o movimento feminista teve intensa atividade, sugerindo que a independência das mulheres teria feito com que muitos homens reagissem com extrema violência. Sentindo seu poder ameaçado ou desafiado, esses homens passariam a usar a força necessária para manter a dominação sobre aquelas que consideravam suas inferiores. A dominação masculina continua assim, a situar as mulheres em uma crônica e profunda insegurança.

Segundo Campbell, "*all women are at risk of femicide*". O medo de ser assassinada por um homem é, provavelmente, o que a maioria das mulheres mais sente ao longo de suas vidas (CAMPBELL, 2003). De acordo com a pesquisa realizada, as mulheres nos Estados Unidos são

---

4 Diana Russel define o femicídio da seguinte forma: *The killing of females by males because they are females* (RUSSEL; HARMES, 2001:13).

5 Pasinato explica a classificação dos tipos de femicídio/feminicídio da seguinte forma: "Essa tipologia é composta por três grupos (IIDH,2006): Femicídio íntimo: aqueles crimes cometidos por homens com os quais a vítima tem ou teve uma relação íntima, familiar, de convivência ou afins. Incluem os crimes cometidos por parceiros sexuais ou homens com quem tiveram outras relações interpessoais tais como maridos, companheiros, namorados, sejam em relações atuais ou passadas; Femicídio não íntimo: são aqueles cometidos por homens com os quais a vítima não tinha relações íntimas, familiares ou de convivência, mas com os quais havia uma relação de confiança, hierárquica ou amizade, tais como amigos ou colegas de trabalho, trabalhadores da saúde, empregadores. Os crimes classificados nesse grupo podem ser desagregados em dois subgrupos, segundo tenha ocorrido a prática de violência sexual ou não; Femicídios por conexão: são aqueles em que mulheres foram assassinadas porque se encontravam na "linha de fogo" de um homem que tentava matar outra mulher, ou seja, são casos em que as mulheres adultas ou meninas tentam intervir para impedir a prática de um crime contra uma mulher e acabam morrendo. Independem do tipo de vínculo entre a vítima e o agressor, que podem inclusive ser desconhecidos" (PASINATO, 2001: 235-236).

assassinadas por seus parceiros íntimos (casados e não casados) com mais frequência do que por desconhecidos.

Outro estudo realizado pela mesma investigadora sobre femicídio na cidade de Dayton, Ohio, constatou que de 1975 a 1979, 73 mulheres foram mortas, 65 (89%) delas por homens. Dessa análise, a autora selecionou os casos de mulheres que foram mortas pelos parceiros íntimos e chegou ao número de 28. Dessas 28 mulheres que morreram, pelo menos 18 sofreram violência antes do homicídio e pelo mesmo homem. Ressalte-se que naquela época a polícia não fazia a pergunta se as mulheres tinham sofrido violência anterior. Quatro mulheres desses 28 casos morreram por meio cruel, sugerindo sadismo. Um desses homens manteve a mulher em cárcere privado por seis meses e durante esse período praticou violência física até levá-la à morte (CAMPBELL, 1992: 103).

De acordo com os estudos de Campbell, a grande maioria das mulheres que foram assassinadas pelos seus parceiros íntimos já tinha sido agredida fisicamente por eles. Portanto, para diminuir os números de mulheres mortas, deveriam ser especificados quais seriam os fatores de risco de femicídio.

Em novembro de 2012, por ocasião do Dia Internacional da Eliminação da Violência contra as Mulheres, ocorreu na Áustria um Simpósio sobre o Femicídio organizado pela Organização das Nações Unidas, em que Russell proferiu conferência e houve um grande debate em torno do termo a ser adotado, se *femicídio* ou *feminicídio*. Este debate tem gerado grandes controvérsias entre as feministas da América do Norte e da América Latina.

Algumas razões pelas quais Russell declara ser o nome *femicídio* o mais adequado incluem a ideia de que seria preferível definir o femicídio ou o feminicídio de uma maneira que pudesse ser globalmente usada, além do fato de a autora manifestar aversão a um termo que seja assemelhado ao conceito opressivo de feminilidade. A autora lamenta os conflitos intensos que se desenvolveram entre muitas feministas na América Latina que ora adotaram o termo *feminicídio*, ora *femicídio*, e por isso considera mais interessante um termo unificado (RUSSELL, 2011a).

1.1.2. A evolução do conceito na América Latina: femicídio e feminicídio

Na tradução da palavra *femicide* para o espanhol apareceram duas tendências: *femicídio* e *feminicídio* (RUSSELL, 2012). A diferença entre os dois termos tem sido motivo de grande discussão na América Latina.

Grande parte dos livros e investigações dedica um item ou capítulo à distinção entre os dois, mas até o momento não existe um consenso sobre o conteúdo de cada um deles.

A nova categoria de análise teve uma ampla repercussão internacional nas últimas décadas. Essa expansão foi favorecida pelo avanço do movimento feminista transnacional a partir dos anos 1990 e seus avanços no desenvolvimento dos direitos das mulheres. O uso generalizado das expressões *femicídio* e *feminicídio* na América Latina derivou de acontecimentos específicos, em especial os assassinatos cruéis e o desaparecimento de mulheres, ocorridos em Ciudad Juarez, denunciados após 1993.

A partir de então surgiu uma nova corrente teórica no México, liderada pela antropóloga Marcela Lagarde, que continuou na linha de Russell, mas ao traduzir para o castelhano o termo *femicide*, traduziu-o como *feminicídio*. Nos casos ocorridos no México estavam destacados, dentre outros fatores, a negligência do Estado na investigação e a impunidade dos assassinatos de mulheres. Os crimes perpetrados nesse país se somaram, nos últimos anos, ao crescimento do número e da brutalidade dos homicídios femininos em países como Guatemala e El Salvador, também em contextos de impunidade e violência.

Esses casos foram conhecidos e denunciados como feminicídio e, em diversas regiões da América Latina, a palavra acabou fortemente associada à impunidade, com ênfase na responsabilidade do Estado e nas características particularmente brutais dos crimes. No entanto, conceitualmente o termo *femicide*, quando traduzido ao castelhano, gerou duas tendências: femicídio – tradução direta de *femicide* em inglês, ou feminicídio.

As autoras que utilizam o termo *femicídio* justificam normalmente pela tradução direta do conceito elaborado por Russell. Por outro lado, quem considera que a tradução correta de *femicide* é feminicídio invoca tanto razões formais ou linguísticas como razões de fundo pragmático, político ou social.

Fazendo parte de uma primeira corrente, que sustenta que a palavra adequada para se referir aos assassinatos de mulheres seria feminicídio, se encontra a socióloga mexicana Julia Monárrez. Ela explica que as duas raízes latinas da palavra seria *fémina* – mulher – e *caedo, caesun* – matar. A palavra em latim para a mulher não é *femena*, e sim *femina*, com "i". Ao unir as duas palavras para formar outra, se respeitam as raízes das duas e não apenas as juntam, então a morte de uma mulher seria *feminiscidium*, e aí passa-se à palavra *feminicídio*, que seria a tradução mais correta para o espanhol. Monárrez também não utiliza a palavra *homicídio* para se referir ao assassinato de mulher, posto que, etimologicamente, homicídio significa dar morte a um homem, em mais um exemplo do caráter androcêntrico da linguagem, sendo incorreto utilizá-la para os casos em que se dá a morte de mulheres.

Sabe-se que com o surgimento das expressões *femicídio* e *feminicídio* o fenômeno se tornou visível na América Latina e, nomeando de forma específica um amplo conjunto de mortes de mulheres que, até então, aumentavam as estatísticas criminais, se transformou em uma valiosa ferramenta para investigação e ação política feminista, dando impulso a pesquisas e estudos sobre o tema em vários países da América Latina. Em seguida examinaremos as classificações que surgiram na região.

1.1.3. Os conceitos sociológicos e antropológicos de feminicídio/femicídio: Impunidade e responsabilidade do Estado

Em Ciudad Juarez, México, o fenômeno dos assassinatos e desaparecimento de mulheres e meninas passou a ser paradigma de violência contra as mulheres no país e no mundo. Nessa cidade, fronteira com os Estados Unidos, cerca de 400 mulheres e meninas foram mortas e mais de uma centena sofreu mutilações, torturas e violência sexual. Seus cadáveres foram abandonados em terrenos baldios ou em desertos que rodeiam a cidade. Os termos *feminicídio/femicídio* então voltam a surgir na literatura feminista, dessa vez para denunciar as mortes ocorridas nessa cidade.

Observa-se, no caso, que a violência contra as mulheres está ligada a uma misoginia exacerbada por parte dos habitantes homens, mas se faz duvidoso apontar uma única causa para tal fenômeno, senão uma série de fatores que, associados, produzem o contexto propício à violência extrema.

A violência contra as mulheres em Ciudad Juarez antes de 1993 era um fenômeno que não recebia a atenção do Estado. A partir de 1993, mulheres jovens, incluindo meninas com menos de 12 anos de idade, passaram a ser estupradas, estranguladas e mutiladas. Durante os últimos 10 anos, mais de 400 mulheres foram assassinadas e uma quantidade indeterminada permanece desaparecida (VALDEZ, 2005:15).

Alguns corpos foram encontrados no deserto ou em terrenos baldios de propriedade de pessoas abastadas da cidade, com sinais de tortura e violência sexual. Um dos primeiros casos deste tipo de homicídio foi em 1993: Alma Mireya Chavarría Favila foi violentada sexualmente, agredida e estrangulada. Desde então os principais jornais na cidade passaram a noticiar os crimes. Como o tipo de crime era frequente e ante a ineficácia da Polícia em investigar e punir os agressores, os familiares das vítimas se organizaram com o apoio de alguns vizinhos para procurar as mulheres e meninas e, desta forma, sem equipe nem treinamento especializado, seguiam suas pistas até encontrar seus corpos abandonados no deserto ou em terrenos baldios. Alguns foram localizados por circunstâncias ocasionais como, por exemplo, a passagem de alguém pelo local ou por meio de animais que sentiam o odor dos corpos em estado de decomposição (ORTUÑO, 2011: 85-86).

A introdução do termo *feminicídio*, na língua espanhola, se deve a Marcela Lagarde, teórica feminista, antropóloga e deputada mexicana que realizou vários estudos sobre as mortes de mulheres no México e o conceituou como um genocídio contra mulheres, que ocorre quando as condições históricas geram práticas sociais que permitem atentados contra a integridade, a saúde, as liberdades e a vida das mulheres. E conceitua (LAGARDE, 2004: 93-108):

> *En el feminicídio concurren en tiempo y espacio, daños contra mujeres realizados por conocidos y desconocidos, por violentos, violadores y asesinos individuales y grupales, ocasionales o profesionales, que conducen a la muerte cruel de algunas de las víctimas. No todos los crímenes son concertados o realizados por asesinos seriales: los hay seriales e individuales, algunos son cometidos por conocidos: parejas, parientes, novios, esposos, acompañantes, familiares, visitas, cole! gas y compañeros de trabajo; también son perpetrados por desconocidos y anónimos, y por grupos mafiosos de delincuentes ligados a modos de vida violentos y criminales. Sin embargo, todos tienen en común que las mujeres son usables, prescindibles, maltratables y desechables. Y, desde luego, todos coinciden en su infinita crueldad y son, de hecho, crímenes de odio contra las mujeres.*

A escolha do termo *feminicídio* coincide com um desenvolvimento jurídico na região reconhecido na Convenção Interamericana para Prevenir, Punir e Erradicar a Violência contra as Mulheres, a Convenção de Belém do Pará, na qual está prevista expressamente a responsabilidade estatal na violação dos direitos humanos das mulheres, segundo a qual, muito além da violação praticada por um agente do Estado, será enquadrada a praticada por aqueles que, em função da negligência e omissão, deixam de agir como deveriam, como por exemplo, investigando e punindo os crimes contra as mulheres.

As instituições do Estado mexicano frente a tais crimes se posicionam com características que revelam acentuado componente sexista, que se traduz na impunidade. Com destaque para esses elementos – misoginia e tolerância do Estado – o conceito de feminicídio começa a ser amplamente divulgado pelo movimento feminista mexicano, especialmente na denúncia, em nível nacional e internacional, dos numerosos crimes contra as mulheres na fronteira do país.

Pasinato atenta para o fato de que a partir da contribuição de Lagarde, ocorre uma mudança no conceito, pois a palavra *femicide* "perde força ao ser traduzida para o castelhano". Por isso, propõe o uso da palavra *feminicídio* usando-a para denominar o "conjunto de delitos de lesa-humanidade que contém os crimes e os desaparecimentos de mulheres" (LAGARDE, *apud* PASINATO, 2011:232).

Para Lagarde, é através da inexistência ou debilidade do Estado de Direito que se reproduzem a violência sem limite e os assassinatos sem castigo. Por isso, para diferenciar os termos, preferiu a palavra *feminicídio*, a que denomina conjunto de delitos de lesa-humanidade que contém os crimes, os sequestros e os desaparecimentos de meninas e mulheres em um quadro de colapso institucional. Tratar-se-ia de uma fratura do Estado de Direito que favorece a impunidade (LAGARDE, 2011). Os conceitos de feminicídio e femicídio, dessa forma, se complementariam.

Para o Direito Penal no entanto, algumas dessas mortes não podem ser consideradas crimes, por falta do elemento subjetivo do tipo, qual seja a intenção de causar a morte da mulher, e por não poder ser imputada à pessoa determinada. De qualquer forma, trata-se de condutas que violam os direitos humanos das mulheres por descumprimento de tratados internacionais, que, dentre várias obrigações, preveem a proteção e a garantia do seu direito à vida.

1.1.4. A categoria feminicídio sexual

Jane *Caputi*, Deborah Cameron e Elizabeth Frazer foram as primeiras a analisar sistematicamente o assassinato sexual através da mediação das relações de gênero. Em *The Age of Sex Crime, Caputi* aborda o assassinato sexual de mulheres por homens, afirmando que o assassinato sexual, o assassinato serial e o assassinato recreativo são expressões novas para um novo tipo de crime: o crime sexual. Tais assassinatos de maneira nenhuma precisam de motivação, já que a violência sexual, a tortura, a mutilação e finalmente o extermínio nos falam do assassinato sexual como um assassinato político, como um terrorismo fálico funcional contra as mulheres.

O feminicídio sexual é o assassinato de mulheres que são sequestradas, torturadas e violadas. Seus corpos seminus são abandonados em zonas desérticas, terrenos baldios, lixões ou em vias férreas. O assassinato sexual se define e inclui todos os casos nos quais a morte foi motivada por impulsos sádicos sexuais, "pela luxúria de matar", produto de uma ordem social frequentemente respaldada pelo Estado e/ou por instituições religiosas. Em seu livro *Trama de una injusticia*, Monárrez diz que o conceito é uma ferramenta analítica que tenta considerar a classe social no crime contra as mulheres, já que a categoria "mulher" é condicionada e limitada, entre outras dimensões, pela classe.

A imagem desértica dos cenários dos crimes situa a violência fora do contexto urbano, fora da ordem social, em um espaço onde não há leis, um lugar à parte da civilização em que apenas os mais fortes sobrevivem, um cemitério onde barbaramente ficam as mulheres presas, sem piedade alguma, numa luta entre o bem e o mal afastada do resto da comunidade. Elas são vítimas de diversos atos de violência, como a tortura e o estupro, muitas vezes são amarradas (mãos e pés) para que sejam facilmente dominadas e não haja reação. O exame de corpo de delito dessa série de crimes indica um *modus operandi* cruel dos agentes (motivo torpe e sem possibilidade de defesa pela vítima).

Monárrez (2004) titulou essa espécie de feminicídio de "feminicídio sexual sistêmico", e a conceituou da seguinte forma:

> *Es el asesinato codificado de niñas y mujeres por ser mujeres, cuyos cuerpos expropiados han sido torturados, violados, asesinados y arrojados en escenarios transgresivos, por hombres que hacen uso de la misoginia y el sexismo, para delinear cruelmente las fronteras de género por medio de un terrorismo de Estado, secundado por los grupos hegemónicos, que refuerza el dominio masculino y sujeta a familiares de víctimas y a todas las mujeres a una inseguridad crónica y profunda, a través de un período continuo e ilimitado de impunidad y complicidades.*

Ao analisar os casos ocorridos em Ciudad Juarez de 1993 a 2004, através das variáveis como lugar de origem, idade e ocupação, Monárrez mostrou um perfil aproximado das vítimas. A partir desse estudo, a investigadora confirmou fatos sobre as vítimas do feminicídio sexual sistêmico e afastou mitos da punição dos feminicidas. Coletou os casos através de uma lista organizada por Esther Chávez Cano, a partir das anotações dos crimes de assassinatos de mulheres que apareciam noticiados no jornal *La Jornada*, de Ciudad Juarez. De acordo com Monárrez (2009), nessa listagem constavam 124 casos de assassinatos de mulheres de 23 de janeiro de 1993 a 27 de junho de 1998 e com esta documentação começou a criar o que seria um banco de dados sobre o feminicídio.[6]

A base de dados de Monárrez inclui três tipos de feminicídio: íntimo, que por sua vez se subdivide em feminicídio infantil e familiar. Em seguida, nomeia mais dois novos tipos: feminicídio sexual sistêmico, subdividido em organizado e desorganizado. E feminicídio por ocupações estigmatizadas. Nesta última classificação, as mulheres são assassinadas não simplesmente por serem mulheres, mas por estarem ocupando funções ou trabalhos não aceitos por parte da sociedade, como por exemplo, as mulheres que trabalham em bares e casas noturnas. São as dançarinas noturnas e as prostitutas.

Vale mencionar que dos 144 feminicídios analisados na base de dados de Monárrez, 10 foram cometidos por homens próximos ou parentes das vítimas. Por isso afirma a autora que o sexo e a violência são preceitos do patriarcado e, portanto, não podemos gerar confusão falando de psicopatas sexuais, já que sexo e violência se conjugam para integrar a pedra angular que identifica a ideologia genérica patriarcal (*CAPUT*I, 1990:11).

Os crimes geralmente ocorrem quando mulheres e meninas fazem o trajeto do trabalho para casa e são cometidos com requintes de crueldade, mediante torturas que fortalecem as relações sociais desiguais de gênero que distinguem os sexos. Ao mesmo tempo em que o Estado, apoiado por grupos hegemônicos, reforça o domínio patriarcal, sujeita os familiares das vítimas e todas as mulheres a uma insegurança permanente e intensa, através de certeza da impunidade destes crimes e cumplicidade do Estado que não sanciona os culpados e outorga à justiça as vítimas. Divide-se em subcategorias de organizado e desorganizado e leva em conta os possíveis culpados.

---

6 Em "Femicídios" e as mortes de mulheres no Brasil, Pasinato (2011) destaca que "a origem dos problemas atuais de gênero remonta aos anos 60, quando a economia local foi transformada por dois eventos: o fim de uma política de arregimentação de trabalhadores braçais, que migravam legalmente para trabalhar na agricultura nos Estados Unidos e a implantação de uma política para assentamento de grandes indústrias (*"maquilas"*). Nos anos 1970 e 1980, as *"maquilas"* – indústrias de transformação de bens –, desenvolveram-se com base na mão de obra feminina, descrita como "barata e dócil", provocando rearranjos nos papéis tradicionais de gênero, como o aumento do número de homens desempregados, com crescente engajamento de mulheres (jovens e migrantes em sua maioria) que deixavam de cumprir apenas com seus papéis de esposas, mães e donas de casa, para ingressar no mercado de trabalho, contribuindo para o sustento de suas famílias e conquistando relativa autonomia financeira".

Percebe-se que os assassinos matam o seu objeto do desejo – mulheres e meninas – e o fazem após abusar sexualmente delas e torturá-las; mas ainda obtêm uma gratificação sexual suplementar do próprio ato de violência. Além da violência sexual, o assassino tem o controle temporal desde o início, com o sequestro, tortura, violência sexual e a excitação de obter o controle sobre a vítima e, por fim, abandona seu corpo em regiões desérticas, local em que é depositado o cadáver ultrajado e inerte. O silêncio das vítimas também tem uma representação nestes casos, uma vez que são levadas para regiões não urbanas, onde estão fora da ordem social.

São casos emblemáticos e notórios ocorridos na região de Ciudad Juarez: Lote Bravo, Lomas de Poleo, Granjas Santa Helena, El Lote Algodonero, para citar apenas alguns dos cenários onde foram encontrados os cadáveres das vítimas.

1.1.5. Femicídio íntimo, não íntimo e por conexão

Na América Central desenvolveu-se outra corrente teórica que adotou a palavra *femicídio*, desenvolvida pelas sociólogas costarriquenses Ana Carcedo y Montserrat Cabañas. Elas adotam o termo inicialmente proposto por Russell e seguem desenvolvendo seus próprios conceitos. Essa corrente entende que femicídio é toda morte derivada da subordinação feminina, abrangendo tanto o homicídio como o suicídio originado da violência ou das condições de discriminação, assim como as ações e omissões que, tendo esta mesma origem, terminam provocando a morte de alguma mulher ou menina (CARCEDO, 2010:4).

Conforme o estudo realizado na Costa Rica, o femicídio representa uma importante causa de morte para as mulheres. Em 1999 morreram um total de 6.353 mulheres, sendo que pelo menos quatro de cada mil morreram como resultado de violência baseada na desigualdade de gênero, em ataque direto. Esta cifra sem dúvida aumentaria se fosse possível contabilizar as agressões mortais que não causam a morte imediata e terminam sendo registradas como "mortes naturais" (CARCEDO; SAGOT, 2000).

Conforme este estudo, as estatísticas apresentadas pela OIJ (Organización Iberoamericana de Juventud), entre 1990 e 1999 os homicídios foram a causa de morte de 1.885 pessoas na Costa Rica, o que representa uma média anual de 188. A taxa relativa à população total, que em 1990 era de 4,7 por 100.000 habitantes, veio aumentando até chegar em 1999 a 6,7 por 100.000 habitantes.

Carcedo utilizou a versão do conceito de femicídio utilizado por Diana Russell e Jill Radford, mas também criou uma tipologia própria para diferenciar o femicídio dos crimes de homicídio de mulheres e para definir os crimes de femicídio, em femicídio íntimo, não íntimo e por conexão. Carcedo, em parceria com Montserrat Sagot em seu trabalho de investigação e compilação de cifras em Femicídio na Costa Rica 1990-1999, incluiu os três tipos de femicídio conforme formulados por Diana Russell (CARCEDO; SAGOT, 2000).

Para estas investigadoras, o homicídio de mulheres por seus companheiros, ex-companheiros e familiares com quem a vítima convivia constitui o "femicídio íntimo", precisamente porque tais crimes são executados por pessoas que mantinham ou tinham uma relação afetiva com a mulher que mataram, o que diferencia do "femicídio não íntimo", em que não havia essa relação. A terceira categoria utilizada na investigação, o "femicídio por conexão", refere-se à situação em que ocorre femicídio ou tentativa contra uma mulher que não era a pretendida pelo femicida, morrendo a vítima "na linha de fogo", independentemente do vínculo que tinha com o feminicida. Dessa maneira, o femicídio por conexão seria uma forma de *aberratio ictus* ou erro por inabilidade na execução do crime.

Outro aspecto do termo *femicídio* é que permite fazer conexões entre as variadas formas de violência contra as mulheres, de modo que, quando qualquer uma dessas termina em morte, constitui um femicídio.

1.1.6. O femigenocídio e crimes de segundo Estado

A outra corrente teórica que também estuda o fenômeno que ocorre em Ciudad Juarez é a representada pela antropóloga Rita Laura Segato, para quem os assassinatos não seriam crimes comuns, mas crimes de segundo Estado, ou do Estado paralelo. No período durante o qual Segato ficou em Ciudad Juarez (durante julho de 2004), foi encontrado o corpo de outra mulher, uma trabalhadora de "*maquiladora*" chamada Alma Brisa Molina Baca.[7]

Neste item, apresentarei algumas reflexões da autora sobre o feminicídio em Ciudad Juarez que considero essenciais para pensar as diferentes formas que o delito assume. Para a autora, a impunidade dos

7 Sobre a experiência, relata a autora: "Poupo aqui o relato da quantidade de irregularidades cometidas pelos investigadores e pela imprensa local em relação aos restos de Alma Brisa. Era, sem qualquer exagero, ver para crer; estar ali para ser testemunha do inconcebível, do inacreditável. Porém, faço notar, sim, que o corpo apareceu no mesmo terreno baldio do centro da cidade onde, no ano anterior, outra vítima fora encontrada" (SEGATO, 2005).

crimes de Ciudad Juarez pode ser descrita em três aspectos: "1) a ausência de linhas de investigação consistentes; 2) a ausência de acusados convincentes para a opinião pública; 3) a consequência das duas anteriores: o círculo de repetição sem fim desse tipo de crimes" (SEGATO, 2005).

Chama a atenção a continuidade e a impunidade dos crimes no local. Além da ineficácia da polícia, a inércia do sistema judiciário é outro fator decisivo para que os crimes permaneçam sem punição. A diferença entre os crimes ocorridos em Juarez e os crimes de gênero ocorridos no espaço doméstico é evidente. No âmbito privado, as vítimas pertencem ao mesmo círculo familiar do abusador – esposas, mães, irmãs, ex-companheiras – enquanto em Juarez o que se observa é um pacto de silêncio, são crimes praticados por narcotraficantes ou mafiosos com uma qualidade típica: o caráter de exemplaridade, uma violência ampla com objetivo de mostrar poder e disciplinar as vítimas.

De acordo com Segato (2005), os crimes de Ciudad Juarez precisam ser enquadrados em novas categorias jurídicas para serem inteligíveis, pois "não são crimes comuns, ou seja, não são crimes de gênero de motivação sexual ou de falta de atendimento no espaço doméstico, como afirmam os agentes da lei, autoridades e ativistas". Esse tipo de delito pode ser entendido como "crimes de segundo Estado", ou Estado paralelo, pois se manifestam com abuso de poder político, sem sujeitos personalizados objetivando reafirmar a dominação sobre a mulher.

Segato (2005) busca compreender quais são os significados destes crimes, qual o papel deles em um complexo campo de disputa política, que envolve forças que vão além de uma prática ou um sujeito isolado. Os assassinatos fazem parte de um "sistema de comunicação", no qual o autor dos crimes emite mensagens que, juntas, formam um discurso.

> Em outras palavras, os feminicídios são mensagens emanadas de um sujeito autor que só pode ser identificado, localizado, perfilado, mediante uma "*escuta*" rigorosa desses crimes como atos comunicativos. É em seu discurso que encontramos a realidade desse sujeito, de modo a torná-lo rastreável e reconhecível. Se o ato violento é reconhecido como mensagem e os crimes são orquestrados em claro estilo ritualístico-comunicativo, encontramo-nos com uma cena onde os atos de violência comportam-se como uma língua capaz de funcionar como eficazmente para os entendidos, os avisados, os que a falam, ainda quando não participem diretamente na ação enunciativa.

Nessa perspectiva, Segato conclui que o autor desse crime é um sujeito que valoriza o lucro e o controle territorial acima de tudo. Por este motivo, os crimes não podem ser compreendidos ou investigados de forma isolada, pois, juntos, têm uma leitura que vai além de uma vontade subjetiva individual de cometer um feminicídio: a "voz" por trás do conjunto de assassinatos quer demonstrar posse do território, dos corpos das mulheres e de uma dimensão simbólica de domínio misógino.

Os crimes de Juarez afirmam, num aspecto schmittiano (SCHMITT, 1998), a soberania de um poder paralelo: em um contexto de exceção, soberano é aquele que tem o poder de decisão, no caso, um grupo de mafiosos que age à margem da atuação do Estado. O poder soberano constituído por esse "segundo Estado" deixa claro quem são seus interlocutores, o objetivo de dominação e produção de um terror físico e simbólico (SEGATO, 2005).

> A linguagem do feminicídio utiliza o corpo feminino para indicar a posição do que pode ser sacrificado em aras de um bem maior, de um bem coletivo, como é a constituição de uma fratria mafiosa. Essa linguagem quer dizer que o corpo feminino significa território e sua etimologia é tão arcaica quanto suas transformações são recentes. Tem sido constitutivo da linguagem das guerras, tribais ou modernas, que o corpo da mulher seja anexado como parte do país conquistado. O estupro coletivo seria como nos pactos de sangue, a mistura de substâncias corporais de todos os que dele participam; o ato de compartilhar a intimidade em seu aspecto mais cruel, de expor o que se guarda com mais zelo. O estupro representa uma dominação sexual que tem além do domínio físico, o moral da vítima. O que seria então o feminicídio, no sentido que Ciudad Juarez lhe confere? É o assassinato de uma mulher genérica, de um tipo de mulher, só por ser mulher e pertencer a esse tipo, da mesma forma que o genocídio é uma agressão genérica e letal a todos aqueles que pertencem ao mesmo grupo étnico, racial, linguístico, religioso ou ideológico. Ambos os crimes se destinam a uma categoria e não a um sujeito específico. Esse sujeito é despersonalizado como sujeito na medida em que se faz predominar nele, sobre as suas características individuais, a categoria à qual pertence.

Seria, pois, importante definir e distinguir os crimes de feminicídio que tenham caráter interpessoal dos crimes impessoais. Segato (2005) sugere que a categoria feminicídio sempre seja devidamente definida e os subtipos formulados, a fim de que os conceitos possam ser usados dentro do direito estatal para englobar todos os crimes cometidos na fronteira de gênero, os que ocorrem em contextos interpessoais e também aqueles cometidos por agentes cujos motivos são de ordem pessoal, sendo necessário também, por outro lado, elevar a categoria de feminicídio em certos casos, à de *femigenocídio*, para incluí-la no foro internacional onde são julgados os crimes de lesa-humanidade e genocídio. Ao assassinar uma mulher genérica, o crime assume um caráter simbólico diferente do praticado visando a uma vítima específica. A mulher morta é símbolo de uma dominação que visa ao corpo feminino, visa à demonstração de poder em determinado território de um gênero por outro. Esse tipo de crime se aproxima muito mais do genocídio como expressão genérica e letal a todos aqueles que pertencem ao mesmo grupo étnico, racial, linguístico, religioso ou ideológico e por esse motivo deve receber um tratamento diferenciado, tanto nacional como internacionalmente.

1.2. Uma análise dos conceitos existentes

De acordo com o atual cenário da América Latina, em que se acumulam várias definições de femicídio/feminicídio, entendo ser conveniente uma delimitação do conceito, que permita uma análise a partir de uma perspectiva jurídico-penal. Neste sentido, independentemente do termo a ser adotado, será necessário restringir o conceito para que ele possa ser transposto ao Direito Penal conforme o concebemos e aponto dois aspectos a serem levados em conta para tanto: 1) a relevância penal da conduta e 2) definição clara do bem jurídico que será tutelado pela norma penal.

Assim, seria necessário excluir do conceito todas as condutas que não podem ser qualificadas como crime, como, por exemplo, aquelas que não possuem relevância penal, tais como a morte de mulheres como consequência de uma discriminação estrutural e não de atos particulares cuja intenção seja a de provocá-las, como ocorre com as mortes por doenças que as afetem de forma desproporcionada, a exemplo das mortes maternas evitáveis (TOLEDO, 2009).

Em relação ao segundo aspecto, seria necessária a exclusão de todas as formas de violência contra as mulheres, ainda que graves, em que o agressor não tenha tido a intenção de matar, como quando ocorre violência sexual ou física graves que não ameacem a vida das mulheres. Portanto, para ser considerado feminicídio e que seja útil para o Direito Penal, o conceito teria de compreender apenas as mortes intencionais de mulheres, motivadas por razões de gênero.

Fazendo uma análise de todos os conceitos existentes, entendo que o mais apropriado para o Brasil seria o de morte de mulheres em razão do seu gênero e, em dois contextos, o doméstico e o familiar baseado no gênero, ou seja, o primeiro corresponde à mulher assassinada por parceiro íntimo atual ou ex-parceiro, e o segundo seria a morte de mulher por pessoa desconhecida da vítima, mas por motivação de gênero.

O feminicídio/femicídio tem sido definido como a morte violenta de mulheres, por sua condição de mulher ou assassinato de mulheres por razões associadas ao gênero. A expressão "morte violenta" enfatiza a violência como determinante da morte e que desde uma perspectiva penal incluiria as que resultam de delitos de homicídio simples ou qualificado (assassinato), ou ainda parricídio nos países que ainda existem esta figura.

Dentro dessa perspectiva não se incluiria a morte de mulheres provocada por ações ou omissões que não necessariamente constituiriam crime, basicamente porque carecem do elemento subjetivo do tipo, ou seja, o dolo de matar, ou porque são condutas que não podem ser imputadas à determinada pessoa, sem prejuízo de poderem ser consideradas violações de direitos humanos pelo descumprimento de obrigações do Estado relativas à garantia do direito à vida das mulheres.[8]

É importante ressaltar que a maioria dos conceitos adotados pelos países da América Latina tem restringido o conceito original de Russel e *Caputi*, referido inicialmente.[9] Com efeito, a maioria dos conceitos existentes se refere à morte violenta de mulheres como consequência direta dos crimes, excluindo as mortes por discriminação de gênero (abortos clandestinos, atenção deficiente à saúde das mulheres etc.), assim como as manifestações de violência que não causem morte.

O conceito de femicídio ou feminicídio deve ser o mais restrito possível porque para o Direito Penal o crime deve respeitar o princípio da

8 No Brasil, o caso de Alyne Pimentel é emblemático. Alyne Silva Pimentel, 28 anos, mulher negra e moradora da Baixada Fluminense (RJ) faleceu em 16 de novembro de 2002, no sexto mês de gestação, cinco dias após dar entrada em um hospital da rede pública com sinais de gravidez de alto risco e por falta de atendimento básico de obstetrícia apropriado. No dia 10 de agosto de 2011, o Comitê pela Eliminação de Todas as Formas de Discriminação contra a Mulher (Comitê CEDAW), das Nações Unidas, condenou o Brasil no caso Alyne. O Comitê concluiu que o Estado brasileiro falhou em proteger os direitos humanos à vida, à saúde, à igualdade e não discriminação no acesso a saúde e também considerou que o Estado falhou ao não garantir à família de Alyne o acesso efetivo à Justiça. O Brasil tem obrigação de acatar e implementar a decisão com base no princípio da boa-fé, que rege as relações internacionais. Entretanto, até o momento, nenhuma das recomendações feitas pelo CEDAW em relação ao Caso Alyne foram postas em prática pelo Estado brasileiro.

9 Vale recordar que para Russel e *Caputi* constituem femicídio tanto a morte da mulher causada por parceiros íntimos como forma de controle e dominação extrema, como a morte de mulheres fruto, por exemplo, da esterilização forçada ou através da realização de cirurgia plástica desnecessária. Este conceito mais amplo também foi adotado em alguns países da América Latina como femicídio.

legalidade, a conduta deve estar devidamente descrita no tipo penal e o sujeito ativo tem que ser determinado pelo tipo descrito, de forma a não dar margem a interpretações ambíguas.

Analisando todos os conceitos existentes nos Estados Unidos e na América Latina, entendo que seja o termo *femicídio* o mais adequado e o mais simples para todas as línguas, no entanto, como o Poder Legislativo optou pela nomenclatura "feminicídio", esta será utilizada neste livro. Em que pese os argumentos de Marcela Lagarde, que acrescenta o fator impunidade para definir como feminicídio, a controvérsia é bem definida por Diana Russell, uma vez que a impunidade não é necessariamente uma característica de todos os países da América Latina, o que pode levar a equivocada interpretação de que se não houver impunidade não se tratará de feminicídio. Outro fato relevante é a dificuldade dos operadores do Direito de tratarem a questão sob a ótica dos direitos humanos das mulheres e com a perspectiva de gênero, o que pode levar à sensação de impunidade e, consequentemente, ao descrédito da sociedade em relação à Justiça.

A definição de femicídio/femicídio mais adequada e útil para a análise jurídico-penal seria, portanto, o assassinato de mulheres baseado no gênero, fruto da dominação e forma de controle sobre o corpo feminino, sendo portanto, um crime de poder, incluindo não apenas o assassinato por parceiros íntimos, mas também a morte intencional por parceiros não íntimos, que tenha sido motivado em razão de gênero (SEGATO, 2005).[10]

Seria importante ressaltar, finalmente, que ainda que por enquanto nosso Direito Penal apresente as limitações recém-descritas, não dispondo de ferramentas teóricas para lidar com certas violações constatadas no campo social, como os crimes de segundo Estado e contra tipos gerais de sujeito ou os que não se enquadrem bem nos tipos de conduta e de elemento subjetivo tradicionalmente concebidos, isso não deve impedir-nos de, futuramente, pensar em novas formas de conceber o Direito Penal, para que possamos progredir a uma maior proteção dos direitos das mulheres. Afinal, sabemos que o Direito, em suas mais

10 Na língua do feminicídio, corpo feminino também significa território, e sua etimologia é tão arcaica quanto suas transformações são recentes. Tem sido constitutivo da linguagem das guerras, tribais ou modernas, que o corpo da mulher anexe-se como parte do país conquistado. A sexualidade investida sobre ele expressa o ato domesticador, apropriador, quando insemina o território corpo da mulher. Por isso, a marca do controle territorial dos senhores de Ciudad Juárez pode ser inscrita no corpo de suas mulheres como parte ou extensão do domínio afirmado como próprio. *Vide*: Segato, Rita Laura, disponível em: <file:///C:/Curso%20TJRN(feminicídio)/ARTIGO_TerritorioSoberaniaCrimes.pdf>.

diversas áreas, e portanto, também no Direito Penal, foi constituído historicamente por homens e em torno da figura do homem. Embora este trabalho esteja preocupado com aquilo que hoje pode ser feito através das ferramentas de que dispõe nosso Direito Penal atual, nunca deveríamos perder de vista o horizonte de que, no futuro, a Teoria Geral do Direito Penal não deveria nunca se sobrepor às necessidades constatadas, como neste caso, por outras áreas do conhecimento a exemplo das ciências sociais, que se preocupam em diagnosticar a violência exercida contra as mulheres.

Com efeito, o Direito tem gênero, e ele é masculino. Na verdade, o Direito em geral nunca é neutro, e podemos tomar como exemplo a forma como o Direito Penal tutela bens jurídicos de forma a prestigiar bastante a questão patrimonial em detrimento de outros bens jurídicos fundamentais, como, por exemplo, a integridade física. A pena do crime de furto é superior à pena por lesão corporal. Observava-se até há pouco tempo uma certa flexibilidade/tolerância em relação aos crimes contra as mulheres, o que não ocorria em relação aos outros crimes, como o roubo e o furto, e até mesmo crimes contra os animais e o meio ambiente. Avanços têm sido feitos nesse âmbito, mas não são suficientes para que deixemos de levar em conta as parcialidades e limitações do Direito.

No Brasil, a nomenclatura utilizada por Lagarde foi a adotada e o crime de feminicídio foi incluído no Código Penal através da Lei nº 13.104, de 2015, sancionada em 10 de março. Esta lei altera o art. 121 do Código Penal brasileiro, para prever, no inciso VI, o "feminicídio" como circunstância qualificadora do crime de homicídio, e o art. 1º da Lei nº 8.072/1990 (Lei de Crimes Hediondos), para incluir o feminicídio no rol dos crimes hediondos. Essa lei, seus aspectos processuais e as questões relativas à tipificação do feminicídio serão analisados de forma mais aprofundada no Capítulo 6 deste livro.

CAPÍTULO 2

Marco Normativo Internacional e Feminicídio/Femicídio

O direito internacional de proteção dos direitos humanos é capaz de refletir, ao longo de seu desenvolvimento, as diversas feições e vertentes do movimento feminista. Algumas reivindicações feministas, como o direito à igualdade formal, a liberdade sexual e reprodutiva, o fomento à igualdade econômica, a redefinição de papéis sociais e o direito à diversidade sob as perspectivas da raça e etnia, dentre outras, foram, cada qual a seu modo, se incorporando aos tratados internacionais de proteção dos direitos humanos (PIOVESAN; PIMENTEL, 2011).

A partir da Declaração Universal de 1948 começa a se desenvolver o Direito Internacional dos Direitos Humanos, mediante a adoção de inúmeros tratados internacionais voltados à proteção de direitos fundamentais. Forma-se assim, o marco normativo internacional de proteção dos direitos humanos no âmbito das Nações Unidas.

Esse marco normativo é composto por instrumentos de abrangência geral (como os pactos Internacionais de Direitos Civis e Políticos e de Direitos Econômicos, Sociais e Culturais de 1966) e por instrumentos de alcance específico, como as Convenções Internacionais que buscam responder a determinadas violações de direitos humanos, como a discriminação racial, a discriminação contra a mulher, a violação dos direitos da criança, dentre outras formas de violação.

Cria-se assim, no campo do sistema global, a coexistência dos sistemas geral e específico de proteção dos direitos humanos, como sistemas de proteção complementares.

Em sua fase inicial, o sistema internacional de proteção dos direitos humanos orientou-se pelo lema da igualdade formal, geral e abstrata – lema do movimento feminista liberal. Contudo, de forma gradativa, surgem instrumentos internacionais a delinear a concepção material de igualdade, concebendo a igualdade formal e a igualdade material como conceitos diversos, mas inter-relacionados. Transita-se então, da igualdade formal, abstrata e geral para um conceito plural de dignidades concretas. Daí surgiram as contribuições das demais vertentes feministas para o processo de construção histórica dos direitos humanos das mulheres.

A concepção androcêntrica presente na teoria e na prática dos direitos humanos internacionais teve que ser revelada. Esse fato é recente e ocorreu após os anos 1980, quando as pensadoras feministas iniciam sua crítica ao paradigma existente dos direitos humanos e propuseram outro, mais inclusivo, compreendendo mulheres de todas as cores, idades, capacidades, regiões, e práticas sexuais, religiosas e culturas (FACIO, 2003). Neste sentido, Sabadell e Souza (2013) ressaltam o objetivo da teoria feminista no plano internacional de questionar a imunidade e a neutralidade das normas internacionais. As autoras apontam as duas possibilidades de críticas da teoria feminista: as liberais, que defendem a reforma das normas internacionais para garantir a autonomia das mulheres, e as radicais, que denunciam o caráter opressivo do Estado.

Analisando a internacionalização dos direitos humanos, foi a Declaração de Direitos Humanos de Viena em 1993 que, de forma expressa, afirmou em seu parágrafo 18 que os Direitos Humanos das mulheres e meninas são parte inalienável, integral e indivisível dos direitos humanos universais. Essa concepção foi reiterada pela Plataforma de Ação de Pequim, de 1995.

O legado de Viena é duplo: não apenas endossa a universalidade dos direitos humanos invocada pela Declaração Universal de 1948, mas também confere visibilidade aos direitos humanos das mulheres e das meninas, em expressa alusão ao processo de especificação do sujeito de direito e à Justiça enquanto reconhecimento de identidades. Neste último cenário, a mulher deve ser vista nas especificidades e diferenças de sua condição social. O direito à diferença implica o direito ao reconhecimento de identidades próprias, o que propicia a incorporação da perspectiva de gênero, isto é, repensar, revisitar e reconceitualizar os direitos humanos a partir da relação entre os gêneros, como um tema transversal (PIOVESAN, 2011).

O resultado das últimas três décadas permite apontar que o movimento internacional de proteção dos direitos humanos das mulheres centrou seu foco em três questões centrais: a) a discriminação contra a mulher; b) a violência contra a mulher; c) os direitos sexuais e reprodutivos (PIOVESAN; PIMENTEL, 2011).

2.1. Direito internacional dos direitos humanos das mulheres

O Brasil tem tradição em acompanhar as discussões e assinar os tratados internacionais propostos pela Organização das Nações Unidas

– ONU. Essa tradição ganha força à medida que a CF/88 assegura que: "Os direitos e garantias expressos nesta Constituição não excluem outros decorrentes do regime e dos princípios por ela adotados ou dos tratados internacionais em que a República Federativa do Brasil seja parte" (art. 5º, § 2º). De acordo com a Emenda Constitucional nº 45/2004, os tratados e convenções internacionais sobre direitos humanos só serão equivalentes às emendas constitucionais caso sejam aprovados em cada Casa do Congresso, em dois turnos, por 3/5 dos votos de seus respectivos membros (art. 5º, § 3º).

Dentre os principais instrumentos assinados e ratificados pelo Brasil, que direta ou indiretamente referem-se às relações de gênero e à cidadania das mulheres, podemos destacar a *Carta das Nações Unidas* de 1945, elaborada logo após a Segunda Guerra Mundial e considerada um marco para a consolidação dos direitos humanos. No seu artigo primeiro, a Carta preconiza que um dos propósitos das Nações Unidas é alcançar a cooperação internacional para a solução de problemas econômicos, sociais, culturais ou de caráter humanitário e encorajar o respeito aos direitos humanos e liberdades fundamentais para todos, sem distinção de raça, sexo, língua ou religião.

Na Conferência Mundial de Direitos Humanos realizada em Viena, em 1993, as mulheres celebraram a inclusão do seguinte dispositivo: "Os Direitos dos homens, das mulheres e das crianças do sexo feminino constituem uma parte inalienável, integral e indivisível dos direitos humanos universais. A participação plena e igual das mulheres na vida política, civil, econômica, social e cultural, em nível nacional, regional e internacional, e a erradicação de todas as formas de discriminação com base no sexo constituem objetivos prioritários da comunidade internacional" (art. 18).[1]

O resgate da luta específica das mulheres e sobre as relações de gênero será efetivado mediante a realização das Conferências Internacionais e de Convenções específicas. Duas Convenções são especialmente caras aos movimentos de mulheres: a Convenção pela Eliminação de Todas as Formas de Discriminação Contra a Mulher (Convenção da Mulher ou

1 Nessa mesma conferência se assumiu oficialmente a resolução de que os direitos das mulheres e das meninas são direitos humanos e inalienáveis, constituindo-se em parte integrante e indivisível dos direitos humanos universais. De forma pioneira, colocou a ideia de que a violência contra as mulheres constitui uma violação aos Direitos Humanos e "torna claro que, tendo as mulheres necessidades específicas, inerentes ao sexo e à situação socioeconômica a que têm sido relegadas, o atendimento dessas necessidades integra o rol dos direitos humanos inalienáveis, cuja universalidade não pode ser questionada".

CEDAW) e a Convenção Interamericana para Prevenir, Punir e Erradicar a Violência Contra a Mulher (Convenção de Belém do Pará).

A Assembleia Geral da ONU aprovou a *Convenção da Mulher* em 1979, impondo aos países partes o compromisso de combaterem todas as discriminações contra as mulheres. No Brasil, o Congresso Nacional ratificou a assinatura, com reservas, em 1984 e que foram suspensas em 1994, pelo Decreto Legislativo nº 26.[2] No que tange à Convenção de Belém do Pará, sua aprovação se deu pela Assembleia Geral da Organização dos Estados Membros em 09 de junho de 1994 e incorporou-se ao ordenamento jurídico brasileiro através da promulgação do Decreto Presidencial nº 1.973, de 1º de agosto de 1996. Por se tratar do instrumento internacional mais importante de direitos humanos, a Convenção Interamericana para Prevenir, Punir e Erradicar a Violência Contra a Mulher será abordada de forma um pouco mais aprofundada a seguir.

Cuida-se de Tratado Internacional que vincula o Brasil, não só perante os demais Estados signatários, mas também internacionalmente, possibilitando sua plena aplicação e execução ante o Poder Judiciário. O preâmbulo dessa convenção afirma que "a violência contra a mulher constitui uma violência dos direitos humanos e das liberdades fundamentais e limita total ou parcialmente à mulher o reconhecimento, o gozo e exercício de tais direitos e liberdades". Em seguida, aponta que "a violência contra a mulher é uma ofensa à dignidade humana e uma manifestação das relações de poder historicamente desiguais entre mulheres e homens".

Essa Convenção define a violência contra a mulher como "qualquer ato ou conduta baseada no gênero, que cause morte, dano ou sofrimento físico, sexual ou psicológico à mulher, tanto na esfera pública como na esfera privada", além de apontar os direitos a serem protegidos, os deveres dos Estados e os mecanismos interamericanos de proteção. Dessa maneira, reconhece expressamente que a violência contra a mulher pode afetá-la tanto na esfera doméstica (artigo 02, alínea *a*, da Convenção de Belém do Pará) como na comunidade em que vive (artigo 2, alínea *b*, da Convenção de Belém do Pará), incluindo também as instituições educacionais e as relações laborais.

Dentre várias responsabilidades que o Brasil assumiu, consta a de incluir em sua legislação interna normas penais, civis e administrativas

2 Em 1999, a Assembleia Geral da ONU adotou um Protocolo Facultativo à Convenção da Mulher, que designa um Comitê para receber denúncias sobre violações dos direitos humanos das mulheres. Em 2001, o Governo brasileiro assinou o Protocolo, que foi ratificado pelo Decreto nº 4.316/2002 e promulgado pelo Executivo.

necessárias para punir, prevenir e erradicar a violência contra a mulher e estabelecer mecanismos para que a mulher, objeto de violência, tenha acesso a efetivo ressarcimento, reparação do dano e outros meios de compensação justos e eficazes.

No artigo 1º, a Convenção de Belém do Pará define a violência contra a mulher como "qualquer ação ou conduta, baseada no gênero, que cause morte, dano ou sofrimento físico, sexual ou psicológico à mulher, tanto no âmbito público, como no privado". Assim, reconhece expressamente que a violência contra a mulher é um fenômeno que pode afetá-la tanto dentro da esfera doméstica quanto na comunidade em que vive, incluindo também as instituições educacionais e relações de trabalho.

No artigo 4º da Convenção estão enumerados alguns direitos das mulheres, tais como:

> direito a que se respeite sua vida, integridade física, mental e moral;
>
> direito à liberdade e segurança pessoais;
>
> direito a não ser submetida à tortura;
>
> direito a que se respeite a dignidade inerente à sua pessoa e que se proteja sua família;
>
> direito à igual proteção perante à lei e da lei;
>
> direito a um recurso simples e rápido perante tribunal competente que a proteja contra atos que violem os seus direitos;
>
> direito de livre associação;
>
> direito de professar a própria religião e as próprias crenças, de acordo com a lei;
>
> direito a ter igualdade de acesso às funções públicas de seu país e a participar nos assuntos públicos, inclusive na tomada de decisões.

No artigo 6º, a Convenção estatui "o direito de toda a mulher a uma vida livre de violência" o qual "inclui, entre outros, o direito da mulher de ser livre de toda a forma de discriminação".

Nesse sentido, em abril de 1995 foi editada a Lei nº 9.029 que, de forma concludente, "proíbe a exigência de atestados de gravidez e esterilização e outras práticas discriminatórias, para efeitos admissionais ou permanência da relação jurídica de trabalho". Desta forma, nas relações trabalhistas as mulheres contaram com proteção legal contra a discriminação.

Vale ressaltar que a Convenção adotou a sistemática de deveres exigíveis de imediato, previstos no art. 7º, e deveres exigíveis progressivamente, previstos no art. 8º, providências estas de efeito programático a serem implementadas paulatinamente, destinando-se, na sua maioria, a prevenir a violência contra a mulher.

As obrigações assumidas nos termos do artigo 7º, por serem exigíveis de imediato, são passíveis de ser requeridas, em caso de violência, à Comissão Interamericana de Direitos Humanos.[3] Por conseguinte, o art. 12 da própria Convenção reconhece que a qualquer pessoa ou grupo de pessoas é assegurado o direito de apresentar denúncias ou queixas de violência sofrida à Comissão Interamericana de Direitos Humanos. Assim, no que diz respeito aos mecanismos de monitoramento, a Convenção de Belém do Pará representa um enorme avanço, pois não se restringe aos sistemas de relatórios.

Outra solução consiste em apresentar denúncia ou queixa conforme previsto no art. 12 da referida Convenção. Este artigo reconhece que qualquer pessoa ou grupo de pessoas tem o direito de apresentar denúncia ou queixas relativas à violência diretamente à Comissão Interamericana de Direitos Humanos.

A III Conferência Internacional sobre População e Desenvolvimento – Cairo'94, por sua vez, teve como enfoque central os direitos sexuais e os direitos reprodutivos, embora tenha se detido mais especificamente no debate sobre aspectos voltados para as condições demográficas. Dedicou um capítulo à igualdade e à equidade entre os sexos. Nesta Conferência, reconheceu-se o aborto inseguro como um grave problema de saúde pública. Um dos objetivos do Programa de Ações da Conferência do Cairo é: "Alcançar a igualdade e a justiça, com base numa parceria harmoniosa entre homens e mulheres, capacitando as mulheres para realizarem todo o seu potencial".

Na IV Conferência Mundial sobre a Mulher – Beijing'95 – Igualdade, Desenvolvimento e Paz, inaugura-se um novo momento: além dos direitos, as mulheres ampliam sua pressão para que os compromis-

3 Dentre os vários compromissos assumidos pelo Brasil e demais países signatários desta Convenção, destacam-se, nos termos do seu artigo 7º: estabelecer procedimentos jurídicos justos e eficazes para a mulher que tenha sido submetida à violência, que incluam, entre outros, medidas de proteção, um julgamento oportuno e o acesso efetivo a tais procedimentos; estabelecer os mecanismos judiciais e administrativos necessários para assegurar que a mulher, objeto de violência, tenha acesso a efetivo ressarcimento, reparação do dano e outros meios de compensação justos e eficazes; adotar medidas jurídicas que exijam do agressor abster-se de fustigar, perseguir, intimidar ou pôr em perigo a vida da mulher de alguma forma que atente contra sua integridade ou prejudique sua propriedade; incluir em sua legislação interna normas penais, civis e administrativas necessárias para punir, prevenir e erradicar a violência contra a mulher.

sos políticos assumidos pelos governos nas conferências internacionais sejam efetivados por meio da implantação de políticas públicas. Especificamente no que se refere à interrupção voluntária da gravidez, o Plano de Ação aprovado recomendou que os países revisassem as leis punitivas. A Declaração de Beijing e a Plataforma de Ação da IV Conferência Mundial sobre a Mulher são marcos fundamentais para a luta das mulheres pela concretização de seus direitos.

A II Conferência das Nações Unidas sobre Assentamentos Humanos - Habitat II'96, conhecida como a Declaração de Istambul, faz referências diretas aos temas das mulheres frente às questões habitacionais e aos assentamentos humanos. Reconhece "que as mulheres, as crianças e os jovens têm necessidades particulares de viverem em condições seguras, saudáveis e estáveis" e afirma "a participação plena e equitativa de todas as mulheres e homens, assim como a participação efetiva dos jovens na vida política, econômica e social".

Finalmente, a III Conferência Mundial contra o Racismo, a Discriminação Racial, a Xenofobia e Formas Conexas de Intolerância - Durban'2001 reafirma que os Estados têm o dever de proteger e promover os direitos humanos e as liberdades fundamentais de todas as vítimas, e que devem adotar uma perspectiva de gênero que reconheça as múltiplas formas de discriminação que podem afetar as mulheres, e que o gozo de seus direitos civis, políticos, econômicos, sociais e culturais é essencial para o desenvolvimento das sociedades em todo o mundo.

Especificamente sobre Convenções a respeito do trabalho, cabe ressaltar que o Brasil assinou diversas Convenções da Organização Internacional do Trabalho (OIT).[4] Todos os instrumentos citados têm

---

4 Tais como: Convenção 100/1951, sobre igualdade de remuneração de homens e de mulheres por trabalho de igual valor; Convenção 111/1958, que trata da discriminação em matéria de emprego e ocupação; Convenção 156/1881, sobre a igualdade de oportunidades e de tratamento para homens e mulheres trabalhadoras com encargo de família; Convenção 103/1966 (revisão da Convenção 3/1919), relativa ao amparo à maternidade; Convenção 171/1990 (revisão da Convenção 89/1948) referente ao trabalho noturno. Outra referência mundial são as Conferências Internacionais da ONU que apresentam como resultados declarações, planos, programas, pactos, recomendações ou plataformas de ação. Dentre as últimas realizadas citamos a II Conferência das Nações Unidas sobre Meio Ambiente e Desenvolvimento - Rio'92. Com relação aos direitos e cidadania das mulheres, a Agenda 21 (documento resultante dessa Conferência) estabeleceu: "Pede-se urgência aos Governos para que ratifiquem todas as convenções pertinentes relativas à mulher, se já não o fizeram. Os que ratificaram as convenções devem fazer com que sejam cumpridas e estabelecer procedimentos jurídicos, constitucionais e administrativos para transformar os direitos reconhecidos em leis nacionais e devem tomar

uma estreita conexão com a legislação brasileira apresentada nas áreas de direitos civis, educação, saúde, trabalho, previdência e assistência social e poder.

O Poder Judiciário e todos os operadores do Direito, bem como a sociedade como um todo, devem não só se sensibilizar, mas ter a coragem de atribuir a máxima eficácia aos dispositivos constitucionais da Carta Magna de 1988 a fim de adaptá-la à prática jurídica da Corte Internacional de Direitos Humanos.

2.2. Feminicídio e responsabilidade internacional do Estado por violações dos Direitos Humanos – O dever de tipificar

Os crimes internacionais compreendem aqueles que, pela sua gravidade, são considerados de transcendência para a comunidade internacional, na medida em que ameaçam a paz, a segurança e o bem-estar da humanidade. São crimes que violam as regras de Direito Internacional, previstas nos tratados de direitos humanos. Costumam ser inclusos nessa categoria o genocídio, os crimes de guerra e dos de lesa-humanidade. Uma das características desses crimes é a imprescritibilidade, isto é, os crimes internacionais, dada a sua excepcional gravidade, não prescrevem com o passar do tempo.

No que tange ao femicídio, as iniciativas legislativas costumam estar ligadas, dependendo das teorias adotadas, seja à figura do genocídio, seja à do crime de lesa-humanidade, razão pela qual vamos analisar ambas as aproximações.

Cumpre destacar que a previsão de crimes internacionais ou de Direito Penal Internacional visa a responsabilizar quem cometeu os crimes individualmente e não atribuir responsabilidade ao Estado. Com efeito, um Estado pode ser condenado por sua responsabilidade internacional na violação a tratados internacionais de direitos humanos, mas a responsabilidade penal é sempre individual, inclusive quando se tratar de agentes que tenham incorrido nas condutas fazendo uso de sua qualidade de governante ou autoridade.[5] Uma das questões mais centrais

medidas para implementá-los, a fim de fortalecer a capacidade jurídica da mulher de participar plenamente e em condições de igualdade nas questões e decisões relativas ao desenvolvimento sustentável" (art. 24.4.).

5 Os crimes internacionais devem estar previstos nas leis internas do País e devem ser julgados pelos próprios tribunais internos, a menos que não possam fazê-lo ou estejam impossibilitados de fazê-lo, casos em que é possível que a Corte Penal

com relação à tipificação do femicídio/feminicídio se refere à sua vinculação com o delito de genocídio, que foi considerado como base para a elaboração de certos tipos de feminicídio.[6]

O Tribunal Penal Internacional, criado pelo Estatuto de Roma, tem competência para julgar quatro crimes: crimes de genocídio, crimes contra a humanidade, crimes de guerra e crimes de agressão. No que se refere ao crime de genocídio, o Estatuto acolheu a mesma definição estipulada pelo artigo 2º da Convenção para a Prevenção e Repressão do Genocídio adotada pelas Nações Unidas em 1948. Trata-se de um crime de Direito Internacional de alta gravidade, que se configura independentemente de ocorrer em tempos de paz ou de conflito armado (como se exige nos crimes de guerra), nem tampouco se requer que se produza em contexto de ataque sistemático ou generalizado à população civil (como se exige nos casos de crimes de lesa-humanidade).[7]

No Uruguai, por exemplo, existe uma lei específica[8] que conceitua o crime de genocídio de forma mais ampla e abrange a situação de grupos com identidade própria fundada em razões de gênero, orientação sexual, culturais, sociais, idade, deficiência ou saúde. Essa nova formulação uruguaia possui grande relevância tendo em vista que insere o elemento gênero como um dos critérios que pode dar identidade ao grupo protegido. Assim, por publicação da Oficina en México del Alto Comisionado de las Naciones Unidas para los Derechos Humanos (*Feminicídio*), somos

exerça a sua função para julgá-los. O Estado tem que ter ratificado o Estatuto de Roma. Em 16 de dezembro de 1996, a Assembleia da ONU, em sua Resolução nº 51/207 decidiu pela criação do Tribunal Penal Internacional. O Brasil ratificou o Estatuto de Roma em 20 de junho de 2002, pelo Decreto nº 4.388, de 25 de setembro de 2002.

6 Como por exemplo os delitos de feminicídio na Cidade de Juárez, no México, e na Guatemala.

7 Artigo 6º do Estatuto de Roma: "Para os efeitos do presente Estatuto, entende-se por "genocídio" qualquer um dos atos que a seguir se enumeram, praticado com intenção de destruir, no todo ou em parte, um grupo nacional, étnico, rácico ou religioso, enquanto tal:
a) Homicídio de membros do grupo;
b) Ofensas graves à integridade física ou mental de membros do grupo;
c) Sujeição intencional do grupo a condições de vida pensadas para provocar a sua destruição física, total ou parcial; d) Imposição de medidas destinadas a impedir nascimentos no seio do grupo;
e) Transferência, à força, de crianças do grupo para outro grupo".

8 Uruguay. Ley nº 18.026, de Cooperación con la Corte Penal Internacional en materia de lucha contra el Genocidio, los crímenes de guerra y de lesa humanidad. D.O., 4 out. 2006 - nº 27.091.

levados a concluir que nesse Estado poderia existir o crime de genocídio contra as mulheres por razões de gênero, mas no entanto poderia ser difícil comprovar o elemento subjetivo do tipo, qual seja, a intenção de destruir total ou parcialmente a um determinando grupo.

Reflexão interessante vem sendo sustentada por Rita Segato, no que se refere à importância de se tipificar os diversos tipos de violência contra a mulher, marcando a diferença entre os crimes que podem ser personalizados, quer dizer, interpretados a partir de relações interpessoais ou do tipo pessoal entre o perpetrador e a vítima, e os demais crimes. Argumenta a autora que a tipificação é indispensável tanto para a eficácia da investigação policial, como para a compreensão desses crimes por parte dos juízes e operadores da Justiça e, especialmente, para criar uma conceituação de modo que parte desses crimes seja da competência das Cortes Internacionais de Direitos Humanos e alcance a condição de crimes imprescritíveis.

Argumenta ainda Segato que seria estratégico levar às Cortes de Foro Internacional de Direitos Humanos pelo menos alguns tipos de feminicídio, por três razões: a) isso daria maior visibilidade à violência que emana da estrutura de relações a que chamamos "gênero"; b) retiraria da privacidade à que são confinados pela concepção dominante dos eventos que vitimam as mulheres; c) permitiria tornar imprescritíveis pelo menos alguns desses crimes, dando o tempo necessário para identificar e prender seus responsáveis, intimidando-os com a possibilidade de alcançá-los no futuro com a lei.

Na próxima parte do estudo serão apresentadas algumas sentenças proferidas pela Corte Interamericana de Direitos Humanos por violações aos direitos humanos das mulheres, que produziram efeitos e consequências para os respectivos países, incluindo a produção de reformas legislativas específicas de combate à violência doméstica contra a mulher.

Todas essas sentenças foram emitidas a partir da adoção da Convenção de Belém do Pará e, a partir daí, sucederam importantes transformações legislativas na América Latina: entre 1993 e 2000, praticamente todas as democracias latino-americanas aprovaram novas leis sobre violência doméstica.

2.2.1. Caso Penitenciária Miguel Castro *vs.* Peru

Entre 1980 e 2000, o Peru viveu um conflito armado interno iniciado por grupos armados não estatais contra o Estado peruano. A fim de reprimir a subversão, foram realizadas práticas sistemáticas de violação aos direitos humanos, tais como execuções extrajudiciais, desaparecimentos forçados e atos de tortura por parte de agentes do Estado.

Segundo a sentença proferida pela Corte Interamericana de Direitos Humanos, as prisões foram mais um cenário desse conflito. Nelas, o denominado "Partido Comunista do Peru – *Sendero Luminoso*" (PCP-SL) transformou as prisões do país em um campo para doutrinar seus partidários. A penitenciária Miguel Castro Castro não escapou a essa lógica e em reiteradas ocasiões os meios de comunicação advertiram sobre as ações que membros do PCP-SL faziam dentro dessa prisão, chegando inclusive a praticar homenagens a Abimael Guzmán Reinoso, líder do PCP-SL durante a insurgência maoísta e consequentemente preso e condenado à prisão perpétua por crimes de terrorismo e traição.

Em 5 de abril de 1992, o então presidente Alberto Fujimori assumiu poderes ditatoriais mediante um golpe de Estado em que dissolveu os outros Poderes estatais. A partir desse golpe de Estado, foram implementadas sistematicamente práticas violadoras dos direitos humanos para combater a subversão, o que não excluiu o âmbito dos estabelecimentos penitenciários, onde se encontravam os acusados e sentenciados pelo delito de terrorismo.

O governo pôs em prática a denominada "Operação Mudança 1", que foi executada entre 6 e 9 de maio de 1992. As versões oficiais assinalaram que essa ação pretendia transferir as internas que se encontravam no pavilhão A-1 da penitenciária Miguel Castro Castro à prisão de segurança máxima para mulheres conhecida como Santa Mónica (Chorrillos, Lima). Essas internas eram sentenciadas pelo delito de terrorismo e consideradas pertencentes ao PCP-SL.

Ainda assim, pelo que se depreende das provas recolhidas pela Corte Interamericana, o objetivo real da operação não foi a referida transferência das internas, mas sim um ataque premeditado, uma operação desenhada para atentar contra a vida e a integridade dos prisioneiros que se encontravam nos pavilhões 1-A e 4-B da Penitenciária Miguel Castro Castro. Os atos de violência foram dirigidos contra os ditos pavilhões, ocupados no momento dos fatos por internos acusados ou sentenciados por delitos de terrorismo e traição à pátria. Ainda assim, a Corte concluiu que não existiu um motim ou uma situação que merecesse o uso legítimo da força por parte dos agentes do Estado.

A Corte assinala na sua sentença que houve uma especial violência contra as mulheres internas ao serem transferidas, dado que os atos de violência estiveram dirigidos particularmente contra elas e tomando em consideração os efeitos distintos que causam a violência de acordo com o gênero. Apresentaram-se, ademais, formas de violência sexual contra a mulher em sete casos. Esses atos foram considerados como torturas ou tratos cruéis, desumanos ou degradantes.

Por esses motivos, a Corte Interamericana assinalou na sentença que o Estado Peruano era responsável por:

> *a) Vulneración del derecho a la vida, en perjuicio de los 41 internos fallecidos identificados.*
>
> *b) Violación del derecho a la integridad personal, en perjuicio de los 41 internos fallecidos y de los internos que sobrevivieron.*
>
> *c) Violación del derecho a la integridad personal, en perjuicio de los familiares de los internos.*

Durante o processo diante da Corte Interamericana, o Estado peruano alegou que desde 26 de novembro de 2001 iniciara a investigação dos fatos ocorridos na Penitenciária Castro Castro, investigação que sofrera diversas ampliações de acordo com sua complexidade. Aos 30 de maio de 2005, foi formulada a denúncia e em 16 de junho do mesmo ano, o Segundo Juizado Penal Supraprovincial abriu instrução sobre o caso. Posteriormente, em 29 de agosto de 2006, foi ampliada a instrução para que fosse compreendida como processo ao ex-presidente Alberto Fujimori.

Não obstante, a Corte entendeu insuficiente tal argumento do Estado, pois considerou que o tempo transcorrido entre o momento dos fatos e o início do processo (um lapso de 13 anos) supera o prazo razoável para realizarem-se investigações sobre os fatos mencionados, pelo que essa negligência configura uma violação ao direito de acesso à Justiça das vítimas e seus familiares.

A questão em torno dessa sentença da Corte Interamericana de Direitos Humanos comprova o difícil que é assumir a universalidade dos direitos humanos, assim como demonstra o quão abertas estão as feridas de um conflito que afetou – convém recordar – dezenas de milhares de camponeses pobres daquele país. O rechaço que produz o PCP-SL se situa como parte do senso comum peruano, ao ponto de ter-se convertido em uma categoria fundamentalmente negativa na linguagem cotidiana. É lógico e consistente que seja assim, pois a dimensão dos crimes perpetrados por Abimael Guzmán transcende a análise factual e se situa em um componente ético essencial da sociedade peruana.

2.2.2. Caso González e outras (*"Campo Algodonero"*) *vs.* México

A Comissão Interamericana de Direitos Humanos apresentou, conforme os artigos 51 e 61 da Convenção, uma demanda contra os Estados

Unidos Mexicanos, que se relaciona com a responsabilidade internacional do Estado pela "desaparição e subsequente morte" das jovens Claudia Ivette González, Esmeralda Herrera Monreal e Laura Berenice Ramos Monárrez, cujos corpos foram encontrados em um campo de algodão em Ciudad Juárez, no dia 6 de novembro de 2001.

Esmeralda Herrera Monreal, 15 anos, pobre, migrante interna, desapareceu em 29 de outubro de 2001, em Ciudad Juárez, quando se deslocava de sua casa a uma casa em que trabalhava como empregada doméstica. Em 7 de novembro, foi encontrada assassinada em um local chamado *Campo Algodonero*. A investigação do caso, tanto durante seu desaparecimento como depois de sua morte, estava repleta de irregularidades e inconsistências, no contexto do fenômeno do femicídio no México, em que numerosos assassinatos e desaparecimentos de mulheres foram seguidos de impunidade, por razões imputáveis às autoridades.

Entre outras irregularidades: não se assumiu a imediata busca diante do desaparecimento de Esmeralda e informações foram negadas, mandando-se a mãe comprar o jornal para saber das notícias; não se notificou sobre o encontro dos primeiros cadáveres no local; não havia informação sobre o resultado das evidências encontradas nem se desprende do expediente onde ficaram resguardadas; o corpo da menor, com só oito dias de desaparecida, não tinha rosto nem cabelo; as autoridades judiciais informam que os animais, o vento e a terra os teriam destruído, mas o resto de seu corpo estava desnudo e intacto; não entregaram aos familiares nenhum documento da autópsia; não lhes permitiram estar presentes quando se passou o corpo ao caixão; não entregaram os resultados do DNA, apesar de haverem tomado amostras de sangue e cabelo da mãe e do pai de Esmeralda; tentaram convencê-los de que os responsáveis estavam presos; os supostos assassinos alegam que sua confissão foi obtida sob tortura; ao entregar o corpo da menor, encerraram o caso e os familiares foram vítimas de maus-tratos e intimidação por parte das autoridades.

Em 2001, a Rede Feminista Latino-Americana e Caribenha contra a Violência Doméstica e Sexual lançou uma campanha com a duração de três anos, sob o marco do Dia Internacional da Não Violência contra as Mulheres. Seu objetivo era atrair a atenção pública para o aumento dos assassinatos de mulheres na América Latina e no Caribe. Em toda a região, as redes e organizações da sociedade civil fizeram vigílias, marchas e mobilizações de rua para formar fronte unificada contra este problema tão grave.

Em julho de 2003, se inicia uma investigação da CEDAW, sob a égide do Artigo 8 do Protocolo Opcional à Convenção pela Eliminação de Todas as Formas de Discriminação contra as Mulheres, a respeito da situação no México, em resposta ao pedido das organizações mexicanas pelos direitos das mulheres e com o apoio do governo do México. O Comitê decidiu conduzir uma investigação confidencial a respeito das práticas de sequestro, estupro e assassinato de mulheres e da ausência do cumprimento das devidas diligências de investigação e dos julgamentos desses crimes na cidade de Juárez, na região de Chihuahua. A investigação, terminada em janeiro de 2005, incluiu uma visita oficial em 2003 e a apresentação dos resultados alcançados pelo Comitê e de suas recomendações.[9]

Em março de 2006, a Comissão Interamericana de Direitos Humanos da OEA reuniu em uma audiência Especial sobre Femicídio/Feminicídio, um conglomerado de organizações e redes nacionais em trabalho pelas questões das mulheres e dos direitos humanos que tomou parte de uma audiência pelo aumento da visibilidade da questão dos assassinatos de mulheres, e para chamar a atenção dos Estados para a falta de cumprimento das suas obrigações internacionais.

Pela primeira vez um tribunal internacional reconheceu o termo *femicídio* (ou *feminicídio*), referindo-se a violações sistemáticas do direito à vida de mulheres por causa do seu gênero. O caso conecta a questão do feminicídio em Ciudad Juárez à presença massiva de "*maquiladoras*" na cidade, que fica imediatamente na fronteira com os Estados Unidos, ao lado de El Paso (Texas).

As "*maquiladoras*", um grande fenômeno do NAFTA (North American Free Trade Area), são apontadas como grandes responsáveis pelas mudanças econômicas nas regiões de fronteira México-Estados Unidos e pelo surgimento de várias formas de crime organizado como narcotráfico, tráfico de mulheres, tráfico de armas e lavagem de dinheiro. A presença das maquiladoras é responsável pelo êxodo rural que gera uma massa de desempregados nas cidades de fronteiras. Mas mulheres conseguem empregos em "*maquiladoras*" com mais facilidade do que homens e isso leva a uma inversão de papéis tradicionais de gênero, o que gera violência específica contra mulheres.

Outro fato ocorrido em 6 de março de 2002: Irma Monreal, a mãe da vítima, e a Rede Cidadã de Não Violência e pela Dignidade Humana apresentaram denúncia perante a CIDH/OEA, alegando a responsabilidade internacional do Estado por violações à Convenção de Belém do Pará, à Convenção Americana sobre Direitos Humanos e à Declaração Americana. Em 25 de fevereiro de 2005, a CIDH declara a admissibilida-

9 Para obter uma cópia do relatório, visite a CEDAW: <http://www.ohchr.org/spanish/bodies/cedaw>.

de do caso. Nesse ano é apresentado um estudo de fundo sobre o caso pela Associação Nacional de Advogados Democráticos (ANAD), com o apoio do CLADEM, e a mãe de Esmeralda Noemia como copeticionária. O CLADEM figura como copeticionária pela assinatura de um convênio com ANAD e Irma Monreal em outubro de 2006, o mesmo que foi apresentado perante a Comissão e admitido em março de 2007.

A Comissão Interamericana de Direitos Humanos, mediante Relatório nº 28/07 (reservado), decide acumular os casos de Laura Berenice Ramos Monárrez, de 17 anos, Claudia Ivette Gonzales, de 20 anos, e Esmeralda Herrera Monreal, emitindo sua decisão de fundo e outorgando ao Estado dois meses para informar sobre as medidas adotadas para dar cumprimento às recomendações. O Estado solicita a prorrogação de 18 meses para dar cumprimento a uma das recomendações e que se reconheça e aceite o cumprimento das demais. Em 3 de julho a CIDH informa que concedeu ao Estado uma prorrogação de 4 meses, ficando suspenso o estabelecido no art. 51 (1) da Convenção Americana para levar o caso à Corte Interamericana, que devia vencer em 04 de novembro de 2007.

Na referida data, a CIDH interpôs perante a Corte IDH uma demanda contra o México nos casos 12.496, 12.497 e 12.498, "*Campo Algodonero*": Claudia Ivette González, Esmeralda Herrera Monreal e Laura Berenice Ramos Monárrez, pela denegação de justiça em relação ao desaparecimento e morte das vítimas, em Ciudad Juárez; falta de políticas de prevenção nestes casos apesar do conhecimento por parte das autoridades estatais da existência em Chihuahua de um padrão de violência contra mulheres e meninas; falta de resposta das autoridades frente a esses desaparecimentos; falta de devida diligência na investigação dos homicídios, falta de reparação adequada em favor de seus familiares.

Em 26 de dezembro de 2007, a Corte IDH notifica a aceitação do caso e, em fevereiro de 2008, apresenta-se a demanda por meio do escrito de "argumentos, solicitações e provas" formulado pelas mães das vítimas, Rede Cidadã de Não Violência e pela Dignidade Humana, Centro para o Desenvolvimento Integral da Mulher A. C. (CEDIMAC), ANAD e CLADEM. No período de 27 a 30 de abril de 2009, a Corte IDH realizou um período extraordinário de sessões em Santiago de Chile, no qual teve lugar a audiência do caso *Campo Algodonero* para escutar, entre outros, testemunhas e peritos.

A decisão do Tribunal Interamericano dos Direitos do Homem no processo *Campo Algodonero* (2009) foi fundamental para definir as obrigações específicas dos Estados em relação à prevenção, investigação, punição e indenização dos casos de homicídios de mulheres em razão do gênero e reconhecer a responsabilidade dos Estados Membros pela falta de respostas dos sistemas de justiça face aos crimes que afetam as mulheres, bem como as medidas que devem ser adotadas nesta matéria.

O Estado realizou um reconhecimento parcial de responsabilidade internacional nos seguintes termos:

> *[...] [En] la segunda etapa de las investigaciones de estos tres casos, a partir del año 2004,*
>
> *[...] se subsanaron plenamente las irregularidades, se reintegraron los expedientes y se reiniciaron las investigaciones con un sustento científico, incluso con componentes de apoyo internacional.*
>
> *[...] El Estado reconoce que, derivado de las irregularidades antes referidas, se afectó la integridad psíquica y dignidad de los familiares de Claudia Ivette González, Esmeralda Herrera Monreal y Laura Berenice Ramos Monárrez. No obstante, se exponen con amplitud los apoyos con recursos económicos, asistencia médica y psicológica y asesoría jurídica que se ha venido prestando a los familiares de cada una de las tres víctimas, constituyendo una reparación al daño causado.*
>
> *Sin embargo, el Estado estima que en estos tres casos no puede alegarse en modo alguno la configuración de violación al derecho a la vida, a la integridad personal, a la dignidad y a la libertad personal de Esmeralda Herrera Monreal, Claudia Ivette González y Laura Berenice Ramos Monárrez. Por un lado, en ninguno de los tres homicidios participaron agentes del Estado. Por otro lado, se presenta amplia información que demuestra el pleno cumplimiento de la obligación de medio del Estado a este respecto incluso, con los resultados contundentes de las investigaciones y casos resueltos entre 1993 y esta fecha. En el mismo sentido, el Estado ha emprendido acciones plenamente demostradas para proteger y promover los derechos de los niños, por lo que no se puede declarar violación al artículo 19 de la Convención Americana en perjuicio de las víctimas. En suma, el Estado no puede ser declarado responsable directa ni indirectamente de haber violado el derecho a la vida, integridad personal y libertad personal en el caso sub judice.*

A Corte concluiu que desde 1993 existia em Ciudad Juárez um aumento de homicídios de mulheres, havendo pelo menos 264 vítimas até o ano 2001, e 379, até 2005. Ainda assim, para além das cifras, sobre as quais a Corte observa não haver firmeza, é preocupante o fato de que alguns desses crimes parecem apresentar altos graus de violência, incluindo sexual, e que em geral foram influenciados, tal como aceita o Estado, por uma cultura de discriminação contra a mulher que, segundo diversas fontes probatórias, incidiu tanto nos motivos como na modalidade dos crimes, assim como na resposta as autoridades diante deles.

Ademais, cabe destacar as respostas ineficientes e atitudes indiferentes documentadas quanto à investigação dos ditos crimes, que parecem ter permitido que se perpetuasse a violência contra a mulher em Ciudad Juárez. A Corte constatou que até o ano 2005 a maioria dos crimes seguia sem ser esclarecida, sendo os homicídios com característica de violência sexual os que apresentavam maiores níveis de impunidade.

A Comissão e os representantes se referiram ao vivido pelas jovens González, Ramos e Herrera como "violência contra a mulher". Os representantes alegaram que "os assassinatos do presente caso coincidem em sua infinita crueldade, e são crimes de ódio contra essas meninas e mulheres juarenses, crimes misóginos acolhidos em uma enorme tolerância – e impulso social e estatal – à violência genérica contra as mulheres.

Segundo os representantes, o tema do gênero era o denominador comum da violência em Ciudad Juárez, que *"sucede como culminación de uma situación caracterizada por la violación reiterada y sistemática de los derechos humanos"*. Alegaram que *"niñas y mujeres son violentadas com crueldade por el solo hecho de ser mujeres y solo em algunos casos son asesinadas como culminación de dicha violencia pública y privada"* (CIDH, 2009: § 128).

A Corte, como medida de reabilitação, ordenou ao Estado mexicano que brindasse atenção médica, psicológica ou psiquiátrica gratuita, de forma imediata, adequada e efetiva, através de instituições estatais de saúde especializadas, a todos os familiares considerados vítimas pelo Tribunal no caso *sub judice*, se eles assim o desejassem. O Estado deveria assegurar que os profissionais das instituições de saúde especializadas que fossem selecionados para o treinamento das vítimas valorizassem devidamente as condições psicológicas e físicas de cada vítima e tivessem a experiência e formação suficientes para tratar tanto dos problemas de saúde física de que padecessem os familiares como dos traumas psicológicos ocasionados como resultado da violência de gênero, da falta de resposta estatal e da impunidade. Assim mesmo, o tratamento deveria prestar-se pelo tempo que fosse necessário e incluir a administração de todos os medicamentos que eventualmente fossem requeridos (CIDH, 2009: § 549).

Por fim, a sentença condenou o Estado mexicano a conduzir eficazmente o processo penal em curso e, sendo o caso, os que chegassem a ser abertos, para identificar, processar e, sendo o caso, sancionar os responsáveis materiais ou intelectuais pelo desaparecimento, maus-tratos e privação da vida das jovens González, Herrera e Ramos. O Estado deveria, dentro de um prazo razoável, investigar, por intermédio das instituições públicas competentes, os funcionários acusados de irregularidades e, logo que houvesse o devido processo, aplicar as sanções administrativas, disciplinares ou penais correspondentes àqueles que fossem considerados responsáveis.

A sentença também estabeleceu que:

> *El Estado deberá, en un plazo razonable, continuar con la estandarización de todos sus protocolos, manuales, criterios ministeriales de investigación, servicios periciales y de impartición de justicia, utilizados para investigar todos los delitos que se relacionen con desapariciones, violencia sexual y homicidios de mujeres, conforme al Protocolo de Estambul, el Manual sobre la Prevención e Investigación Efectiva de Ejecuciones Extrajudiciales, Arbitrarias y Sumarias de Naciones Unidas y los estándares internacionales de búsqueda de personas desaparecidas, con base en una perspectiva de género, conforme a lo dispuesto en los párrafos 497 a 502 de esta Sentencia. Al respecto, se deberá rendir un informe anual durante tres años.*[10]

Outra grande contribuição da sentença foi a determinação da criação de uma base de dados que contivesse:

> *i) la información personal disponible de mujeres y niñas desaparecidas a nivel nacional;*
>
> *ii) la información personal que sea necesaria, principalmente genética y muestras celulares, de los familiares de las personas desaparecidas que consientan –o que así lo ordene un juez– para que el Estado almacene dicha información personal únicamente con objeto de localizar a la persona desaparecida, y*
>
> *iii) la información genética y muestras celulares provenientes de los cuerpos de cualquier mujer o niña no identificada que fuera privada de la vida en el estado de Chihuahua.*

Em 2013, a Corte Interamericana de Direitos Humanos emitiu uma resolução para identificar o que foi feito pelo Estado mexicano acerca da sentença e declarou que o Estado tinha dado cumprimento aos seguintes pontos:

> *a) publicaciones en el Diario Oficial de la Federación, en un diario de amplia circulación nacional, en un diario de amplia circulación en el estado de Chihuahua, y en una página electrónica oficial del Estado (CIDH, 2009, § 468);*

10 Para obter uma cópia da sentença, visite: < http://www.corteidh.or.cr/docs/casos/articulos/seriec_205_esp.pdf >.

> *b) realizar un acto público de reconocimiento de responsabilidad internacional, en relación con los hechos del presente caso (CIDH, 2009 § 469);*
>
> *c) levantar un monumento en memoria de las mujeres víctimas de homicidio por razones de género en Ciudad Juárez (CIDH, 2009 § 471);*
>
> *d) continuar con la estandarización de todos sus protocolos, manuales, criterios ministeriales de investigación, servicios periciales y de impartición de justicia, utilizados para investigar todos los delitos que se relacionen con desapariciones, violencia sexual y homicidios de mujeres (CIDH, 2009 § 502);*
>
> *e) crear una página electrónica que deberá actualizarse permanentemente y contendrá la información personal necesaria de todas las mujeres, jóvenes y niñas que desaparecieron en Chihuahua desde 1993 y que continúan desaparecidas (CIDH, 2009 § 508);*
>
> *f) continuar implementando programas y cursos permanentes de educación y capacitación en derechos humanos y género; perspectiva de género para la debida diligencia en la conducción de averiguaciones previas y procesos judiciales relacionados con discriminación, violencia y homicidios de mujeres por razones de género, y superación de estereotipos sobre el rol social de las mujeres dirigidos a funcionarios públicos (CIDH, 2009 § 541);*
>
> *g) realizar un programa de educación destinado a la población en general del estado de Chihuahua, con el fin de superar dicha situación (CIDH, 2009 § 543), y*
>
> *h) pagar las cantidades por concepto de indemnizaciones y compensaciones por daños materiales e inmateriales y el reintegro de costas y gastos (CIDH, 2009 § 558).*

Não obstante, a Corte detectou que ainda fazia falta dar cumprimento aos seguintes pontos da sentença:

> *a) conducir eficazmente el proceso penal en curso y, de ser el caso, los que se llegasen a abrir, para identificar, procesar y, en su caso, sancionar a los responsables materiales e intelectuales de la desaparición, maltratos y privación de la vida de las jóvenes González, Herrera y Ramos (CIDH, 2009 § 445);*
>
> *b) investigar, por intermedio de las instituciones públicas competentes, a los funcionarios acusados de irregularidades y, luego de un debido proceso, aplicar las sanciones administrativas, disciplinarias o penales correspondientes a quienes fueran encontrados responsables; (CIDH, 2009 § 460);*
>
> *c) realizar, dentro de un plazo razonable, las investigaciones correspondientes y, en su caso, sancionar a los responsables de los hostiga-*

mientos de los que han sido objeto algunos familiares de las víctimas (CIDH, 2009 § 461);

d) adecuar el Protocolo Alba, o en su defecto implementar un nuevo dispositivo análogo (CIDH, 2009. § 503 y 506);

e) crear o actualizar una base de datos que contenga información personal, genética de las mujeres y niñas desaparecidas, familiares de las personas desaparecidas, así como de los cuerpos de cualquier mujer o niña no identificada que fuera privada de la vida en el estado de Chihuahua (CIDH, 2009 § 509), y

f) brindar atención médica, psicológica o psiquiátrica gratuita, de forma inmediata, adecuada y efectiva, a través de instituciones estatales de salud especializadas, a los familiares de las víctimas (CIDH, 2009. 24. Da decisão).

A Corte determinou então que o Estado mexicano apresentasse, até o prazo máximo de 10 de novembro de 2013, um informe detalhado sobre as medidas adotadas para cumprir as reparações ordenadas que se encontrassem pendentes de cumprimento, nos termos estabelecidos e nos parágrafos considerativos 27 a 31, 39 a 42, 46 a 49, 89 a 91, 106 a 126 da Resolução em questão. Posteriormente, o Estado deveria continuar apresentando um informe de cumprimento a cada três meses.

Na parte seguinte, analisaremos o caso penal da brasileira Maria da Penha Fernandes, que foi um caso emblemático para o Brasil, representando um verdadeiro divisor de águas para o Estado brasileiro.

2.2.3. Caso Maria da Penha Maia Fernandes – Brasil

No Brasil, o caso de Maria da Penha Fernandes, vítima, em 1983, de duas tentativas de homicídio cometidas pelo seu então companheiro, em sua própria casa, em Fortaleza, é emblemático e tornou-se símbolo da luta contra a violência doméstica contra a mulher. Os tiros contra ela disparados (enquanto dormia), a tentativa de eletrocutá-la e as agressões sofridas ao longo da sua relação matrimonial culminaram por deixá-la paraplégica aos 38 anos.

Apesar da condenação pela Justiça Estadual, após 15 anos o réu ainda permanecia em liberdade, valendo-se de recursos processuais procrastinatórios contra a decisão do Tribunal do Júri. A morosidade da Justiça brasileira e a impunidade diante da violência doméstica contra as mulheres no Brasil motivaram, em 1998, a apresentação do caso à Comissão Interamericana de Direitos Humanos (OEA), por meio de petição conjunta das entidades CEJIL–Brasil (Centro para a Justiça e o Direito

Internacional) e CLADEM–Brasil (Comitê Latino-Americano e do Caribe para a Defesa dos Direitos da Mulher) (PIOVESAN, 2009: 219-238).

Em 20 de agosto de 1998, a Comissão Interamericana de Direitos Humanos recebeu a denúncia apresentada pela Senhora Maria da Penha Maia Fernandes e pelos institutos mencionados, baseada na competência que lhe conferem os artigos 44 e 46 da Convenção Americana sobre Direitos Humanos e o artigo 12 da Convenção de Belém do Pará.[11]

A Comissão analisou, no relatório, os requisitos de admissibilidade e considerou que a petição era admissível em conformidade com os artigos 46(2)(c) e 47 da Convenção Americana e o artigo 12 da Convenção de Belém do Pará. Quanto ao fundo da questão denunciada, a Comissão concluiu nesse relatório elaborado segundo o disposto no artigo 51 da Convenção, que o Estado violou, em prejuízo da Senhora Maria da Penha Maia Fernandes, os direitos às garantias judiciais e à proteção judicial assegurados pelos artigos 8 e 25 da Convenção Americana, em concordância com a obrigação geral de respeitar e garantir os direitos, prevista no artigo 1(1) do referido instrumento e nos artigos II e XVII da Declaração, bem como no artigo 7 da Convenção de Belém do Pará. Concluiu, ainda, que essa violação seguiu um padrão discriminatório com respeito à tolerância da violência doméstica contra mulheres no Brasil por ineficácia da ação judicial. A Comissão recomendou ao Estado que procedesse a uma investigação séria, imparcial e exaustiva para determinar a responsabilidade penal do autor do delito de tentativa de homicídio em prejuízo da Senhora Fernandes e para determinar se há outros fatos ou ações de agentes estatais que tenham impedido o processamento rápido e efetivo do responsável; também recomendou a reparação efetiva e pronta da vítima e a adoção de medidas, no âmbito nacional, para eliminar essa tolerância do Estado ante a violência doméstica contra mulheres. Em 2001, após 18 anos da prática do crime, em decisão inédita, a Comissão Interamericana condenou o Estado brasileiro por negligência e omissão em relação à violência doméstica.

A decisão da Comissão Interamericana de Direitos Humanos da OEA baseou-se na violação, pelo Estado, dos deveres assumidos em virtude da ratificação da Convenção Americana de Direitos Humanos e da Convenção Interamericana para Prevenir, Punir e Erradicar a Violência contra a Mulher (Convenção de Belém do Pará), que estabelecem pa-

11 Para obter uma cópia do Relatório anual 2000 – nº 54/01, da CIDH, referente ao caso 54/01, de Maria da Penha Maia Fernandes, visite: <https://www.cidh.oas.org/annualrep/2000port/12051.htm>.

râmetros mínimos concernentes à proteção dos direitos humanos. A Comissão ressaltou que:

> [...] o Estado está [...] obrigado a investigar toda a situação em que tenham sido violados os direitos humanos protegidos pela Convenção. Se o aparato do Estado age de maneira que tal violação fique impune e não seja restabelecida, na medida do possível, a vítima na plenitude de seus direitos, pode-se afirmar que não cumpriu o dever de garantir às pessoas sujeitas à sua jurisdição o exercício livre e pleno de seus direitos.[12]

A Comissão avaliou que as decisões judiciais internas brasileiras apresentaram ineficácia, negligência ou omissão por parte das autoridades judiciais e uma demora injustificada no julgamento de um acusado, bem como põem em risco definitivo a possibilidade de punir o acusado e indenizar a vítima, pela possível prescrição do delito. Demonstram que o Estado não foi capaz de organizar sua estrutura para garantir esses direitos.

A igualdade perante a lei ainda foi observada nos artigos 24 da Convenção e II e XVIII da Declaração Interamericana dos Direitos Humanos. Segundo Aline Vicentim (2010), com base em vários estudos, inclusive nos Relatórios Nacionais de Direitos Humanos, estudos de Organizações Não Governamentais e estudo da Legislação brasileira, a Comissão defendeu que, mesmo com avanços feitos, como a revogação da lei que colocava a "defesa da honra" como justificação para o assassinato da esposa, avanços de Direitos Humanos e de Gênero conquistados pela Constituição Nacional de 1988 e Programas Nacionais como de Direitos Humanos, Conselho Nacional dos Direitos da Mulher e o Programa Nacional para Prevenir a Violência contra a Mulher, no caso em julgamento tais ações não obtiveram o efeito esperado e, na realidade, não tiveram influência alguma para o impedimento dos atos de violência contra a peticionária.

Ao final, a Comissão levou em conta o artigo 7º da Convenção de Belém do Pará e afirmou que a impunidade perante o caso Maria da Penha na Justiça Nacional seria um exemplo das várias contrariedades à obrigação internacional voluntariamente assumida por parte do Estado brasileiro. A Comissão ainda declarou em seu relatório que a sistematização da impunidade na sistemática brasileira – subentende-se,

---

12 Para obter uma cópia do Relatório anual 2000 – nº 54/01, da CIDH, referente ao caso 54/01, de Maria da Penha Maia Fernandes, visite: <https://www.cidh.oas.org/annualrep/2000port/12051.htm>.

portanto, os sistemas judiciário, legislativo e policial – perpetua os fatores de violência contra a mulher. Conforme a citação de Aline Vicentim (2010),*"a Comissão considera que não só é violada a obrigação de processar e condenar, como também a de prevenir essas práticas degradantes".*

Por fim, a Comissão recomendou ao Estado brasileiro: 1) completar rápida e efetivamente o processamento penal do responsável da agressão e tentativa de homicídio em prejuízo da Senhora Maria da Penha Fernandes Maia; 2) proceder a uma investigação séria, imparcial e exaustiva a fim de determinar a responsabilidade pelas irregularidades e atrasos injustificados que impediram o processamento rápido e efetivo do responsável, bem como tomar as medidas administrativas, legislativas e judiciárias correspondentes; 3) adotar, sem prejuízo das ações que possam ser instauradas contra o responsável civil da agressão, as medidas necessárias para que o Estado assegure à vítima adequada reparação simbólica e material pelas violações aqui estabelecidas, particularmente por sua falha em oferecer um recurso rápido e efetivo, por manter o caso na impunidade por mais de 15 anos e por impedir com esse atraso a possibilidade oportuna de ação de reparação e indenização civil; 4) prosseguir e intensificar o processo de reforma que evite a tolerância estatal e o tratamento discriminatório com respeito à violência doméstica contra mulheres no Brasil (VICENTIM, 2010),

E, ainda, recomenda a Comissão particularmente o seguinte: a) medidas de capacitação e sensibilização dos funcionários judiciais e policiais especializados para que compreendam a importância de não tolerar a violência doméstica; b) simplificar os procedimentos judiciais penais a fim de que possa ser reduzido o tempo processual, sem afetar os direitos e garantias de devido processo; c) o estabelecimento de formas alternativas às judiciais, rápidas e efetivas de solução de conflitos intrafamiliares, bem como de sensibilização com respeito à sua gravidade e às consequências penais que gera; d) multiplicar o número de delegacias policiais especiais para a defesa dos direitos da mulher e dotá-las dos recursos especiais necessários à efetiva tramitação e investigação de todas as denúncias de violência doméstica, bem como prestar apoio ao Ministério Público na preparação de seus informes judiciais; e) incluir em seus planos pedagógicos unidades curriculares destinadas à compreensão da importância do respeito à mulher e a seus direitos reconhecidos na Convenção de Belém do Pará, bem como ao manejo dos conflitos intrafamiliares.[13]

---

13 Para obter uma cópia do Relatório anual 2000 – nº 54/01, da CIDH, referente ao caso 54/01, de Maria da Penha Maia Fernandes, visite: <https://www.cidh.oas.org/annualrep/2000port/12051.htm>.

O caso Maria da Penha foi o primeiro de aplicação da Convenção de Belém do Pará.[14] A utilização deste instrumento internacional de proteção aos direitos humanos das mulheres e o seguimento das peticionárias perante a Comissão, sobre o cumprimento da decisão pelo Estado brasileiro, foram decisivos para que o processo fosse concluído no âmbito nacional e, posteriormente, para que o agressor fosse preso, em outubro de 2002, quase 20 anos após o crime, poucos meses antes da prescrição da pena.

Dentro desse contexto, o caso Maria da Penha permitiu, de forma simbólica, romper com a invisibilidade que acobertava esse grave padrão de violência de que são vítimas tantas mulheres, constituindo "símbolo de uma necessária conspiração contra a impunidade" (PIOVESAN, 2009: 230).

Em 31 de março de 2004, por meio do Decreto nº 5.030, foi instituído um grupo de trabalho Interministerial, que contou com a participação da sociedade civil e do Governo para elaborar uma proposta legislativa e outros instrumentos para coibir a violência doméstica contra a mulher no Brasil. O Grupo elaborou proposta legislativa, encaminhada pelo Poder Executivo ao Congresso Nacional, no final de 2004. Na exposição de motivos do mencionado projeto de lei, há enfática menção ao caso Maria da Penha, em especial às Recomendações formuladas pela Comissão Interamericana.

Finalmente, em 07 de agosto de 2006, foi promulgada a Lei nº 11.340 (também conhecida por Lei "Maria da Penha"), que de forma inédita, criou mecanismos para coibir a violência doméstica e familiar contra a mulher, estabelecendo medidas de prevenção, assistência e proteção às mulheres em situação de violência. As inovações trazidas pela lei serão comentadas nos próximos Capítulos de forma detalhada.

14 O relato detalhado do caso pode ser encontrado no livro *Sobrevivi, posso contar*, escrito pela própria Maria da Penha, publicado em 1994, com o apoio do Conselho Cearense dos Direitos da Mulher (CCDM) e da Secretaria de Cultura do Estado do Ceará.

CAPÍTULO 3

A Tipificação do Feminicídio/Femicídio em Outros Países

Neste capítulo será abordado, inicialmente, o fenômeno da tipificação jurídica do femicídio em países da América Latina que possuem legislação específica de combate à violência contra a mulher, e/ou previsão legal do crime autônomo ou qualificadora de femicídio em seus ordenamentos jurídicos e, posteriormente, o tratamento da violência doméstica e do femicídio/feminicídio em Portugal.

A Costa Rica foi o primeiro país a criminalizar o feminicídio em sua lei penal, em maio de 2007 e após isso outros 15 países criaram formas de coibir e punir esse crime, seja tipificando o feminicídio/femicídio, por meio da reforma do Código Penal vigente, ou ainda estabelecendo agravantes para o assassinato de mulheres por motivação de gênero.[1]

Um dos estudos realizados sobre femicídio na América Central, realizado por organizações latino-americanas e coordenado por Ana Carcedo (2010), da CEFEMINA, sustenta que nos sete países pesquisados ocorreu uma escalada no número de homicídios de mulheres: em apenas três anos, entre 2003 e 2006, os números aumentaram 52,4%. Este fenômeno tem a sua expressão mais grave em El Salvador, Guatemala, Honduras e, em menor escala, na República Dominicana. Esse aumento do número de assassinatos em alguns casos chega a duplicar as taxas de homicídios de mulheres no curso dos seis anos.

Com a contribuição dos movimentos feministas e das organizações de mulheres, foram constatados e denunciados vários assassinatos de mulheres. O movimento aumentou com a denúncia de alguns casos emblemáticos e rumorosos de mulheres que foram mortas por seus mari-

1 Até a publicação da primeira edição deste livro 16 países tipificaram o delito de feminicídio. São eles: Argentina, Bolívia, Brasil, Chile, Colômbia, Costa Rica, El Salvador, Equador, Guatemala, Honduras, México, Nicarágua, Panamá, Peru, República Dominicana e Venezuela.

dos e companheiros, revelando a impunidade destes crimes e a ausência de resposta por parte dos Estados.[2]

A nomenclatura de feminicídio é importante pois, ao conceituar como crime de assassinato de mulheres pelo fato de serem mulheres, constitui um avanço na compreensão política do fenômeno que era há pouco tempo invisibilizado. Não se trata de um fenômeno isolado das nossas realidades. Ao contrário, é uma das consequências mais cruéis da subordinação da mulher e da negação da sua autonomia. Partindo dessa premissa, a análise desses delitos não pode ser dissociada do fator discriminação que sofrem as mulheres em cada um desses países, da violência estrutural, sistemática e da ausência de políticas públicas visando à prevenção, à punição e à erradicação desse tipo de violência contra as mulheres. Estamos frente a Estados que têm o dever de respeitar, proteger e promover o direito a uma vida livre de violência.

Alguns dos países trazidos nesta obra criaram leis que coíbem a violência contra as mulheres, ao passo que outros tipificaram o crime de feminicídio/femicídio, mas muitas dessas leis foram elaboradas com o paradigma *familista* da violência de gênero. Sobre o assunto, Facio (2006) assevera que encontramos um dos casos mais claros de *familismo*, já que em muitas leis promulgadas em diversos países se iguala a violência que sofrem as mulheres e meninas a outras violências que se dão no âmbito das relações familiares, suprimindo a análise da desigualdade de poder entre homem e mulher que lhes dá origem.

No caso português, como veremos, não há uma legislação específica que utilize a nomenclatura de feminicídio, fazendo falta a nomeação deste fenômeno pelas normas internas de Direito do país.

3.1. Aspectos gerais da América Latina

O Comitê Latino-Americano e do Caribe para a Defesa dos Direitos da Mulher – CLADEM publicou, em 2008, um informe sobre femicídio na América Latina, com apoio dos Estados Partes. O objetivo desse informe era "contar com informação suficiente que permitisse ter um primeiro diagnóstico dos países estudados e, com base nele, posteriormente manter um monitoramento do femicídio. Um ano depois, no ano de 2007, o CLADEM REGIONAL decidiu ampliar seu diagnóstico para mais cinco

2 Exemplo de caso emblemático no Brasil, em 1976, foi o assassinato de Angela Diniz por seu companheiro Doca Street, que no primeiro julgamento foi condenado a dois anos de prisão.

países: Bolívia, Equador, Paraguai e Peru na América do Sul, e República Dominicana na América Central.

Esse documento sistematiza a informação de cada um dos informes nacionais apresentados nos anos de 2007 e 2008. Em muitos casos a informação não permite comparações exatas, o documento quer dar conta de pistas que permitam una melhor elaboração de estratégias para a erradicação do femicídio.

Dezesseis países da América Latina tomaram a decisão política de tipificar o assassinato de mulheres em determinadas circunstâncias, denominando-o alguns *femicídio* e outros *feminicídio*: Argentina, Chile, Costa Rica, Guatemala, Honduras, Nicarágua e Panamá o denominam "femicídio", ao passo que Bolívia, Brasil, Colômbia, Equador, Honduras, El Salvador, México, Peru, República Dominicana e Venezuela o chamam "feminicídio". A modificação do Código Penal argentino não traz nenhuma das nomenclaturas.

Em conformidade com o relatório da Declaração sobre o femicídio da Comissão de Peritas (CEVI) do Mecanismo de Acompanhamento da Implementação da Convenção de Belém do Pará (MESECVI), de 15 de agosto de 2008, o número desse tipo de crime tem aumentado na América Latina e no Caribe, não só devido ao seu incipiente tratamento na legislação penal da região, mas também aos estereótipos de gênero prevalecentes no sistema judicial, o que conduz à impunidade desses fatos. Atualmente, vários países dispõem de normas específicas sobre femicídio, enquanto outros países levam em conta os seus elementos para considerá-los agravantes de homicídio. Isso mostra as diferentes concepções sobre o tema, não sendo possível atualmente dar-lhe um tratamento coerente em nível regional.

A fim de estimular a ação estatal para o levantamento de informações quantitativas para se conhecer as dimensões desse problema, a CEVI considerou necessário incluir um indicador que forneça o perfil da vítima e outro que monitore a resposta do sistema de justiça quando se apresenta uma denúncia de femicídio. Atualmente, os números oficiais são escassos e os dados disponíveis provêm de organizações da sociedade civil que contam o número de vítimas de femicídio acompanhando as notícias sobre assassinatos de mulheres nos meios de comunicação.

A Comissão de Peritas deduziu que os Estados Partes, na ausência do uso consensual de uma definição de feminicídio, oferecem informações quantitativas tanto de homicídio como de assassinato de mulheres.

Chile, Equador, El Salvador, Guatemala, Jamaica, Haiti e México forneceram alguns dados, embora não tenham oferecido informações de acordo com o solicitado no indicador – ou seja, idade, estado civil, causa de morte e localização geográfica. Na análise dessas informações, chamou a atenção da CEVI o fato de que os dados não são apresentados nos níveis nacional ou federal mas, sobretudo, por capitais. Em alguns casos, existem registros da polícia, mas estes não são classificados por sexo.

Por ocasião dos 20 anos da Convenção de Belém do Pará, o Comitê do Mecanismo de Monitoramento elaborou duas Declarações e as Recomendações[3], oriundas do II Informe Hemisférico. Dentre as Recomendações está uma específica em relação ao femicídio:

> *Adoptar medidas para prevenir y sancionar el femicídio, tanto en el ámbito privado como público. Dar seguimiento a la aplicación de las mismas por jueces y fiscales, y remover, cuando procede, los obstáculos judiciales que impidan a los familiares de las víctimas obtener justicia, o atenuar la pena para el agresor que alega "emoción violenta".*

No México, a violência contra as mulheres tem atingido números alarmantes e, inclusive, as defensoras dos direitos humanos e seus familiares têm sofrido ameaças e violência, exigindo do Estado mexicano a implementação de mecanismos efetivos de proteção para defensores e defensoras, as quais até o presente momento não têm atingido o resultado esperado. As regiões que apresentam as taxas mais altas de homicídios contra as mulheres, desde o ano de 1980, são os Estados México, Oaxaca, Guerrero y Chihuahua.

A Guatemala já se incorporou ao grupo de países que decidiram punir os atos de violência masculina contra as mulheres, aprovando a Lei contra o Femicídio e outras Formas de Violência contra as Mulheres (Decreto nº 22, de 2008). Na mesma direção, alguns países como Colômbia em 2008, El Salvador e Nicarágua em 2012 editaram legislações específicas.

A Guatemala ocupa o terceiro lugar latino-americano em morte de mulheres, e também possui legislação específica criando o delito autônomo de femicídio. Entre 2001 e 2010 morreram 5.300 mulheres por causas violentas. O caso de Honduras não é diferente: entre 2003 e 2010 morreram 1.464 mulheres, das quais, 44% eram mulheres jovens, entre 15 e 29 anos".[4]

3 Para obter uma cópia das Recomendações oriundas do II Informe Hemisférico, visite: <http://www.oas.org/es/mesecvi/docs/MESECVI-SegundoInformeHemisferico-ES.pdf>.

4 Para ter acesso a essa matéria, visite: <http://www.revistagobierno.com/portal/index. php/mun do/ america-latina/4120-alarmante-violencia-contra-la-mujer>.

3.2. Leis latino-americanas e iniciativas em particular

A seguir, serão abordadas leis e iniciativas que estabelecem o delito de femicídio ou feminicídio (dependendo do termo escolhido pela legislação) em alguns países da América Latina: Costa Rica e Guatemala, que possuem leis especiais criando delitos autônomos e, portanto, fora do Código Penal. O México, que também possui lei específica, criou o delito autônomo de feminicídio, mas dentro do Código Penal Federal, ao passo que Chile e Peru fizeram a opção de criar uma agravante para o crime de parricídio já existente, mas alterando os respectivos Códigos Penais.

Serão examinados os países que tipificaram o delito de femicídio ou feminicídio na América Latina, analisando-se em três grupos pelos seguintes critérios: 1) em primeiro lugar, países que adotaram leis autônomas fora do Código Penal, como Costa Rica e Guatemala; 2) em segundo lugar, será abordada a situação do México, tanto em nível federal como em entidades federativas de Chihuahua, Sinaloa e Guerreo, que criaram legislações internas que contemplam o tipo penal autônomo de feminicídio, mas o incluindo no Código Penal; 3) por fim, serão analisadas as iniciativas de leis que adotaram o femicídio (ou feminicídio) como qualificadora e agravante do delito de homicídio nos Códigos Penais, como é o caso do Chile, do Peru e da Argentina.

3.2.1. A tipificação do femicídio/feminicídio através de leis específicas e externas ao Código Penal

Alguns países fizeram a opção de adotar leis específicas para tipificar o delito de feminicídio ou femicídio, externas aos Códigos Penais, tais como a Costa Rica e a Guatemala. A seguir, analisaremos as soluções adotadas por esses países.

3.2.1.1. Costa Rica

Costa Rica foi o primeiro País da América Latina onde feministas realizaram uma investigação de âmbito nacional sobre os femicídios ocorridos entre 1990 e 1999 – publicada no ano de 2000 (Carcedo y Sagot, 2000) – e o primeiro a adotar uma lei interna que tipificou o delito de femicídio, em maio de 2007, através da Lei para a Penalização da Violência contra as Mulheres.[5] Trata-se de uma lei especial que sanciona

5 Costa Rica, Ley para a Penalización de la Violencia contra las Mujeres nº 8.589, publicada em 30 de maio de 2007.

diversas formas de violência contra as mulheres como prática discriminatória por razão do gênero, especificamente em uma relação conjugal ou em união estável assumida ou não.

A Costa Rica não possui uma alta taxa de assassinatos de mulheres como os outros países vizinhos da América Central, a exemplo de Guatemala, Honduras e El Salvador. Os femicídios nesse país ocorrem principalmente no âmbito conjugal e familiar e, em menor escala, em contextos de ataques sexuais, não havendo assassinatos que ocorram no domínio das *maras*, que são de grande incidência em outros países como Guatemala, Honduras e El Salvador.

O País possui um bom índice de desenvolvimento humano, situando-se em 47º lugar de um total de 177 países, e se destaca das demais nações da América Central por ser avaliada pelo PNUD com um índice de desenvolvimento humano alto. Essa avaliação porém oculta, às vezes, a marginalização, analfabetismo, miséria, violência e morte presentes em vários setores costarriquenses.

Não obstante, a Costa Rica é um país pioneiro na investigação e no debate da tipificação do delito de femicídio em nível regional e isso se deve a vários fatores, dentre os quais a influência do Direito Internacional dos Direitos Humanos no País e, especialmente, o desenvolvimento dos direitos humanos das mulheres – a força do feminismo local na sociedade e também em nível jurídico, notadamente no âmbito acadêmico e judicial, aliada a uma forte participação da sociedade civil nos processos legislativos (TOLEDO, 2012).

Cuida-se de uma legislação especial que não faz parte do Código Penal costarriquenho, o que permite identificar alguns benefícios, destacando-se a visibilidade do fenômeno e a facilidade para o acompanhamento dos casos no sistema judicial.[6] Ao tratar-se de uma lei especial, também aborda as várias formas de violência contra as mulheres: física, psicológica, sexual e patrimonial; permitindo também a inclusão de normas de caráter processual penal que seriam inadmissíveis em uma normativa que se incorporasse ao Código Penal.

A lei costarriquenha tem a finalidade de "*proteger los derechos de las víctimas de violencia y sancionar las formas de violencia física, psicológica, sexual y patrimonial contra las mujeres mayores de edad, como práctica discriminatoria por razón de género, específicamente en las relaciones de matrimonio, en unión de hecho declarada o no, en cumplimiento de las obli-*

---

6 Costa Rica. Ley para la Penalización de la Violencia contra las mujeres nº 8.589, publicada em 30 de maio de 2007.

gaciones contraídas por el Estado contra la Convención para la eliminación de todas las formas de discriminación contra la mujer" (art. 1º).

Outra grande inovação da lei é a previsão de punição para os servidores públicos que dificultem ou impeçam o acesso à Justiça a mulher vítima de violência, com pena de três meses a três anos de prisão e suspensão da função pública por um a quatro anos.[7] Isso representa um grande avanço para a garantia do acesso à Justiça das mulheres violentadas, considerando que grande parte das investigações e dos processos judiciais são conduzidos de forma negligente, sem a devida diligência e sem perspectiva de gênero.

Dentre as características mais importantes dessa norma penal, cabe destacar em primeiro lugar, o conceito restrito de violência contra as mulheres, conforme dispõe o artigo 2º a seguir:

> *Esta Ley se aplicará cuando las conductas tipificadas en ella como delitos penales se dirijan contra una mujer mayor de edad, en el contexto de una relación de matrimonio, en unión de hecho declarada o no.*
>
> *Además, se aplicará cuando las víctimas sean mujeres mayores de quince años y menores de dieciocho, siempre que no se trate de una relación derivada del ejercicio de autoridad parental.*

Como se observa da lei citada, suas disposições contemplam apenas os casos de violência em determinadas relações de afeto: casamento ou união estável. Isto exclui, por exemplo, as relações de namoro, assim como os casos em que o casamento ou relação de união estável tenha terminado, hipótese de grande vulnerabilidade para as mulheres.

Também não foram incluídas outras formas de violência como as relações paterno-filiais, do âmbito privado e familiar em que também ocorre o femicídio. De todas as legislações e iniciativas que se examinam neste estudo, a lei costa-riquense é a que contempla o conceito mais limitado de femicídio, o que tem gerado críticas nos meios jurídico e acadêmico.

O delito de femicídio está previsto no art. 21 da Lei, nos seguintes termos:

> *ARTÍCULO 21. Femicidio*
>
> *Se le impondrá pena de prisión de veinte a treinta y cinco años a quien dé muerte a una mujer con la que mantenga una relación de matrimonio, en unión de hecho declarada o no.*

7 Artículo 41 de la Ley de Penalización de la Violencia contra las Mujeres de Costa Rica.

Esse delito, tal qual os demais previstos na lei, se limita aos casos em que existe entre a vítima e o agressor uma relação conjugal ou união estável. É interessante destacar que este delito supõe uma leve ampliação a respeito do homicídio qualificado por parentesco, que se encontra previsto no art. 112, nº 1, do Código Penal costa-riquense, a saber:

> *Artículo 112. Se impondrá prisión de veinte a treinta y cinco años, a quien mate:*
>
> *1) A su ascendiente, descendiente o cónyuge, hermanos consanguíneos, a su manceba o concubinario, si han procreado uno o más hijos en común y han llevado vida marital, por lo menos durante los dos años anteriores a la perpetración del hecho.*

Como se observa no texto acima, a lei que estabelece o delito de femicídio não inovou a respeito da disposição geral em relação ao homicídio entre cônjuges, mas unicamente ao referido à união estável, já que o Código Penal apenas sanciona este crime como homicídio qualificado quando existe procriação e vida conjugal durante ao menos dois anos que antecederam o crime, quer dizer, o conceito de femicídio é mais amplo do que o previsto no Código Penal.

Quanto à pena do crime de femicídio, é a mesma correspondente ao homicídio qualificado previsto no art. 112, nº 1, do Código Penal (prisão de 20 a 35 anos), de modo que se castiga com a mesma pena tanto o marido que mata a sua esposa como a mulher que mata o seu marido. Este é um ponto que costuma trazer controvérsia, especialmente nos casos em que a mulher mata o seu marido após sofrer violência, sem falar nos casos de legítima defesa.

Vale acrescentar ainda, que em relação ao femicídio unicamente foram excluídas as agravantes especiais previstas no art. 8º do Código Penal costa-riquense.

3.2.1.2. Guatemala

O programa Nacional das Nações Unidas para o Desenvolvimento (PNUD) elaborou um informe com base nos registros da Polícia Nacional Civil. A Guatemala tem o 5º lugar na taxa de homicídio da América Latina, registrando 44 mortes por cada cem mil habitantes, onde Honduras tem a média de 75,77%; Colômbia (país com conflito armado interno), 55,86%; El Salvador tem média de 50,36%; Guatemala, 44%; México, 28,65%, e Brasil 23,84%.

A Guatemala continua a ser um território violento para as mulheres: 638 assassinadas em 2012. As estatísticas de violência sexual e torturas superam a qualquer outro lugar da América do Sul. Mais do que os números de Ciudad Juarez. Esta estatística é uma sequela do período de conflito vivido nesse país durante 36 anos (1960-1996), quando mais de cem mil mulheres foram violentadas e torturadas no curso de um programa de extermínio da etnia maia. Todo o programa foi configurado numa cultura de violência sem castigo contra a mulher, para quem somente existe 1% de possibilidades de que seu caso chegue à Justiça.[8]

Apesar de uma lei contra o femicídio ter sido aprovada em 2008, a taxa de impunidade permanece bastante alta. Alba Trejo, ex-comissio-

8 "Me acuerdo que eran tres los que me violaron pero no sé cuántos más lo hicieron porque perdí el conocimiento". La guerra interna entre el Gobierno y la guerrilla se saldó con más de 200.000 muertos en su mayoría indígenas de origen maya. La violación, la mutilación, la esclavitud sexual y el feticidio (asesinato de fetos) fueron utilizados como medio para exterminar a los mayas: destrozar a la mujer era la herramienta para destruir al pueblo. Un perfecto plan organizado para el cual el ejército fue cuidadosamente entrenado, según detallan los informes de la Comisión del Esclarecimiento Histórico de Guatemala. Una de esas víctimas fue Teresa Sic: "Al encontrarme, los soldados me agarraron a la fuerza, me llevaron cerca del río y me violaron. Eran más de ciento cincuenta. Ese día estaban también violando a más mujeres de la aldea. Quemaron todo. Me amarraron y me logré soltar con la ayuda de mi hija de cinco años. Busqué ayuda. Tenía hambre y miedo, pero nadie nos alojaba".
Es en 1999 cuando la Audiencia Nacional española admite a trámite la querella presentada por la Fundación Rigoberta Menchú Tum, en la que se acusa por primera vez al antiguo jefe de Estado, Ríos Montt, y a otros siete oficiales, de terrorismo, genocidio y tortura sistemática. Cinco años después, la Audiencia dicta un auto de procesamiento contra los ocho generales, pero las autoridades guatemaltecas se niegan a extraditarlos. Para ellas, las violaciones en masa ocurridas durante el conflicto fueron consideradas "simples daños colaterales".
"Días después me llevaron forzosamente al destacamento militar de El Chol", continúa la narración de Teresa Sic, "donde fui violada por muchos soldados durante 15 días seguidos, donde solo me dejaban descansar brevemente para dormir. (...) Nos dieron sangre de toro, para que la bebiéramos, y carne cruda para comer".
En el departamento del Quiché, al norte de la capital de Guatemala, los verdes campos de siembra y sus coloridos mercados esconden uno de los macabros secretos de la historia del país. Esta es la zona donde la violencia durante el conflicto fue extrema sobre todo en los años ochenta. Las mujeres sobrevivientes del genocidio han decidido romper su silencio y plantar cara al Gobierno acusando a los culpables. "Tenemos que esclarecer los hechos y que el Estado reconozca de verdad, ese es mi mayor deseo", dice Feliciana: "estamos sin voz, la violación durante el conflicto armado parece que no existió". SANTOS, Izidoro Azevedo do. **Femicídio na Guatemala**. Disponível em: <http://izidoroazevedo.blogspot.com/2011/10/feminicídio-na-guatemala.html≥. Acesso em: 22 fev. 2012.

nada presidencial contra o Femicídio na Guatemala, disse em 2013 que, em média, a **cada dia são assassinadas nove mulheres** no país e que a violência familiar é uma das principais causas.[9]

Na Guatemala, como em outros países de América Latina, a violência contra as mulheres possui especial importância e deveria ser a principal preocupação das iniciativas de prevenção e redução do crime e a violência. De especial relevância neste sentido é a violência homicida contra as mulheres.

As mulheres eram violentadas e torturadas durante o período de confronto armado por agentes das forças de segurança do Estado, sendo essa uma das principais formas de violência contra as mulheres. Ela desenvolveu-se nas mais diversas e cruéis expressões, tais como violência sexual e tortura em praça pública e de forma coletiva, na presença de toda a comunidade ou de seus familiares. Segundo o informe *Guatemala, Memoria del Silencio* da CEH (AAAS):

> *[...] una mujer detenida fue torturada y violada a lo largo de tres meses de forma reiterada, hasta que le ofrecieron trabajar para el Ejército, "acepté por mi vida". La mandaron a recibir cursillos y luego comenzó a trabajar en concienciación. Iba a las comunidades y hablaba a través de un alto parlante leyendo un discurso que le daban escrito en el Ejército. Muchas personas llegaron al destacamento y se entregaron.*

As mulheres foram vítimas de sequestro e retiradas à força de suas residências, e muitas sofreram torturas e tratamento cruel e desumano. A tortura foi um recurso, não apenas para a obtenção de informação, mas também utilizado para a intimidação da população. A violência sexual contra a mulher foi incluída no treinamento militar que se utilizou sistematicamente dela como parte da estratégia de dominação do inimigo. O exército foi responsável pela autoria material de 89% dos casos de violência sexual contra as mulheres, 15,5% são responsabilidade das Patrulhas da Autodefesa Civil, e 11,9% de comissionados militares e 5,7% de outras forças de segurança do Estado, segundo relatório da CEH (Comisión de Esclarecimiento Histórico) (ANISTIA INTERNACIONAL, 2013). Em situação de guerra, curiosamente, tais práticas sempre ocorrem, o que não deixa de ser uma expressão do quão profundamente estão arraigados os valores da cultura patriarcal em nossas sociedades.

---

9 Para acesso à notícia, visite: <http://larepublica.pe/21-10-2013/feminicidio-causo-la-muerte-de-592-mujeres-durante-el-2013-en-guatemala>.

Segundo dados da Anistia Internacional (2005) – em seu informe "*Guatemala. Ni protección ni justicia: Homicidios de mujeres en Guatemala, 2005*" – a dimensão da violência contra a mulher tem origem em valores históricos e culturais que mantiveram anos de subordinação das mulheres e que foram especialmente ressaltadas durante o conflito armado interno, o qual se prolongou durante 36 anos. A impunidade que se instalou durante todos esses anos tem se reproduzido hoje, causando grande aumento da violência contra as mulheres na Guatemala.

As mulheres e as meninas convivem com a violência na Guatemala: a violência intrafamiliar, o assédio sexual no trabalho, a violência sexual, o tráfico de mulheres e a exploração sexual. Na Guatemala, vários agentes de segurança estão envolvidos em crimes sexuais contra as mulheres e grande parte das vítimas de assassinato também sofreu violência sexual tendo menos de 18 anos de idade à época do crime. As vítimas de homicídio na Guatemala eram estudantes, donas de casa, profissionais do sexo, operárias das fábricas, trabalhadoras domésticas e trabalhadoras não qualificadas, sempre escolhidas em função do gênero. Em que pese os homicídios tenham sido cometidos por agentes do Estado, o estudo de alguns casos realizado pela Anistia Internacional (2005) revela que a violência costuma estar baseada no gênero da vítima, o qual aparenta ser um dado importante, determinante tanto em relação ao motivo como ao contexto do assassinato, assim como do tipo de violência exercida e da resposta das autoridades.

> Em vários casos de homicídios de mulheres na Guatemala há indícios de tortura. Muitas dessas mulheres foram violentadas sexualmente ou submetidas a alguma forma de violência sexual antes de morrer. Os Tribunais Internacionais de Direitos Humanos deliberaram que a dor e o sofrimento infligidos às mulheres na Guatemala coincidem com a definição de tortura (tradução da autora).

Recentemente, a CIDH na sentença em Véliz Franco *vs.* Guatemala[10] reconheceu a utilização de meios violentos e de tortura como no caso

---

10 Verifica-se na página 28 da sentença que: "Se ha aducido como 'característica de muchos de los casos de mujeres que han sido víctima de homicidio' la 'brutalidad de la violencia ejercida', la presencia de 'signos de violencia sexual' en los cadáveres, o la mutilación de los mismos. También que '[m]uchas de [las] mujeres fueron secuestradas, y en algunos casos estuvieron horas, o incluso días, recluidas antes de ser asesinadas'86. La perita Ana Carcedo Cabañas indicó que el 'Organismo Judicial de Guatemala reconoc[ió] la existencia de este ensañamiento desproporcionado en las muertes de mujeres'". Disponível em: <http://www.corteidh.or.cr/docs/casos/articulos/se riec_277_esp.pdf>. Acesso em: 10 dez. 2014.

de mortes de homens e mulheres. No entanto, somente a morte das mulheres revelava o abuso sexual como um meio de tortura.[11] Na decisão, a Corte ressalta o *modus operandi* profissional caracterizado por "tiros de gracia" ou "ataduras en el cuerpo de la víctima" utilizado na tortura e assassinato, práticas típicas de crimes organizados.

No entanto, a situação jurídica das mulheres na Guatemala vem sofrendo grandes transformações. Com relação aos tratados internacionais de proteção aos direitos humanos das mulheres, a Guatemala ratificou em 1982 a Convenção sobre a Eliminação de todas as Formas de Discriminação contra a Mulher (CEDAW), em 1995 ratificou a Convenção Interamericana para Prevenir, Sancionar e Erradicar a Violência contra as Mulheres (Belém do Pará) e em 2000 ratificou o Protocolo Facultativo da CEDAW. Já a Constituição da República da Guatemala contempla no art. 4º que todos os seres humanos são livres e iguais em dignidade e direitos. Que homem e mulher, qualquer que seja seu estado civil, têm iguais oportunidades e responsabilidades. E que nenhuma pessoa pode ser submetida a tratamento cruel e desumano que atente contra a sua dignidade.

Da mesma forma que a lei costa-riquenha, o Congresso da República de Guatemala aprovou o Decreto nº 22-2008, que contém a lei contra o femicídio e outras formas de violência contra a mulher, cujo objeto é garantir a vida, liberdade, integridade, dignidade, proteção e igualdade diante da lei às mulheres, para que vivam uma vida livre de violência. Essa lei não faz parte do Código Penal guatemalteco, ainda que suas disposições contenham remissões à lei penal em diversas oportunidades.

11 Segundo informe do Conselho de Direitos Humanos das Nações Unidas acerca de um estudo realizado pela Promotoria de Direitos Humanos na Guatemala: "De los cuerpos con señales de torturas o abusos, un 40% aproximadamente de ambos sexos presentaba marcas de estrangulamiento y un 15% de los cadáveres femeninos fueron abandonados desnudos, frente a un 11% de los masculinos. La única distinción significativa era que mientras el 15% de los cuerpos de mujeres mostraban signos de abuso sexual, éstos no se daban en ninguno de los cuerpos masculinos. El aumento de los homicidios de mujeres que van acompañados de abusos o torturas revelado en el estudio de la PDH representaría al menos las dos quintas partes del aumento del total de homicidios femeninos registrados en las estadísticas de la policía". Informe do Relator Especial sobre as execuções extrajudiciais, sumárias ou arbitrárias, Philip Alston (Misión a Guatemala, UN Doc.A/HRC/4/20/Add.2, 19 de fevereiro de 2007, par. 22 y 26 – expediente de anexos al escrito de solicitudes y argumentos, anexo 75, fs. 10,463 a 10,489). Disponível em: <http://www.plazapublica.com.gt/sites/default/files/informe_onu_guatemala_2007_relator_ejecuciones_extrajudiciales.pdf>. Acesso em: 10 dez. 2014.

Trata-se de uma lei que contempla tanto disposições penais como de políticas públicas e garantia dos direitos para as mulheres, para além do âmbito penal. Estabelece uma coordenação interinstitucional de políticas públicas de prevenção e erradicação da violência contra a mulher. O art. 3º da lei contém uma série de definições que ultrapassam a esfera penal, incluindo também direitos para a vítima em relação aos serviços públicos, assim como definições de caráter material a respeito das características de violência de gênero, como misoginia e relações de poder.

A lei guatemalteca contém disposições acerca da responsabilidade do Estado em relação à violência de forma bem ampla, que contemplam desde assegurar o direito ao acesso à informação e assistência integral às vítimas até a criação de órgãos jurisdicionais especializados, fortalecimento institucional, capacitação de funcionários do Estado etc.

Conforme dispõem os arts. 1 e 2 da lei, esta se aplica à violência contra as mulheres tanto no âmbito público como no privado. Trata-se de uma lei que aborda tanto a violência contra as mulheres em suas diversas manifestações quanto a violência física, psicológica, sexual econômica ou qualquer tipo de coação contra as mulheres.

A lei define ainda, o que seria âmbito privado e público, conforme se vê do art. 3, nos seguintes termos:

> *Art. 3. Definiciones. Para los efectos de esta Ley se entenderá por:[...]*
>
> *b) Ámbito privado: Comprende las relaciones interpersonales domésticas, familiares o de confianza dentro de las cuales se cometan los hechos de violencia contra la mujer, cuando el agresor es el cónyuge, ex cónyuge, conviviente o ex conviviente, con que haya la víctima procreado o no, el agresor fuere el novio o ex novio, o pariente de la víctima.*
>
> *También se incluirán en este ámbito las relaciones entre el cónyuge, ex cónyuge, conviviente o ex conviviente, novio o ex novio de una mujer con las hijas de ésta.*
>
> *c) Ámbito público: Comprende las relaciones interpersonales que tengan lugar en la comunidad y que incluyen el ámbito social, laboral, educativo, religioso o cualquier otro tipo de relación que no esté comprendido en el ámbito privado.*
>
> *d) Asistencia integral: La mujer víctima de violencia, sus hijas e hijos, tienen derecho a servicios sociales de atención, de emergencia, de apoyo, de refugio, así como de recuperación. La atención multidisciplinaria implicará especialmente:*
>
> *1. Atención médica y psicológica.*
>
> *2. Apoyo social.*
>
> *3. Seguimiento legal de las reclamaciones de los derechos de la mujer.*
>
> *4. Apoyo a la formación e inserción laboral.*

A lei também conceitua o femicídio da seguinte forma: "*Muerte violenta de una mujer, ocasionada en el contexto de las relaciones desiguales de poder entre hombres y mujeres, en ejercicio del poder de género en contra de las mujeres".*

Essa lei é mais completa que a costa-riquense, já que inclui qualquer vítima mulher independentemente da sua idade, contemplando ainda a violência contra as mulheres perpetrada por seus cônjuges ou parceiros íntimos, sejam ex-parceiros ou atuais, como aquela cometida por *ritos grupales*. Neste sentido, a definição de violência contra a mulher se ajusta mais à prevista na Convenção de Belém do Pará, conforme se observa do art. 5º, a seguir:

> *Violencia contra la mujer: Toda acción u omisión basada en la pertenencia al sexo femenino que tenga como resultado el daño inmediato o ulterior, sufrimiento físico, sexual, económico o psicológico para la mujer, así como las amenazas de tales actos, la coacción o la privación arbitraria de la libertad, tanto si se produce en el ámbito público como en el ámbito privado.*

A única diferença do conceito da Convenção de Belém do Pará se refere ao fato de que enquanto a Convenção menciona violência baseada no gênero, a lei guatemalteca usa a expressão "*basada en la pertenencia al sexo femenino*".

O art. 6º da lei guatemalteca tipifica o delito de femicídio nos seguintes termos:

> *Femicídio. Comete el delito de femicídio quien, en el marco de las relaciones desiguales de poder entre hombres y mujeres, diere muerte a una mujer, por su condición de mujer, valiéndose de cualquiera de las siguientes circunstancias:*
>
> *a. Haber pretendido infructuosamente establecer o restablecer una relación de pareja o de intimidad con la víctima.*
>
> *b. Mantener en la época en que se perpetre el hecho, o haber mantenido con la víctima relaciones familiares, conyugales, de convivencia, de intimidad o noviazgo, amistad, compañerismo o relación laboral.*
>
> *c. Como resultado de la reiterada manifestación de violencia en contra de la víctima.*
>
> *d. Como resultado de ritos grupales usando o no armas de cualquier tipo.*
>
> *e. En menosprecio del cuerpo de la víctima para satisfacción de instintos sexuales, o cometiendo actos de mutilación genital o cualquier otro tipo de mutilación.*

f. Por misoginia.

g. Cuando el hecho se cometa en presencia de las hijas o hijos de la víctima.

h. Concurriendo cualquiera de las circunstancias de calificación contempladas en el artículo 132 del Código Penal.

Como se pode observar do texto, cuida-se de delito com diversas hipóteses comissivas. Independente do exame de cada uma delas é importante avaliar os elementos básicos que devem concorrer no assassinato de uma mulher para que seja considerado femicídio de acordo com a norma em destaque. Eles são: 1) que o homicídio seja produzido no marco de uma relação desigual de poder entre homens e mulheres; 2) que a morte da mulher ocorra por sua condição de mulher; 3) que concorra alguma das hipóteses previstas no art. 6º da lei.

Vale ressaltar que a própria lei define no art. 3º o que seria relações desiguais de poder como "*manifestaciones de control o dominio que conducen a la sumisión de la mujer y a la discriminación en su contra*". Esse elemento normativo do tipo tende a dar margem a várias interpretações por parte dos operadores da Justiça sem formação em violência de gênero e isso pode gerar alguns inconvenientes práticos, tais como a dificuldade de se comprovar a existência de controle ou domínio de poder naquela relação por parte do agressor. Outra dificuldade nos parece encontrar-se na parte que menciona que femicídio seria o homicídio da mulher *por sua condição de mulher* o que, no contexto do Poder Judiciário sem formação no assunto pode dar lugar também a interpretações *por reo* que atentam contra os fins da norma, como por exemplo, *ele a matou por ciúmes, não pelo fato de ser mulher, mas sim porque tem questões de ordem psiquiátrica.*

Estes dois elementos evidenciam os riscos de trasladar expressões derivadas de outras construções políticas ou teóricas diretamente para as normas penais, que devem obedecer aos princípios da taxatividade e legalidade. Não apenas se trata de uma redação complexa, mas também das possibilidades interpretativas que são abertas, sobretudo considerando que a lei será aplicada por operadores e operadoras do Direito que não necessariamente tenham sido capacitados ou formados em violência contra as mulheres. Além disso, sabemos a resistência que os operadores e operadoras da Justiça têm em relação aos delitos especiais desse tipo, o que somado a interpretação *pro reo* do Direito Penal, pode determinar, na prática, a inaplicabilidade do novo tipo penal.

Da mesma forma que no caso da Costa Rica, a legislação guatemalteca penaliza com a mesma pena tanto o marido que mata a sua mulher depois de anos de maus-tratos quanto a mulher que mata o seu marido que lhe agredia, fora os casos de legítima defesa. Como se mantém as mesmas penas de um homicídio comum, cai por terra o objetivo que se pretendia atingir ao penalizar de forma específica o femicídio como forma extrema de violência contra as mulheres.

Nesse sentido, pode-se sustentar que, apesar de se tratar de um tipo penal específico, que contempla várias hipóteses comissivas e bem mais amplo do que a lei da Costa Rica, ele exige, por outro lado, muito mais elementos de prova, com um conteúdo difícil de se determinar, o que pode constituir sérios obstáculos na aplicação prática da lei.

3.2.2. México: Leis que incorporaram o delito de feminicídio em nível estatal e federal e a Lei Geral de Acesso das Mulheres a uma Vida Livre da Violência

O problema dos feminicídios e violações de direitos humanos no México alcança níveis epidêmicos. Entre 2006 e 2012 os feminicídios no país aumentaram 40% no contexto da guerra contra o narcotráfico. Em Estados como Chihuahua, o número é 15 vezes maior do que a média mundial. No país, se cometem 6.4 assassinatos de mulheres por dia, dos quais 95% ficam impunes, de acordo com dados do informe da ONU. O Instituto Nacional de Estatísticas registrou 2.764 mortes de mulheres entre o ano de 2007 e o de 2012. A maioria desses crimes ocorreu no Estado de Chihuahua, na fronteira norte.

O caso de Ciudad Juarez é emblemático por tratar-se de uma das cidades com alto índice de homicídios de mulheres, caracterizados pela sistematicidade ao longo da última década, em função de determinadas particularidades sociais, econômicas e culturais que geraram uma dinâmica de conflito nas relações tradicionais entre os sexos, que não tem sido acompanhada de uma mudança na mentalidade da sociedade.

Desde 1999 tem sido chamada a atenção da comunidade internacional em função da magnitude e gravidade dos casos acontecidos em Ciudad Juarez, cuja recomendação está centrada em impulsionar os processos judiciais em tramitação. Em novembro de 2003, peritos da agência das Nações Unidas contra a droga e crimes apresentaram um informe sobre Ciudad Juarez e Chihuahua, México. Neste informe consta que existe grande responsabilidade do Estado na omissão das investigações desses crimes e nos processos judiciais.

A anistia internacional (2003), em seu Informe "Mortes intoleráveis – Dez anos de desaparecimentos e assassinatos na Cidade de Juarez e Chihuahua", coloca em destaque a tolerância do Estado em relação a esses crimes, devido à falta de uma atuação efetiva. Por conseguinte, combater esse tipo de violência requer a adoção de políticas públicas baseadas em uma perspectiva de gênero.

O México recebeu ao longo de mais de uma década mais de 50 recomendações internacionais de organismos de direitos humanos e de relatores de diversas instâncias da ONU exigindo do governo esclarecimento desses casos, bem como que facilitasse o acesso à Justiça por parte dos familiares de vítimas. Cada vez mais, têm sido implementadas políticas públicas com perspectiva de gênero para enfrentar tais crimes e suas causas, assim como erradicar a violência contra as mulheres e a impunidade (LAGARDE, 2008).

Em resumo, no México existem dois níveis na ruptura do Estado de Direito em relação às mulheres: em primeiro lugar, a legalidade não se aplica às mulheres e, em segundo lugar, ao romper o Estado de Direito através de uma violência de gênero cotidiana, as organizações criminais impõem mecanismos violentos de violação dos direitos humanos e da legalidade. As mulheres, em prévia desvantagem de gênero, são as que ficam em situação de maior risco (LAGARDE, 2008).

O México ratificou a Convenção para eliminar Todas as Formas de Discriminação Contra a Mulher (CEDAW) em 1981, e o seu protocolo facultativo, em 2002. Também ratificou a Convenção de Belém do Pará. Esta Convenção é clara a partir do seu próprio nome "Convenção Interamericana para Prevenir, Punir e Erradicar a Violência contra a Mulher" e seu objetivo central é o exercício do direito de todas as mulheres daquela região a uma vida livre de violência.[12] Esses tratados internacionais comprometem o Estado com a realização de atuações preventivas, investigativas e punitivas tendentes a erradicar a violência contra a mulher. Também vários instrumentos dos quais o México faz parte protegem o direito à vida: a Declaração Universal dos Direitos Humanos (art. 3), o Pacto Internacional dos Direitos Civis e Políticos (art. 6 e observação geral do Comitê dos Direitos Humanos sobre este mesmo artigo, 30 de abril de 1982) e a Convenção Americana sobre Direitos Humanos (art. 4).

O México foi o primeiro país em que se propôs tipificar o delito de feminicídio e talvez, o país que mais iniciativas tem apresentado nessa matéria, tanto em nível nacional como federal. Vale esclarecer que, no México, a competência para legislar no tratamento da violência pertence aos Estados, no entanto, em se tratando de proteção a esses direitos,

12 Essa Convenção foi ratificada pelo México em 11 de dezembro de 1998.

cabe ao Governo Federal a sua responsabilidade pelo descumprimento dos compromissos internacionais adotados na matéria.

Em 2003, o Estado de Chihuahua foi o primeiro na região a outorgar um tratamento penal diferenciado aos homicídios de mulheres através de lei própria. Essa iniciativa foi mantida no novo Código Penal editado em 2006, que vigora até hoje, introduzindo uma agravação geral aplicável a todos os homicídios de mulheres. Nessa lei não estão previstos os termos *feminicídio* ou *femicídio* expressamente, mas trata-se do primeiro antecedente de uma legislação específica aprovada sobre os homicídios de mulheres na região, marcada pelo contexto das denúncias e da atenção internacional ao fenômeno.

Em 2001 foram encontrados os corpos que dariam lugar ao caso Campo Algodonero e de forma praticamente simultânea criou-se uma Comissão Especial para que se conhecesse e desse seguimento às investigações relacionadas aos homicídios de mulheres perpetrados em Ciudad Juárez.

Em 2002 ocorreu a primeira audiência relativa aos direitos das mulheres em Ciudad Juarez perante a Comissão Interamericana de Direitos Humanos e, em março de 2003, se emitiu o informe da Relatora Especial para os Direitos das Mulheres sobre a situação de Juarez. Em poucos meses se iniciou o Programa de Ações do Governo Federal para Prevenir e Combater a Violência contra as Mulheres em Ciudad Juarez, e, em meados de 2003, a Anistia Internacional elaborou o seu informe *"Las Muertes intolerables:10 años de desapareciones y asesinatos de mujeres jóvenes em Ciudad Juazrez y em la Ciudad de Chihuahua"*, causando grande impacto em nível nacional e global (CMDH, 2007:3).

Em 2003, dez anos após o primeiro caso qualificado de feminicídio nessa entidade federativa, a situação havia se agravado bastante. Mesmo com a criação de uma *Fiscalia Especial para la Investigación de los Homicidios de Mujeres,* o fenômeno piorava e começavam a proliferar observações de organismos nacionais e internacionais em torno da situação dos assassinatos de mulheres em Chihuahua e, em particular, em Ciudad Juárez.

Este contexto levou o Poder Legislativo local a introduzir no Código Penal uma norma que, embora não usasse o termo *feminicídio*, teve por objetivo excluir a pena de homicídio simples nos casos em que a vítima do crime fosse mulher.[13]

---

13 Esta norma foi introduzida junto com outras disposições relativas as penas em casos de homicídios de mulheres cometidos com outros delitos.

Como diferença da lei de 2003, o Código Penal de 2006 incorporou expressamente a agravação, inclusive com uma pena maior do que a dos homicídios qualificados – de homicídios de mulheres ocorridos tanto na esfera pública como na privada.

O Estado de Guerrero foi o primeiro Estado mexicano que tipificou o feminicídio como um delito específico, em dezembro de 2010, no contexto de diversas modificações ao Código Penal. A referida lei ainda foi a base para uma das iniciativas apresentadas em março de 2011 para tipificar o feminicídio no Código Penal Federal, que não chegou a ser aprovada.

Nessa lei foi introduzida uma norma penal através da qual todo homicídio de mulher cometido por um homem se considera como homicídio qualificado, o que se transformava na figura penal do feminicídio, sancionada com a mesma pena – ao mesmo tempo que tipificava, perdia toda a possibilidade de aplicação prática (TOLEDO, 2012: 312).

O tipo penal de Guerrero[14] se baseou no tipo de feminicídio contido na iniciativa original da Lei Geral e na própria disposição aprovada em 2008 da *Ley de Acceso de las Mujeres a uma vida libre de violencia*, norma que primeiro introduziu o conceito de feminicídio.

O Estado do México foi a segunda entidade federativa a tipificar o feminicídio em março de 2011, junto com outras modificações ao Código Penal e outras leis. Foi uma das tramitações mais rápidas e marcadas por contingências políticas.[15]

Trata-se de uma lei que introduziu diversas reformas no Código Penal do Estado do México, incluindo o tipo penal de feminicídio,[16] que sanciona tanto condutas que ocorram na esfera pública como na privada.

---

14 *"Artículo 109 bis. Comete el delito de feminicidio y se le impondrán de treinta a cincuenta años de prisión, al que prive de la vida a una mujer, cuando concurra cualquiera de las circunstancias siguientes:*
I – Para ocultar una violación;
II – Por desprecio u odio a la víctima;
III – Por tortura o tratos crueles o degradantes;
IV – Exista o haya existido una relación de afecto entre la víctima y el agresor;
V – Se Haya realizado por violencia familiar; o
VI – La víctima se haya encontrado en estado de indefensión."

15 Decreto nº 272, por el que se aprueban reformas, adiciones y derogaciones del Código Penal del Estado del México y otros cuerpos legales. Publicado en la *Gaceta del Gobierno*, 18 de marzo de 2011.

16 *"Articulo 242. Bis – El homicidio doloso de una mujer, se considerará feminicidio cuando actualice alguna de las siguientes circunstancias:*
a) Por razón de violencia de género; entiendose por esta, la privación de la vida aso-

A circunstância prevista da alínea "a" é a mais polêmica, pois abarca os casos em que a morte da mulher seja cometida por violência de gênero, entendida esta como a "exclusão, subordinação, discriminação ou exploração" da vítima. Nenhuma dessas expressões é utilizada pelo Direito Penal tradicional e apenas a palavra *exploração* se encontra prevista no Código Penal do Estado, no também delito de tráfico de pessoas. São expressões que estão sujeitas à interpretação judicial, já que a lei não introduz nenhuma disposição que contribua para determinar ou esclarecer a sua definição ou abrangência.

Um dos aspectos mais interessantes dessa legislação é a proibição da aplicação da atenuante de "emoção violenta" no delito de feminicídio, ainda que os alcances práticos dessa norma devam depender da efetiva aplicação que o tipo penal de feminicídio possa vir a ter.

No México entrou em vigor em 2007, a *Ley General de Acceso de la Mujeres a una Vida Libre de Violencia*. Para Ortuño, a lei representou um avanço significativo na legislação sobre violência contra as mulheres, mas segue delegando o tratamento da violência sexual ao sistema penal (ORTUÑO, 2011).

A lei, no art. 5º, define a violência contra as mulheres, *in verbis*:

> *Cualquier acción u omisión, basada no género, que les cause daño o sufrimiento psicológico, físico, patrimonial, económico, sexual o la muerte tanto en el ámbito privado como en el público.*

O art. 6º da lei estabelece os tipos de violência contra as mulheres: a violência psicológica, a física, a patrimonial, a econômica e a sexual. E, ainda, prevê cinco modalidades de violência: a) a violência familiar; b) violência laboral e docente; c) a violência na comunidade; d) a violência institucional; e) a violência feminicida. A criação desta modalidade foi

---

ciada a la exclusión, subordinación, discriminación o explotación del sujeto pasivo;
b) Se cometa en contra de persona con quien se haya tenido una relación sentimental, afectiva de confianza, o haya estado vinculada con el sujeto activo por una relación de hecho en su centro de trabajo o institución educativa, o por razones de carácter técnico o profesional, y existan con antelación conductas que hayan menoscabado o anulado derechos, o atentado contra la dignidad del pasivo;
c) El sujeto activo haya ejecutado conductas sexuales, crueles o degradantes, o mutile al pasivo o el cuerpo del pasivo, o
d) Existan con antelación actos que constituyan violencia familiar del sujeto activo hacia el pasivo.
En los casos a que se refiere este artículo, la penalidad será de cuarenta a setenta años de prisión y de setecientos a cinco mil días multa."

motivada pelos homicídios de Ciudad Juárez, bem como pelos altos índices de violência contra as mulheres no México em geral.

O art. 21 da referida lei dispõe, *in verbis*:

> *Violencia feminicida: Es la extrema de violencia de género contra las mujeres, producto de la violación de sus derechos humanos, en los ámbitos público y privado, conformada por el conjunto de conductas que pueden conllevar impunidad social y del Estado y puede culminar en homicidio y otras formas de muerte violenta de mujeres.*

Esse artigo menciona a violência de gênero sem que tenha sido definido o seu conceito na lei. Mas pode-se dizer que ela quis tratar da violência contra as mulheres baseada no gênero feminino, já que ao mesmo tempo menciona o elemento *misoginia*.

A Lei Geral de Acesso às Mulheres a uma Vida Livre de Violência ainda dispõe, no seu art. 26, sobre a obrigação do Estado Mexicano de indenizar a vítima nos casos de descumprimento dos tratados internacionais de direitos humanos assinados pelo País.[17]

À falta de dados estatísticos, faz-se muito arriscado determinar a situação real do femicídio nos países centro-americanos e em geral na América Latina e, assim, afirmar que os casos de femicídio tenham diminuído. Também há que se recordar que as leis que incorporaram essa figura são recentes e que a Justiça em nossos países não é precisamente rápida, o que complica ainda mais o panorama.

Algumas iniciativas pretendiam introduzir o delito de feminicídio no Código Penal Federal mexicano – de 2004, 2006 e 2008, dois no Código Penal de Chihuahua, ambas de 2007, e dois do Estado de Sinaloa, de 2007 e 2009.

Vale destacar em primeiro lugar iniciativas que configuram feminicídio como um crime que não necessariamente leva à morte da mulher. Abordam figuras que correspondem a uma definição ampla de feminicídio como forma extrema de violência contra as mulheres, ainda que nem sempre constitua um atentado contra a sua vida, em sentido estrito. Esse tipo de conceito se apresenta em uma primeira fase quanto a iniciativas e modelos legislativos, já que as mais recentes – que serão analisadas a seguir – adotam o conceito de feminicídio para os casos em que efetivamente é causada a morte de mulheres.

---

17 Cámara de Diputados. H. Congreso de la Unión. Disponível em: <http://www.diputados.gob.mx/LeyesBiblio/ref/lgamvlv.htm≥. Acesso em: 07 abr. 2012.

A primeira iniciativa apresentada para a tipificação do feminicídio no México ocorreu em 2004 e contemplou a introdução de um título novo ao Código Penal Federal denominado "crimes de gênero", onde se tipificaria o feminicídio.

Em março de 2007, o Estado de Chihuahua foi a primeira entidade federativa a apresentar uma iniciativa legal destinada a tipificar o crime. Nela, incorporava a figura dentro "dos delitos contra a humanidade", juntamente com o genocídio, o desaparecimento forçado de pessoas e a tortura.

A iniciativa de 2004 se transformou também em modelo seguido no Estado de Sinaloa, em 2007, que busca introduzir reformas e acréscimos ao Código Penal para aquele Estado, acrescentando um novo título chamado "*De los Delitos de Género*" e disposições tipificando o delito de feminicídio.

A lei federal incorporou um novo delito no Código Penal, introduzindo o Capítulo V, denominado feminicídio. O tipo penal faz parte de um conjunto de reformas e acréscimos que se introduziram em diversos diplomas legais com relação à investigação e sanção de diversas formas de violência, notadamente contra mulheres, incluindo, por exemplo o delito de discriminação e um capítulo dedicado aos delitos contra os direitos reprodutivos.

O art. 325 do Código Penal Federal Mexicano dispõe o seguinte:

> *Comete el delito de feminicídio quien prive de la vida a una mujer por razones de género. Se considera que existen razones de género cuando concurra alguna de las siguientes circunstancias:*
>
> *I. La víctima presente signos de violencia sexual de cualquier tipo;*
>
> *II. A la víctima se le hayan infligido lesiones o mutilaciones infamantes o degradantes, previas o posteriores a la privación de la vida o actos de necrofilia;*
>
> *III. Existan antecedentes o datos de cualquier tipo de violencia en el ámbito familiar, laboral o escolar, del sujeto activo en contra de la víctima;*
>
> *IV. Haya existido entre el activo y la víctima una relación sentimental, afectiva o de confianza;*
>
> *V. Existan datos que establezcan que hubo amenazas relacionadas con el hecho delictuoso, acoso o lesiones del sujeto activo en contra de la víctima;*
>
> *VI. La víctima haya sido incomunicada, cualquiera que sea el tiempo previo a la privación de la vida;*
>
> *VII. El cuerpo de la víctima sea expuesto o exhibido en un lugar público.*
>
> *A quien cometa el delito de feminicidio se le impondrán de cuarenta a sesenta años de prisión y de quinientos a mil días multa.*

> *Además de las sanciones descritas en el presente artículo, el sujeto activo perderá todos los derechos con relación a la víctima, incluidos los de carácter sucesorio.*
>
> *En caso de que no se acredite el feminicidio, se aplicarán las reglas del homicidio.*
>
> *Al servidor público que retarde o entorpezca maliciosamente o por negligencia la procuración o administración de justicia se le impondrá pena de prisión de tres a ocho años y de quinientos a mil quinientos días multa, además será destituido e inhabilitado de tres a diez años para desempeñar otro empleo, cargo o comisión públicos. (Artículo adicionado mediante Decreto publicado en el Diario Oficial de la Federación el 14 de junio de 2012)*

A principal característica desta iniciativa, assim como das posteriores que se basearam nela, é contemplar condutas que não necessariamente levem à morte da mulher, quer dizer, condutas que supõem atentados contra vários bens jurídicos diferentes que, mesmo assim, preveem a mesma e severa penalidade. Analisando essa iniciativa, observa-se que constituem feminicídio condutas que, anteriormente, nem sequer seriam delitos, como é o caso de condutas discriminatórias, o que atentaria contra a coerência interna da norma e até mesmo contra o princípio da proporcionalidade das penas, dada a penalidade para o delito de feminicídio, cuja pena seria de 20 a 40 anos de prisão.

Esta iniciativa ainda compreendia outras figuras penais adicionais, uma delas destinada a criar um delito específico aplicável aos servidores públicos que não investigassem os delitos com a devida diligência, tendo obrigação de fazê-lo, figura que teria sempre um caráter conexo com o delito de feminicídio. Trata-se de uma disposição que se refere à impunidade e à responsabilidade do Estado.[18] Em 2007, os Estados de Chihuahua e Sinaloa apresentaram iniciativas de tipificação do feminicídio baseadas na lei federal de 2004, com algumas modificações.

3.2.3. Leis que incorporaram o feminicídio como qualificadora e agravante do delito de homicídio nos Códigos Penais

3.2.3.1. Chile

A lei que incorporou o delito de femicídio no Código Penal chileno foi aprovada pelo Congresso Nacional em 2010 e promulgada em 13 de

18 Artículo 434.

dezembro do mesmo ano. Nela são abordados apenas os casos de femicídio íntimo, aquele que é cometido pelo cônjuge ou convivente, atual ou passado, da vítima. Essa nova figura pune mais severamente o assassinato de mulheres e meninas, equiparando-o ao crime de parricídio, com pena máxima de prisão perpétua.

De acordo com a legislação chilena, a denúncia pode ser feita perante a polícia local, denominada "*Carabineros de Chile*" ou diretamente perante o tribunal competente, não havendo um formato unificado para a colheita da denúncia. Ao formular a denúncia, a informação fornecida pelo/a denunciante é tomada por escrito, sendo remetida ao tribunal competente para dar início ao correspondente processo judicial. No entanto, para efeitos estatísticos somente se anotava e quantificava o crime denunciado e não se incluía informação sobre a vítima, o que impedia conhecer quantos homicídios de mulheres haviam sido denunciados.

Segundo a lei chilena, os ex-maridos e ex-companheiros acabaram incluídos como parricidas. Essa medida estende as penas do parricídio, que são mais severas do que as do crime de homicídio comum, ao assassinato de uma mulher praticado pelo ex-marido ou ex-companheiro, de forma tal que quando ocorram tais crimes as penas sejam equivalentes às do parricídio, que pode ir de 15 anos e um dia a prisão perpétua qualificada.

Conforme já mencionado, a lei introduziu o femicídio no Código Penal chileno. O novo delito constitui uma variação de um tipo penal neutro, o parricídio, redigido agora em termos mais amplos, diferentemente de leis que abordam o tema de forma mais abrangente, como é o caso da Colômbia.

Essa opção legislativa apresenta dificuldades por tratar-se de uma norma totalmente desprovida de contexto, em que simplesmente se modifica o nome do tipo penal quando a vítima for uma mulher. Além disso, a sua aplicação se restringe unicamente a certos casos de violência contra as mulheres no âmbito privado, aqueles em que o agressor conviva ou tenha convivido com a vítima (TOLEDO, 2012).

A Lei do Femicídio modificou o art. 390 do Código Penal chileno,[19] que passou a ter a seguinte redação: "Si la víctima del delito descrito en el inciso precedente es o ha sido la cónyuge o la conviviente de su autor, el delito tendrá el nombre de femicídio".

19 LEY 20.480 que establece la figura del Femicídio. D.O., 18/12/2010, Ministerio de Justicia. "Modifica el Código Penal y la Ley nº 20.066 sobre Violencia Intrafamiliar, estableciendo el "Femicídio", aumentando las penas aplicables a este delito y reforma las normas sobre parricídio."

A diferença das leis da Costa Rica e da Guatemala trata-se, neste caso, de uma disposição que unicamente modifica a denominação nos casos de parricídio em que a vítima seja mulher e que o agressor seja seu atual ou ex-cônjuge/convivente. Quer dizer, o femicídio constitui um tipo de parricídio.

Outro aspecto relevante é que o tipo penal chileno é mais amplo do que o da Costa Rica ao incluir o ex-cônjuge/ convivente, mas em termos práticos se tem criticado a exclusão das relações de namoro da figura, contexto em que ocorrem grande parte dos femicídios no Chile (TOLEDO, 2012).

Também criticável é o fato de a norma ser totalmente descontextualizada, uma vez que não introduziu no ordenamento jurídico penal critérios nem disposições que permitam uma interpretação mais apropriada da violência baseada no gênero que a figura exige.

Além disso, a figura penal do parricídio tende a desaparecer das legislações modernas. Existe debate na doutrina penal chilena sobre a sanção agravada do parricídio, alegando sua falta de adequação aos princípios garantistas do Direito Penal contemporâneo, o que poderia prejudicar colateralmente o femicídio, na medida em que poderia ser derrogado com o parricídio.

Finalmente, também existem críticas a respeito da penalização neutra do femicídio, similar ao que ocorre em outras legislações já citadas. A lei chilena aplica a mesma pena do parricídio ao femicídio (de 15 anos e um dia a 40 anos de cumprimento efetivo). Isso demonstra que a lei não distingue substancialmente a violência de gênero contra as mulheres de qualquer outra violência no âmbito familiar.

3.2.3.2. Peru

A atuação do movimento feminista foi fundamental para que o feminicídio fosse tipificado.[20] De forma periódica eram apresentados às autoridades dados e estudos sobre o tema, que acabou sendo colocado na agenda pública. Em 2009, o governo começou a adotar as primeiras medidas para prevenir o feminicídio como uma política pública.[21]

---

20 Cito especialmente o "Centro de la Mujer Peruana Flora Tristán" e "DEMUS", que foram as organizações que iniciaram o estudo do tema no país.

21 O Ministério Público e o Ministério da Mujer publicaram, respectivamente, a Resolução nº 216-2009-MP-FN, e a Resolução Ministerial nº 110-2009-MIMDES, mediante as quais se aprova o registro diferenciado de homicídios de mulheres quando o suposto homicida é o companheiro ou ex-companheiro da vítima ou alguma outra pessoa incluída no âmbito da lei de proteção à violência contra a mulher (Lei nº 26.260).

Segundo estatísticas do Observatório de Criminalidade do Ministério Público, no Peru, 646 mulheres foram mortas vítimas de homicídio entre os anos de 2009 e 2014 (janeiro-junho). Deste número, 573 morreram vítimas de homicídio por parte de seus maridos ou companheiros, ex ou atuais. A Lei nº 29.819 incorporou o delito de feminicídio íntimo no Código Penal:

> *Artículo 107. Parricidio/Feminicídio*
>
> *El que, a sabiendas, mata a su ascendiente, descendiente, natural o adoptivo, o a quien es o ha sido su cónyuge o conviviente, o con quien esté sosteniendo o haya sostenido una relación de afectividad aún sin convivencia, será reprimido con pena privativa de libertad no menor de 15 año. La sanción no será menor de 25 años cuando se presenten circunstancias agravantes.*
>
> *La pena privativa de libertad será no menor de veinticinco años, cuando concurran cualquiera de las circunstancias agravantes previstas en los numerales 1, 2, 3 y 4 del artículo 108.*
>
> *Si la víctima del delito descrito es o ha sido la cónyuge o la conviviente del autor, o estuvo ligada a él por una relación análoga el delito tendrá el nombre de femicídio.*

Nessa tipificação, como ocorreu no Chile, o tipo penal de feminicídio foi introduzido na figura do parricídio, quer dizer, constitui uma forma de parricídio com uma denominação diferente, sem que se alterem as penas em relação aos demais casos de parricídio.

No Peru, o conceito de feminicídio começou a ser utilizado pelo movimento feminista aproximadamente desde 2003, a partir do conceito que era utilizado em nível latino-americano, notadamente a partir dos casos ocorridos em Ciudad Juarez no México.

Desde 2009 foram apresentadas várias iniciativas legislativas para introduzir a figura do feminicídio no ordenamento jurídico peruano.[22] A primeira foi apresentada em novembro de 2009, restringindo o tipo penal às relações íntimas de casal e algumas agravantes. Em abril de 2010, outra proposta foi apresentada que estendia a figura do feminicídio a alguns vínculos de caráter sexual[23] e, como elemento adicional interes-

22 Proyecto de Ley nº 03.654/2009-CR.

23 Proyecto de Ley nº 03.971/2009-CR que modifica el Código Penal e incorpora el delito de feminicídio. Presentado el 15 de abril de 2010, por Olga Amelia, Cribilleros Shigihara, Hilda Elizabeth Guevara Gómez, Julio Roberto Herrera Pumayaulli, María Helvezia Balta Salazar, Cesar Alejandro Zumaeta Flores y Alejandro Arturo Rebaza Martell.

sante, excluía a figura privilegiada do homicídio por emoção violenta nos casos de feminicídio.

Em 2013, a Lei nº 30.068 incluiu o art. 108-A no Código Penal peruano e incorporou como delito o assassinato de mulheres por razões de gênero, inclusive quando o autor não seja esposo ou par da vítima. Além de incluir os feminicídios não íntimos, a lei peruana fixa a pena privativa de liberdade mínima de 15 anos quando a vítima for maior de idade e não houver agravantes, e máxima de 25 anos quando há situações agravantes (caso a vítima esteja sob tutela do agressor ou esteja grávida, por exemplo). Há previsão de prisão perpétua caso haja cumulação de duas ou mais agravantes:

O atual art. 108-A do Código Penal peruano dispõe que:

> *Artículo 108-B. – Feminicídio*
> *Será reprimido con pena privativa de libertad no menor de quince años el que mata a una mujer por su condición de tal, en cualquiera de los siguientes contextos:*
> *1. Violencia familiar;*
> *2. Coacción, hostigamiento o acoso sexual;*
> *3. Abuso de poder, confianza o de cualquier otra posición o relación que le confiera autoridad al agente;*
> *4. Cualquier forma de discriminación contra la mujer, independientemente de que exista o haya existido una relación conyugal o de convivencia con el agente.*
> *La pena privativa de libertad será no menor de veinticinco años, cuando concurra cualquiera de las siguientes circunstancias agravantes:*
> *1. Si la víctima era menor de edad;*
> *2. Si la víctima se encontraba en estado de gestación;*
> *3. Si la víctima se encontraba bajo cuidado o responsabilidad del agente;*
> *4. Si la víctima fue sometida previamente a violación sexual o actos de mutilación;*
> *5. Si al momento de cometerse el delito, la víctima padeciera cualquier tipo de discapacidad;*
> *6. Si la víctima fue sometida para fines de trata de personas;*
> *7. Cuando hubiera concurrido cualquiera de las circunstancias agravantes establecidas en el artículo 108.*
> *La pena será de cadena perpetua cuando concurran dos o más circunstancias agravantes.*[24]

24 A íntegra da lei encontra-se disponível em: <http://spij.minjus.gob.pe/CLP/contenidos.dll?f=templates&fn=default-codpenal.htm&vid=Ciclope:CLPdemo≥. Acesso em: 06 jan. 2015.

Trata-se de uma configuração penal similar à incorporada na legislação chilena, pelo que podemos reiterar as mesmas observações feitas naquela oportunidade. A diferença mais importante consiste em que aqui se incluiu casos de relações em que havia ou tivesse havido uma relação análoga ao casamento ou união estável.

A regulação do feminicídio íntimo e não íntimo no sistema penal peruano constitui uma mensagem clara de rechaço à manifestação mais extrema da violência contra a mulher. A tarefa pendente é fortalecer as competências técnicas dos operadores da Justiça para a adequada implementação do tipo penal.

3.2.3.3. Argentina

Os primeiros estudos sobre feminicídio na Argentina foram realizados por associações civis, e dentre elas se destaca a "Casa del Encuentro", que desde 2009 possui o Observatorio de Feminicidios em Argentina Adriana Marisel Zambrano.[25] Em 2013, após 5 anos de trabalho do observatório, é lançado o livro *Por ellas... 5 años de informes de feminicídios*, com dados sobre a morte de mulheres no País. De acordo com o estudo, uma mulher morre na Argentina a cada 35 horas, cerca de 58% dentro de suas casas. Entre 2008 e 2012, foram assassinadas 1.223 mulheres e 50% eram mães. No mesmo período, 1.520 filhos e filhas perderam suas mães, ou seja, a maior causa de orfandade na Argentina é o feminicídio.[26]

O caso mais emblemático no país foi o de Wanda Taddei, que, em 10 de fevereiro de 2010, teve 60% do corpo queimado pelo então marido Eduardo Vasquez, ex-baterista do grupo Los Callejeros, durante uma discussão conjugal. Em depoimento à polícia, Eduardo disse que brigava com sua esposa quando ela sacudiu uma garrafa de álcool que estava destampada e quando foi acender um cigarro o fogo se alastrou pelo seu corpo. A esposa, segundo o imputado, teria se agarrado a ele para apagar o fogo e, por isso, sofreu as queimaduras.

Após o episódio, o observatório notou um aumento considerável no número de morte de mulheres queimadas por seus companheiros.[27]

25 O nome da ONG é uma homenagem à Adriana Marisel, morta aos 28 anos com golpes e chutes em diversas partes do corpo por José Manuel, ex-companheiro e pai de sua filha que na época tinha nove meses de vida.

26 Para ter acesso aos dados disponíveis no livro, visite: <http://www.porellaslibro.com/#!libro/c1ger>. Acesso em: 10 jan. 2016.

27 O Observatório não havia registrado casos de feminicídio com fogo em 2008, registrou três em 2009 e em 2010, ano do assassinato de Wanda, contabilizou 11 femi-

Desde o homicídio de Wanda Taddei até meados de 2013, ao menos 136 mulheres sofreram feridas por fogo provocado por companheiros ou ex-companheiros e ao menos 63 morreram. Wanda Taddei morreu 11 dias após ser internada e nunca pode dar depoimento, pois durante este período ficou sob coma induzido.

No dia 19 de fevereiro de 2010, o homicida foi posto em liberdade por falta de provas pelo juiz Eduardo Daffis Niklison. Em junho de 2012, o Tribunal Oral Criminal condenou Vázquez responsável pelo delito de homicídio qualificado pelo vínculo e atenuado pelo estado de emoção violenta que apresentava no momento do crime, condenando-o à pena de 18 anos de prisão, embora a defesa não tenha apresentado em momento nenhum as alegações de emoção violenta.

A condenação gerou revolta por parte do movimento feminista que considerou que as falhas do julgamento mostraram um pensamento típico de uma cultura patriarcal ao utilizar a emoção violenta como justificativa para um crime sexista. Em setembro de 2012 a condenação foi revista pela IV Sala da Câmara Federal de Cassação Penal, em apelação da promotoria e dos familiares, condenando Eduardo à prisão perpétua. A defesa interpôs recurso à Suprema Corte, que manteve a pena de prisão perpétua.

A regulação da violência doméstica na Argentina se deu com a lei de proteção integral às mulheres nº 26.845, de 2009, em atendimento às recomendações do MESECVI em 2008. Em 2009, por meio da Acordada 13/2009, foi criada a "Oficina de la Mujer", ligada à Suprema Corte de Justiça da Nação com objetivo de incorporar a perspectiva de gênero nos processos internos para alcançar a equidade de gênero tanto para os que utilizam o sistema judiciário quanto para os funcionários e magistrados. A criação da "Oficina da Mulher" concentra as pesquisas de gênero e gera números oficiais sobre o tema, além de produzir informes, diagnósticos e elaborar propostas de transversalização das perspectivas de gênero.[28]

nicídios com fogo, a ampla maioria provocada logo depois da morte da jovem. Em 2011, a cifra aumentou para 28 e em 2012 foram registrados 19 casos. De acordo com o observatório, em muitos casos, as versões dadas pelos imputados pareciam calcadas na versão dada por Eduardo Vasquez. Na Argentina, logo após a morte de Wanda, aumentou o número de registros com a ameaça do agressor à mulher: "Te va pasar lo mismo que a Wanda" (Com você vai acontecer o mesmo que aconteceu com a Wanda). Essa sequência de agressões e mortes influenciadas por este caso ficou conhecida como "el efecto Wanda Taddei".

28 Mais informações no site da instituição: <http://www.csjn.gov.ar/om/index.jsp>. Acesso em: 10 jan. 2016.

Em 2012, apesar das críticas,[29] o Parlamento aprovou a Lei nº 26.971 que introduziu uma série de modificações na tipificação dos homicídios qualificados no Código Penal, incorporando como inciso 11 a figura do femicídio. Os incisos I e IV do artigo foram modificados e os incisos XI e XII foram incluídos para impor a pena de prisão perpétua a quem matar "a una mujer cuando el hecho sea perpetrado por un hombre y mediante violencia de género" (inciso 11) e a quem o faça "con el propósito de causar sufrimiento a una persona com la que se mantiene o ha mantenido una relación em los términos del incisivo 1º" (ascendente, descendente, cônjuge, ex-cônjuge ou a pessoa que mantém relação de parceiro).

A regulação argentina, ao mencionar a violência de gênero sem vinculá-la necessariamente à vítima do sexo feminino, abrange, além do feminicídio, as violações do direito à vida da população LGBTI. O Código Penal argentino prevê que os que forem condenados à pena privativa de liberdade superior a três anos, independentemente do crime em questão, estão sujeitos também à inabilitação absoluta e à privação do exercício do poder familiar, da administração de bens ou da disposição deles por atos *inter vivos* (art. 12). Essa pena pode ser aplicada nas sentenças condenatórias aos autores do crime de feminicídio, embora não tenham sido previstas no tipo.

3.3. O tratamento da violência doméstica e do femicídio/feminicídio em Portugal

O debate sobre violência doméstica em Portugal toma alguma dimensão a partir da década de 1980 e as instituições europeias, nos anos 1990, criaram diretivas específicas sobre a intervenção na violência doméstica e sobre apoio a ONGs que assistem pessoas em situação de

29 Logo após a tipificação do femicídio na Argentina, o ex-Ministro Raul Zaffaroni fez duras críticas ao feito feminista. Zaffaroni afirmou que a lei do femicídio não terá eficácia porque o que foi tipificado "simplesmente não existe. Terá eficácia a respeito dos travestis e transexuais, mas não da mulher. O homicídio por ódio se produz contra minorias. [...] Aqui na Argentina ninguém sai na rua matando mulheres pelo fato de serem mulheres". A solução encontrada por ele é que o delito seja agravado apenas em situação de vulnerabilidade, pois criar penas mais severas somente legitima mais a verticalização do poder punitivo, cria um tipo penal, dá um diploma de vítima para a mulher, mas na prática a situação de violência não muda. Disponível em: <http://tiempo.infonews.com/ nota/19464/zaffaroni-la-libertad-condicional-no-esta-controlada-en--el-pais>. Acesso em: 10 jan. 2016.

violência, como se pode observar do Relatório Penélope sobre violência doméstica no sul da Europa.[30]

Nesse contexto, a Convenção do Conselho da Europa para a prevenção e o combate à violência contra as mulheres e a violência doméstica, a chamada Convenção de Istambul de 2011, foi aprovada pela Resolução da Assembleia da República portuguesa nº 4/2013 e ratificada pelo Decreto do Presidente da República do país nº 13/2013.

Nela, além de importantes definições trazidas, é convencionado, dentre outros aspectos, que os Estados Partes devem adotar as medidas legislativas necessárias para proteger as mulheres, bem como promover as mudanças necessárias nos padrões de comportamento, com a finalidade da erradicação dos preconceitos e das violências.

Em que pese o país ter assinalado este compromisso junto à Convenção de Istambul, bem como em sua Constituição da República, ao estabelecer a promoção da igualdade entre homens e mulheres como tarefa fundamental do Estado na alínea *h*) do art. 9º, a violência doméstica foi se fazendo cada vez mais presente no país.

As estatísticas da Associação Portuguesa de Apoio às Vítimas evidenciam, no relatório anual de 2018, 6.928 vítimas de violência doméstica, das quais mais de 86% são do sexo feminino. É de se observar em 31% dos casos que o autor do crime é cônjuge, em 17,7% dos casos, companheiro(a) e em 12,6% teve relações pretéritas com a vítima.[31]

Para que se tenha ideia, no âmbito legislativo, o fenômeno só começou a ser compreendido como crime de natureza pública em Portugal no ano de 2000, com a Lei nº 7/2000, mesmo assim estava enleado em dispositivos que versavam de maus-tratos a menores ou de violação de regras de segurança. O benefício da lei, sobretudo, estava na pena acessória de proibição de contato do arguido com a vítima, com possibilidade de afastamento da residência pelo período máximo de 2 anos.

Apenas em 2009 Portugal contou com um tratamento específico do fenômeno, com a Lei nº 112/2009, e considerou o crime de violência doméstica de forma autônoma em relação ao crime de maus-tratos apenas em 2007, ante a Lei nº 59/2007.

---

30 ASSOCIAÇÃO PORTUGUESA DE APOIO ÀS VÍTIMAS. *Relatório Penélope sobre violência doméstica no sul da Europa*. Projeto Penélope, 2003, p. 105. Disponível em: <http://www.apav.pt/pdf/relatorio_penelope.pdf>. Acesso em: 29 ago. 2019.

31 ASSOCIAÇÃO PORTUGUESA DE APOIO ÀS VÍTIMAS. *Estatísticas APAV:* Relatório anual 2018, p. 6. Disponível em: <https://apav.pt/apav_v3/images/pdf/Estatisticas_APAV_Relatorio_Anual_2018.pdf>. Acesso em: 13 set. 2019.

O crime de violência doméstica, nesse sentido, ficou elencado no art. 152 do Código Penal português e ocorre quando há maus-tratos físicos ou psíquicos a pessoas que partilhem suas vidas, sendo indiferente o tempo de duração da relação, ou a orientação sexual. Quando resulta na morte da vítima, o agente ativo da violência é punido com pena privativa de liberdade de três a dez anos.

> Artigo 152º
>
> Violência doméstica
>
> 1 – Quem, de modo reiterado ou não, infligir maus tratos físicos ou psíquicos, incluindo castigos corporais, privações da liberdade e ofensas sexuais:
>
> a) Ao cônjuge ou ex-cônjuge;
>
> b) A pessoa de outro ou do mesmo sexo com quem o agente mantenha ou tenha mantido uma relação de namoro ou uma relação análoga à dos cônjuges, ainda que sem coabitação;
>
> c) A progenitor de descendente comum em 1º grau; ou
>
> d) A pessoa particularmente indefesa, nomeadamente em razão da idade, deficiência, doença, gravidez ou dependência económica, que com ele coabite; é punido com pena de prisão de um a cinco anos, se pena mais grave lhe não couber por força de outra disposição legal.
>
> 2 – No caso previsto no número anterior, se o agente:
>
> a) Praticar o facto contra menor, na presença de menor, no domicílio comum ou no domicílio da vítima; ou
>
> b) Difundir através da Internet ou de outros meios de difusão pública generalizada, dados pessoais, designadamente imagem ou som, relativos à intimidade da vida privada de uma das vítimas sem o seu consentimento;
>
> é punido com pena de prisão de dois a cinco anos.
>
> 3 – Se dos factos previstos no nº 1 resultar:
>
> a) Ofensa à integridade física grave, o agente é punido com pena de prisão de dois a oito anos;
>
> b) A morte, o agente é punido com pena de prisão de três a dez anos.
>
> 4 – Nos casos previstos nos números anteriores, podem ser aplicadas ao arguido as penas acessórias de proibição de contacto com a vítima e de proibição de uso e porte de armas, pelo período de seis meses a cinco anos, e de obrigação de frequência de programas específicos de prevenção da violência doméstica.
>
> 5 – A pena acessória de proibição de contacto com a vítima deve incluir o afastamento da residência ou do local de trabalho desta e o seu cumprimento deve ser fiscalizado por meios técnicos de controlo à distância.

> 6 – Quem for condenado por crime previsto neste artigo pode, atenta a concreta gravidade do facto e a sua conexão com a função exercida pelo agente, ser inibido do exercício do poder paternal, da tutela ou da curatela por um período de um a dez anos.

Segue da jurisprudência, a partir de Acórdão do Tribunal da Relação do Porto, que tal conduta envolve diversos comportamentos que firam a dignidade humana da pessoa em situação de violência:

> I. Os maus-tratos previstos pelo crime de Violência doméstica, do art. 152º do Cód. Penal, têm subjacente um tratamento degradante ou humilhante de uma pessoa, capaz de eliminar ou limitar claramente a sua condição e dignidade humanas.
>
> II. Com a Reforma de 1995, os maus-tratos psíquicos passaram a estar contemplados com um leque mais alargado de condutas, como humilhações, provocações, ameaças (de natureza física ou verbal), insultos, privações ou limitações arbitrárias da liberdade de movimentos, ou seja, condutas que revelam desprezo pela condição humana do parceiro, podendo provocar sentimentos de culpa ou de fraqueza mas não, necessariamente, um sofrimento psicológico.
>
> III. O relevante é que os maus-tratos psíquicos estejam associados à posição de controlo ou de dominação que o agressor pretenda exercer sobre a vítima, de que decorre uma maior vulnerabilidade desta.
>
> (Rec. Penal RP20120229368/09.3PQPRT.P1, Acórdão TRP, Relator Joaquim Gomes, de 29/02/2012).

Ressalte-se que há uma cláusula de subsidiariedade, restando afastado o art. 152 nos casos de lesão grave ou qualificada como ofensa grave, valendo, nesses casos os arts. 144 e 145. Já a ofensa a integridade física simples/leve é absorvida pelo crime de violência doméstica, já que representa um *minus* em relação a ele (NUNES; MOTA, 2010, p. 166).

No âmbito de medidas preventivas, há atualmente penas acessórias para que a mulher em situação de violência seja protegida: seja com a proibição do agressor de contactar a vítima por um período determinado de tempo (variando de seis meses a cinco anos); ou de se aproximar da residência e local de trabalho desta; ou com perda do porte de armas, de poder paternal, tutela ou curatela sobre a pessoa vítima da violência.

A Lei nº 61/91, neste ponto, regula a garantia de proteção adequada às mulheres vítimas de violência, o que inclui campanhas de sensibilização e apoio, guia de informações práticas para mulheres nesta situação, centros de estudo, investigação, atendimento, e apoio às associações de mulheres.

Além disso, foi estabelecido um regime jurídico de prevenção, proteção e repressão a este tipo de violência com a Lei nº 112, de 2009. Um importante mecanismo é a teleassistência, operacionalizada por meio de um celular que assegura as comunicações entre vítima e um *call center*, em funcionamento no dia inteiro, com duração máxima de seis meses. A medida é determinada pelo juiz ou, com anuência da vítima, pelo Ministério Público em fase de inquérito e pode ser prorrogada em casos excepcionais.

Houve, ainda, a consideração, nessa lei, da natureza urgente na tramitação dos processos decorrentes de crime de violência doméstica, estabelecendo também um regime de detenção e medidas de coação. A detenção é de no máximo 48 horas e pode ocorrer fora do flagrante delito nos casos em que se mostrar inevitável para proteger a pessoa em situação de violência.

A novidade que ocorreu a partir de 2011, ante a Portaria nº 63/2011, foi a utilização de pulseiras eletrônicas para controle dos condenados ou réus em processos criminais, para fins de prevenir o contato com a mulher em situação de violência e protegê-la de futuras ofensas.[32] Tal medida foi utilizada em 342 pessoas nos anos de 2013 e 2014[33], segundo a Direção-Geral de Reinserção e Serviços Prisionais.

Outra medida importante foi estabelecida a partir da Lei nº 104/2009, que aprova o regime de concessão de indenização às vítimas de violência doméstica e cria a comissão de proteção às vítimas desses crimes. O Decreto-Lei nº 120/2010 regula a constituição e o funcionamento da comissão. Vale consignar que o organismo estatal de promoção da igualdade de gênero é a Comissão para a Cidadania e Igualdade de Gênero, que está integrada na Presidência do Conselho de Ministros.

Ademais, o Decreto-Lei nº 113/2011 mantém a dispensa de cobrança de taxas moderadoras para os atendimentos urgentes e atos complementares decorrentes de atendimentos a vítimas de violência doméstica (art. 8º, alínea *h*).

Como ocorre no Brasil, em Portugal as mulheres são revitimizadas, muitas vezes, com violências institucionais. Restam feridos, para as mulheres, o princípio da igualdade estabelecido no art. 13 da Constituição da República Portuguesa e o direito à vida e à integridade pessoal con-

32 A vigilância eletrônica dos réus ou condenados foi possibilitada pela Lei nº 33, de 2 de setembro de 2010.

33 Para mais informações, conferir: <https://expresso.pt/sociedade/mais-de--300-pessoas-com-pulseira-eletronica-por-violencia-domestica=f912954>. Acesso em: 29 ago. 2019.

signados nos arts. 24 e 25 da Carta, bem como seus direitos humanos femininos consolidados da Convenção sobre a Eliminação de Todas as Formas de Discriminação contra as Mulheres, ratificada pelo país com a Lei nº 23/80 de 26 de julho.

Em contrapartida, a fim de estabelecer uma cooperação institucional para auxiliar a autonomização das vítimas de violência doméstica integradas na Rede Nacional de Apoio às Vítimas de Violência Doméstica foi desenvolvido Protocolo de Colaboração entre a Comissão para a Cidadania e Igualdade de Gênero (CIG) e o Instituto da Habitação e da Reabilitação Urbana (IHRU).[34]

De igual modo, foi celebrado em 2019 entre a Associação Nacional de Municípios Portugueses (ANMP) e a CIG protocolo de colaboração[35] com a finalidade de promover o empoderamento das vítimas deste tipo de violência, tendo em vista o papel das autarquias locais na sua ação instrumental de implementação de respostas eficazes ao momento de maior dificuldade destas mulheres, qual seja, a saída da resposta de acolhimento de emergência ou da casa de abrigo.

De forma acertada, também, há, desde 2010, um programa estatal para agressores domésticos: Programa para Agressores de Violência Doméstica – PAVD. Ele se aplica quando há pena ou medida judicial de execução igual ou superior a 18 meses.

Além dele, há o Programa de Promoção e Intervenção com Agressores Conjugais (PPRIAC), da Universidade de Minho na Unidade de Consulta em Psicologia da Justiça (UCPJ), e outro desenvolvido pelo Gabinete de Estudos e Atendimento a Vítimas e Agressores (GEAV) da Faculdade de Psicologia e de Ciências da Educação da Universidade do Porto. Esse é um ponto relevante, haja vista que os programas voltados

---

34 Tal Protocolo foi celebrado em 2013 e aditado em 2018, com o intuito de constituir uma bolsa de fogos de habitação com arrendamento e resposta habitacional às vítimas que saem de casas de abrigo. Para mais informações, conferir: <https://www.cig.gov.pt/wp-content/uploads/2019/05/Protocolo-IHRU.pdf> e <https://www.cig.gov.pt/wp-content/uploads/2019/05/Aditamento.pdf>. Acesso em: 14 set. 2019.

35 O Protocolo de colaboração foi celebrado em 2019, em substituição e reformulação do protocolo estabelecido em 2012, entre a ANMP e os membros do governo responsáveis pelos assuntos parlamentares e igualdade, administração local e reforma administrativa. Isto em consideração com as preocupações da Nova Geração de Políticas de Habitação, aprovada pela Resolução do Conselho de Ministros nº 50-A/2018. Conferir: <https://www.cig.gov.pt/wp-content/uploads/2019/05/Protocolo_ANMP_CIG_2019.pdf>. Acesso em: 14 set. 2019.

não só para a vítima, mas também para agressores devem ser vistos na lógica de proteção à mulher.

Outra referência é a Unidade de Violência Familiar (UVF), que integra o Serviço de Psiquiatria do Centro Hospitalar e Universitário de Coimbra que realiza programa de duração média de dois anos com avaliação do caso concreto, priorizando abordagens terapêuticas.

Tudo isso tem importância vital quando se entende que a articulação coerente e integrada de intervenções pode ser fundamental para prevenção da reincidência ou aumento da gravidade. É nesse sentido que a avaliação e gestão de risco em rede na área da violência doméstica/violência nas relações de intimidade se lança com uma abordagem sistemática no escopo de se ter uma estratégia de prevenção e identificação de riscos graves ou mesmo riscos de vida.

Isto porque diante de diversos casos de mortes de mulheres consequentes de fatores de risco sem resposta adequada e a tempo, deu-se conta da importância de um processo de partilha de informação entre as vítimas/sobreviventes e o sistema de apoio e proteção para articular respostas eficazes.

A formulação do manual para profissionais de Avaliação e Gestão de Risco em Rede[36] traz uma série de recomendações, uma vez que a qualidade da informação que se atinge por meio de uma integração da rede (que vai além do preenchimento de questionários) é o que permite realizar uma avaliação adequada e, portanto, estabelecer uma resposta eficaz ao risco identificado. A uniformização da avaliação de risco envolve tanto a percepção do risco pela sobrevivente quanto o instrumento de avaliação (por exemplo, perguntas-chave que permitam avaliar de forma direta) e um julgamento profissional.

Nele se elencam e explicam, dentre outros aspectos, os fatores de risco de letalidade, tais como, história prévia de violência na relação; separação ou tentativa de separação, bem como distanciamento emocional; perseguição persistente/*stalking* à vítima; escalada na intensidade e na frequência da violência; presença de fatores psicopatológicos em relação ao agressor; utilização de arma em anteriores situações de violência, ou ameaças/acesso/posse de armas; abuso de drogas ou álcool; violência sexual; violação de medidas judiciais.

36 ASSOCIAÇÃO DE MULHERES CONTRA A VIOLÊNCIA. *Avaliação e Gestão de Risco em Rede*: Manual para profissionais. Para uma proteção efectiva das sobreviventes de violência nas relações de intimidade. 2013. Disponível em: <http://www.pgdlisboa.pt/docpgd/files/1436798180_gestao_risco_emar.pdf>. Acesso em: 14 set. 2019.

Ainda assim, em relação ao feminicídio, índices alarmantes vêm se mostrando em Portugal. No início de 2019, treze pessoas foram assassinadas por familiares, companheiros ou ex-companheiros, dentre elas o número de mulheres é notadamente majoritário: totalizando onze.[37] Proporcionalmente falando, é uma quantidade muito alta, visto que na região são apenas cerca de cinco milhões de mulheres na população feminina atual, de acordo com os dados do Departamento de Assuntos Econômicos e Sociais das Nações.[38]

Ressalte-se que as mortes de mulheres no país, quando analisadas pelos relacionamentos entre agressor e vítima e as circunstâncias do fato evidenciam que se trata do fenômeno do feminicídio, uma vez que a discriminação de gênero fundada nas relações culturais patriarcais se vê presente (GOMES, 2015, p. 84).

É exatamente o que se observa dos dados de 2012 do Observatório de Mulheres Assassinadas da União de Mulheres Alternativa e Resposta (UMAR).[39] Nele, foi contabilizado um total de 40 assassinatos de mulheres, dentre os quais 21 das vítimas tinham com o autor relação de intimidade e 8 tiveram relacionamentos pretéritos. Ou seja, 72,5% destes assassinatos têm como característica a relação de intimidade presente ou pretérita. É demonstrado também este predomínio nos anos anteriores, com estudos realizados com dados desde 2004.

Nesse diapasão, com a Resolução nº 68/191 de 2013, a Assembleia Geral das Nações Unidas ratificou, em dezembro de 2015, a resolução nº 70/176 (Taking action against gender-related killing of women and girls), de forma que a ONU reconhece os assassinatos baseados no gênero.

No entanto, não há em Portugal uma legislação específica que tipifique este crime como "feminicídio", como há no Brasil e em alguns países latino-americanos. Além do já mencionado aumento de pena para casos de violência que resultam na morte da vítima, os assassinatos contra mulheres, mesmo não sendo julgados como feminicídios, podem ser considerados homicídio qualificado com o emprego do art. 132.

---

37 CM PORTUGAL. *Violência doméstica já matou 13 pessoas este ano. Conheça as suas histórias.* 19 Fev 2019. Disponível em: <https://www.cmjornal.pt/portugal/detalhe/doze-pessoas-morreram-vitimas-de-violencia-domestica-em-2019-conheca-as-suas-historias>. Acesso em: 29 ago. 2019.

38 Numeração auferida em: <https://countrymeters.info/pt/Portugal>. Acesso em: 29 ago. 2019.

39 UMAR. OMA – *Observatório de mulheres assassinadas da UMAR:* Dados de 2012 (01 de Janeiro a 31 de Dezembro de 2012). p. 2-6. Disponível em: <http://www.umarfeminismos.org/images/stories/oma/2012/OMA%202012%20Final.pdf>. Acesso em: 13 set. 2019.

Artigo 132º

Homicídio qualificado

1 – Se a morte for produzida em circunstâncias que revelem especial censurabilidade ou perversidade, o agente é punido com pena de prisão de doze a vinte e cinco anos.

2 – É susceptível de revelar a especial censurabilidade ou perversidade a que se refere o número anterior, entre outras, a circunstância de o agente:

Ser descendente ou ascendente, adoptado ou adoptante, da vítima;

b) Praticar o facto contra cônjuge, ex-cônjuge, pessoa de outro ou do mesmo sexo com quem o agente mantenha ou tenha mantido uma relação de namoro ou uma relação análoga à dos cônjuges, ainda que sem coabitação, ou contra progenitor de descendente comum em 1.º grau;

c) Praticar o facto contra pessoa particularmente indefesa, em razão de idade, deficiência, doença ou gravidez;

d) Empregar tortura ou acto de crueldade para aumentar o sofrimento da vítima;

e) Ser determinado por avidez, pelo prazer de matar ou de causar sofrimento, para excitação ou para satisfação do instinto sexual ou por qualquer motivo torpe ou fútil;

f) Ser determinado por ódio racial, religioso, político ou gerado pela cor, origem étnica ou nacional, pelo sexo, pela orientação sexual ou pela identidade de género da vítima;

g) Ter em vista preparar, facilitar, executar ou encobrir um outro crime, facilitar a fuga ou assegurar a impunidade do agente de um crime;

h) Praticar o facto juntamente com, pelo menos, mais duas pessoas ou utilizar meio particularmente perigoso ou que se traduza na prática de crime de perigo comum;

i) Utilizar veneno ou qualquer outro meio insidioso;

j) Agir com frieza de ânimo, com reflexão sobre os meios empregados ou ter persistido na intenção de matar por mais de vinte e quatro horas;

l) Praticar o facto contra membro de órgão de soberania, do Conselho de Estado, Representante da República, magistrado, membro de órgão do governo próprio das regiões autónomas, Provedor de Justiça, membro de órgão das autarquias locais ou de serviço ou organismo que exerça autoridade pública, comandante de força pública, jurado, testemunha, advogado, solicitador, agente de execução, administrador judicial, todos os que exerçam funções no âmbito de procedimentos de resolução extrajudicial de conflitos, agente das forças ou serviços de segurança, funcionário público, civil ou militar, agente

> de força pública ou cidadão encarregado de serviço público, docente, examinador ou membro de comunidade escolar, ministro de culto religioso, jornalista, ou juiz ou árbitro desportivo sob a jurisdição das federações desportivas, no exercício das suas funções ou por causa delas;
>
> m) Ser funcionário e praticar o facto com grave abuso de autoridade.

O que faz falta, neste contexto, é a identificação e nomeação do feminicídio pelas normas internas de Direito português, uma vez que, como extensivamente abordado neste livro, tudo aquilo que existe deve ser nomeado no âmbito jurídico para ser visibilizado.

CAPÍTULO 4

A Violência Contra as Mulheres no Brasil

4.1. Reflexões sobre o processo histórico da violência contra a mulher no Brasil do período colonial

O Brasil foi Colônia de Portugal do ano de 1532, quando chegou a primeira expedição oficial, a 1822, quando foi proclamada sua independência. Durante esse período de 290 anos de colonização, a Coroa de Portugal passou a determinar as regras e os costumes que deveriam ser seguidos pelos moradores da Colônia. Por esse motivo, foram instauradas no Brasil as normas culturais, bem como o sistema jurídico, econômico, político e religioso vigente em Portugal. Para que a vida no Brasil Colônia se desenvolvesse de forma tranquila, e para que os crimes fossem punidos de forma exemplar, o Brasil foi submetido às Ordenações Afonsinas, Manuelinas e Filipinas.

O Código Filipino[1] foi o documento oficial que ditou a Justiça na Colônia brasileira do século XVI ao XIX. Ele garantia ao marido, com todas as letras, o direito de matar a mulher caso a apanhasse em adultério.[2]

---

1 As Ordenações Filipinas eram a legislação do Reino de Portugal, também conhecida como Código Filipino. Era composta por cinco livros de leis e regras que formavam a base do Direito português que se estendia às suas Colônias. A penalização se dava de acordo com a origem social do indivíduo, e não de acordo com a conduta realizada. Essa discriminação pode ser verificada no caso das mulheres que tinham um castigo diferenciado, não havia o direito à fala e quem decidia sobre a sua vida era o pai ou esposo. Até hoje não há estudos que garantam a eficácia da legislação real no Brasil colonial.

2 Entre os livros que formam o Código, o quinto era o que continha as possíveis formas de delito e as penas correspondentes segundo a condição do culpado (cristão, negro, peão, entre outros). Uma das normas, disposta no título XXXVIII desse livro era o direito do esposo de matar sua esposa em caso de flagrante adultério: *"Do que matou sua mulher, pô-la achar em adultério: [a]chando o homem casado sua mulher em adultério, licitamente poderá matar assi a ella, como o*

Também podia matá-la por meramente suspeitar de traição – bastava um boato. Previa-se um único caso de punição. Sendo o marido traído um "peão" e o amante de sua mulher uma "pessoa de maior qualidade", o assassino poderia ser condenado a três anos de desterro na África.[3]

Estudos indicam que no Brasil a violência contra a mulher não só é sistemática, mas mantém vinculação com essa tradição cultural patriarcal desenvolvida a partir do processo de colonização. As relações de submissão eram consideradas naturais. O marido, pai e demais figuras de autoridade exerciam o poder sobre as mulheres, controlando suas vidas e limitando sua esfera de atuação ao âmbito doméstico. A feminilidade era identificada com a maternidade, com a submissão e resignação ao poder e valores patriarcais difundidos no âmbito social (DEL PRIORE, 2012:160).

As sanções às mulheres que de alguma forma se rebelavam contra tais formas de relação entre os gêneros eram severas. Os arquivos paroquiais dos séculos XVIII e XIX estão repletos de relatos de senhoras que apanhavam com varas cravejadas de espinhos, que eram obrigadas a dormir ao relento, que ficavam proibidas de comer por vários dias e até que eram amarradas ao pé da cama enquanto o marido, no mesmo aposento, deitava-se com a amante. As esposas eram tão brutalizadas que os bispos, em certos casos, atendiam-lhes as súplicas e concediam a separação de corpos. Da mesma forma, as "aventuras extraconjugais" das mulheres eram duramente castigadas. Como a honra do marido dependia da conduta da esposa, se ela violasse alguma regra do patriarcado era isolada e poderia ser até assassinada. Já a infidelidade masculina era justificada pelo comportamento "naturalmente poligâmico" do marido. Em casa, a paz conjugal deveria ser mantida a qualquer custo e as "aventuras" eram consideradas passageiras (DEL PRIORE, 2012:161).

Desde o período da Colônia a mulher era, inicialmente, propriedade do homem na relação pai e filha e, posteriormente, na relação de marido e mulher. Historicamente, veremos que esse pertencimento dava à mulher o dever de assegurar a honra de seu pai (e a comunidade em

adultero, salvo se o marido for peão, e o adultero fidalgo, ou o nosso dezembargador, ou pessoa de maior qualidade. Porém, quando matasse alguma das sobreditas pessoas, achando-a com sua mulher em adultério, não morrerá por isso, mas será degradado para a Africa, com pregão na audiencia, pelo tempo que aos Julgadores bem parecer, segundo a pessoa, que matar, não passando de trez anos".

3 No entanto, de acordo com a moderna histografia jurídica, não existiu codificação antes do iluminismo jurídico, por isso, consiste em erro metodológico grave considerar o Código Filipino como "lei" no sentido moderno (SABADELL, 2003).

potencial afetada pela transgressão às regras culturais do patriarcado), ao manter-se virgem, e depois, a honra de seu marido ao manter-se fiel. Assim a honra era construída como um bem masculino, cabendo à mulher o dever de manter-se intacta (SABADELL, 1999:80).

Na época, também era facultado ao marido o enclausuramento forçado da esposa e filhas. Os recolhimentos, instituições criadas para refugiar mulheres com vocação para a vida religiosa sem que fossem obrigadas a fazer votos solenes como as freiras, tornavam-se assim, verdadeiras prisões para as mulheres que descumpriam os "códigos de condutas" da época (HESPANHA, 2010:114).

A ideologia patriarcal, institucionalizada e garantida por leis, legitimava a dominação masculina, que fez do espaço do lar um local privilegiado para a violência contra a mulher, tida como necessária para a manutenção da família e o bom funcionamento da sociedade. Havia uma dupla moral sexual, permissiva aos homens e repressiva com as mulheres, que vinculava a honestidade da mulher à sua conduta sexual. O comportamento feminino considerado fora dos padrões da sociedade da época justificava a violência como forma de disciplina (LAGE; NADER, 2012:287).

Em termos procedimentais, à mulher não era permitido nem mesmo falar, muito menos ainda contar sua versão dos fatos sobre a acusação de adultério. Isso não era nem cogitado, uma vez que, no nível das hierarquizações impostas pelas relações de poder que decidiam quem valia mais – e tinha por isso o direito à fala – a mulher não era nem mesmo lembrada. Resta claro, nesse ponto do estudo, como se dá a construção da mulher mediante estratégias discursivas do poder. Num mesmo instante a mesma mulher poderia atestar a honra do amante e manchar a honra do marido. O que se depreende é que a mulher era apenas um corpo que, se não fosse bem vigiado, naturalmente, por causa de seu instinto à transgressão, corromperia o homem (RAMOS, 2012).

Com a proclamação da Independência em 7 de setembro de 1822, o Brasil deixa de ser Colônia de Portugal passando a ter sua própria legislação. Em 1830, entra em vigor o primeiro Código Penal brasileiro, que era conhecido como Código Criminal do Império do Brasil. De acordo com essa legislação, o homem não teria mais o direito de matar a sua esposa. Nesse Código, o adultério era visto como um crime contra a segurança do estado civil e doméstico, e seu autor estaria passível de ser punido com penas de um a três anos de prisão, podendo haver pena igual para o marido adúltero (HERRMANN; BARSTED, 1995:55).

O Código Criminal de 1830 atenuava o homicídio praticado pelo marido quando houvesse adultério. Observe-se que, se o marido mantivesse relação constante com outra mulher, essa situação constituía concubinato, e não adultério (art. 250 e ss. do Código Penal de 1830). Posteriormente, o Código Civil (1916) alterou tais disposições considerando o adultério de ambos os cônjuges razão para desquite. Entretanto, a alteração da lei não modificou o costume de matar a esposa ou companheira (BLAY, 2003).

4.2. O movimento feminista do fim do século XIX e começo do século XX

Durante o século XIX a sociedade brasileira passou por sérias transformações: o capitalismo; o incremento da vida urbana, que oferecia alternativas de convivência social; a ascensão da burguesia e o surgimento de uma nova mentalidade (burguesa) reorganizadora das vivências familiares e domésticas, do tempo e das atividades femininas. (SABADELL, 2012)

O casamento entre famílias ricas e burguesas servia como degrau de ascensão social ou uma forma de manutenção do *status*. A virgindade funcionava como um dispositivo para manter a posição da noiva como objeto de valor econômico e político, sobre o qual se assentaria o sistema de herança de propriedade que garantia linhagem da parentela. A vigilância era a garantia do sistema de casamento por aliança política e econômica. O afrouxamento do controle sobre os movimentos femininos foi possível porque as próprias pessoas, especialmente as mulheres, passaram a se autovigiar. O cultivo à maternidade aparece em vários romances da época, como *Senhora*, de José de Alencar, *Os Dois Amores*, de Joaquim Manoel de Macedo e *Iaiá Garcia*, de Machado de Assis.

Até meados do século XX, o casamento implicava uma divisão de tarefas específicas entre os cônjuges. Enquanto os maridos deveriam demonstrar seu domínio e força no exercício da vontade patriarcal, às mulheres eram designadas as típicas tarefas do lar, relacionadas ao cuidado da família (leia-se filhos e marido). Para tanto, as esposas deveriam ser fiéis, submissas, recolhidas. Sua tarefa mais importante era, é claro, a procriação.

Em que pese o casamento para a classe dominante fosse a única via legítima de união entre um homem e uma mulher, entre as camadas mais populares o casal formal não predominava. A dificuldade para o homem pobre assumir o papel de mantenedor, típico das relações burguesas, era um fator a que se somava, em alguns casos, a pretensão de algumas mulheres de garantir a sua autonomia. A vida familiar destinava-se, especialmente, às mulheres das camadas mais elevadas da sociedade, cujas aspirações de casamento e filhos eram fomentadas, cabendo-lhes desempenhar um papel tradicional e de respeito.

O fato de uma mulher ser casada representava um *status* privilegiado na sociedade, que as mais pobres não ostentavam. É o que se depreende das declarações de mulheres que criticavam outras por assumirem determinados comportamentos, como proferir palavras de baixo calão ou por ser "rixosa" (BARSTED; GIFFIN; COSTA, 1999). Tal situação pode ser observada nos processos-crimes da época, única fonte de pesquisa possível, revelando-se material privilegiado na tarefa de fazer vir à tona a contribuição feminina no processo histórico.

De qualquer forma, as mulheres pobres viviam de acordo com os padrões que, à época, pautavam a condição feminina. Em geral, trabalhavam muito, não estabeleciam relações formais com os seus companheiros e não correspondiam aos ideais dominantes de delicadeza e recato. No entanto, quando eram vítimas de violência rebelavam-se contra os maus-tratos de seus companheiros numa violência proporcional, precipitando soluções extremas; mais uma vez desmentindo os estereótipos correntes acerca de atitudes submissas das mulheres (SOIHET, 1997).

Assim, durante séculos, a violência contra as mulheres não era vista como um problema social e político, mas sim privado, pelo fato de ocorrer no interior do espaço doméstico e em meio a relações familiares e conjugais. Em que pese o número elevado de mulheres que sofriam maus-tratos de vários tipos, a questão era vista como algo privado, sem que o Estado pudesse intervir (LAGE; NADER, 2012:287).

Tanto assim que as mulheres tinham que ostentar o qualificativo "honesta", significando aquela que tinha "conduta marcada pelo pudor, pelo recato e por uma sexualidade controlada e restrita ao leito conjugal". Esse entendimento permaneceu em vigor no Brasil até o século atual, como se depreende dos Códigos Penais brasileiros. Todos, desde o Código Criminal do Império, ao definir como exemplo os crimes sexuais, referiam-se à ofensa cometida contra "mulheres honestas", termo que constou em nosso Código Penal até 2005, quando foi suprimido da legislação brasileira.

Um estudo realizado sobre a análise comparativa da estrutura da legislação em matéria de delitos que atentam contra a autodeterminação sexual na Europa e América Latina "revelou a presença de elementos de concepção patriarcal do direito, e também indica a existência de normas que discriminam diretamente a mulher no sistema jurídico brasileiro" (SABADELL, 1999).

O bem jurídico tutelado por tais normas penais revela a ideologia patriarcal. Por exemplo, no Brasil o Código Criminal do Império situava o estupro (arts. 219 a 225) e o rapto (arts. 226 a 228) na Parte III, Título II, Capítulo II: Dos crimes contra a honra. No Código Penal de 1890, o estupro e o rapto passam a ser inseridos no Título VIII: "Dos crimes contra a segurança da honra e honestidade das famílias e do ultraje público ao puder". O título permaneceu inalterado na Consolidação das Leis Penais de 1932. No CP de 1940 os delitos em questão estão estabelecidos no Título VI: "Dos crimes contra os costumes".

A expressão "mulher honesta" representava um juízo de valor, de origem patriarcal que, de acordo com os ditames morais da época da redação do Código, limitava a proteção a determinadas mulheres em relação aos crimes de posse sexual mediante fraude e atentado violento ao pudor mediante fraude. Dessa forma, tanto as profissionais do comércio do sexo, quanto as mulheres consideradas promíscuas não eram protegidas pela tutela do Direito, o que afrontava a Constituição Federal e todos os tratados internacionais de direitos humanos das mulheres ratificados pelo Brasil (SABADELL, 1999).

Com o passar do tempo o movimento feminista foi mudando e deixou de se preocupar apenas com o direito ao voto, passando a preocupar-se com outras questões do universo feminino. Essa nova posição se intensificou a partir dos anos 1970, com a denúncia de casos de violência doméstica e familiar contra as mulheres. Varios debates surgiram ao longo da década de 1970, observando-se uma tendência em ampliar o conceito de violência doméstica: aquilo que era entendido como violência física perpetrada contra a mulher (extensível aos seus filhos) começa a sofrer profundas transformações, passando-se a interpretar essa violência de maneira mais ampla, incluindo a violência emocional e psíquica. (SABADELL, 2005).

Nos Estados Unidos, por exemplo, existiam, em 1982 (menos de 10 anos após o início das campanhas feministas), mais de 700 abrigos, que recebiam anualmente cerca de 270 mil mulheres e crianças. Neste mesmo período, realizaram-se sofisticados estudos sociológicos acerca de métodos que permitiam conhecer a extensão da violência doméstica, bem como pensar estratégias para a sua erradicação.[4]

Retornando à situação no Brasil, um dos casos de maior repercussão nacional foi o assassinato de Ângela Diniz, em 30 de dezembro de 1976, por seu namorado Doca Street, no balneário de Armação dos Búzios após o rompimento da relação por parte da vítima, o que causou grande comoção social. No seu primeiro julgamento, o acusado foi absolvido pela tese da legítima defesa da honra. Com essa decisão da Justiça, o movimento feminista começou a mobilizar a sociedade reinvidicando o fim da violência contra a mulher, com o *solgan* "quem ama não mata", referindo-se à declaração de Doca Street de que teria "matado por amor".

4 Dentre outros textos, cf. BORKOWSKI, MURCH, WALKER, 1983.

A acusação recorreu da decisão, o caso teve novo julgamento em 1981 e Doca Street foi condenado a 15 anos de prisão.[5]

A defesa construiu sua tese com base na ideia de que Doca Street, assassino de Ângela, teria cometido o crime "em legítima defesa da honra", argumentação baseada na tipificação do adultério como crime, que vigorava à época. Ângela foi qualificada pela defesa como uma verdadeira "vênus lasciva", que a acusava de manter casos amorosos com outros homens e mulheres.

Esse crime representou uma significativa mudança no Brasil, notadamente, no que se refere aos movimentos sociais de mulheres diante dos crimes passionais contra mulheres. Desencadeou uma série de manifestações populares lideradas pelas feministas brasileiras, com importantes consequências para a vida das mulheres no Brasil.

À época, a campanha feminista gerou mobilização contra o assassinato de mulheres de classe média pelos seus (ex)maridos ou (ex)companheiros. A visibilidade dos crimes, ocorridos no fim dos anos 1970 e durante a década de 1980, bem como do padrão recorrente de defesa dos assassinos, levando à sua impunidade, instituiu uma organização das feministas brasileiras.

A década de 1980 foi próspera em experiências inovadoras, articuladas por feministas e mulheres organizadas em diferentes movimentos, que resultaram na importante constituição de uma agenda nacional de combate à violência contra a mulher no Brasil. O movimento de mulheres no Brasil era uma força política e social consolidada. Explicitou-se um discurso feminista em que estavam em jogo as relações de gênero. As ideias feministas difundiram-se no cenário social do país, produto não só da atuação de suas porta-vozes diretas, mas do clima receptivo das demandas de uma sociedade que se modernizava, como era o caso da brasileira. Os grupos feministas desenvolveram-se pelo país. Houve significativa penetração do movimento feminista em associações profissionais, partidos, sindicatos, legitimando a mulher como sujeito social particular (SARTI, 2001).

Havia também uma preocupação em reduzir o hiato de gênero e garantir o maior acesso das mulheres à educação, cujos objetivos estavam explícitos na IV Conferência da Mulher (1995), no Fórum Mundial de Educação (2000) e nas Metas do Milênio (2000). Todas as Conferências Internacionais promovidas pela Organização das Nações Unidas (ONU) nos últimos anos partiram do princípio de que para se chegar a um mun-

5 Doca Street escreveu um livro contando a sua versão sobre o crime, chamado *Mea culpa, o depoimento que rompe 30 anos de silêncio*. Editora Planeta do Brasil, 2006.

do mais justo e próspero é preciso eliminar as discriminações contra o sexo feminino em todos os campos de atividade, especialmente na educação, propiciando maior *status* e autonomia, isto é, maior empoderamento das mulheres (BELTRÃO, 2004).

O feminismo, como movimento social e político, trouxe a questão da violência contra a mulher para o debate público, exigindo por parte do Estado políticas públicas de enfrentamento à violência. Dentre as várias políticas públicas já conquistadas por esse movimento no Brasil, encontram-se as Delegacias de Atendimento à Mulher, principal porta de entrada das mulheres na rede de serviço de combate à violência, e a Lei nº 11.340/2006, denominada Lei Maria da Penha, que coíbe a violência doméstica e familiar contra a mulher.

Com a contribuição dos movimentos feministas e das organizações de mulheres, foram denunciados numerosos femicídios. O movimento aumentou com a denúncia de alguns casos emblemáticos e rumorosos de mulheres que foram mortas por seus maridos e companheiros, revelando a impunidade desses crimes e a ausência de resposta por parte dos Estados.[6]

A questão da violência contra a mulher começou a emergir com mais clareza, em torno da ambiguidade, face à opressão de que é objeto, como mostraram os estudos de Pontes (1986) e de Gregori (1993). No atendimento aos casos de violência, foram se tornando visíveis os elementos que permitiam ver a violência como um mecanismo relacional perverso, apontando para a necessidade de trabalhar tanto a vítima quanto o agressor. A visibilidade dos assustadores casos de violência doméstica contra crianças e adolescentes – sobretudo a partir da instituição do Estatuto da Criança e do Adolescente (ECA) em 1990 –, em que tanto homens como mulheres aparecem como agressores, contribuíram de forma decisiva para mostrar os intrincados problemas nas relações de gênero, afirmando a necessidade de se trabalhar e pensar em termos de identidades que se constituem em relações, que são assimétricas e socialmente dadas, ainda que naturalizadas.

Uma das grandes contribuições do movimento feminista no Brasil foi a implantação das Delegacias Especializadas de Atendimento à Mulher em 1985, que já na época, denunciava o descaso do sistema de Justiça em relação aos crimes de violência contra as mulheres, princi-

---

6 Exemplos de casos emblemáticos no Brasil, em 1976, o já citado assassinato de Ângela Diniz por seu companheiro Doca Street e o assassinato de Eliana de Grammont, cantora, pelo seu ex- marido, também cantor, Lindomar Castilho, em 1981.

palmente em relação aos homicídios. Outro grande marco foi a edição da Lei nº 11.340, chamada de Lei Maria da Penha, que entrou em vigor em 2006, fruto de um longo e complexo debate iniciado na Assembleia Nacional Constituinte, em 1988.

A criação das delegacias especializadas no atendimento à mulher representou, inegavelmente, não só originalidade, mas a intenção de propiciar às vítimas de violência de gênero em geral e, em especial, da modalidade sob enfoque, um tratamento especializado, exigindo que os policiais conhecessem as relações de gênero (SAFFIOTI, 2007:89). Vários estudos sobre os impactos das delegacias de atendimento à mulher surgiram nessa época, como os realizados por Rifiotis (2004), Santos e Pasinato (2008) e Bandeira (2014).

No entanto, muitas policiais que entravam na carreira nos anos 1990 não queriam trabalhar nas delegacias especializadas, e não tratavam as usuárias necessariamente melhor do que os seus colegas do sexo masculino nas delegacias comuns (CONSELHO NACIONAL DOS DIREITOS DA MULHER, 2001; SANTOS, 1999, 2004, 2005). Além disso, as Delegacias de Atendimento à Mulher de São Paulo e de outros Estados também careciam – como ainda hoje carecem – de adequada infraestrutura, a exemplo do sistema da administração da Justiça em geral (CONSELHO NACIONAL DOS DIREITOS DA MULHER, 2001; MASSUNO, 2002).

O feminismo no Brasil entra em uma fase de grande efervescência com a redemocratização dos anos 1980: criaram-se inúmeros grupos e coletivos em todas as regiões tratando de uma gama muito ampla de temas – violência, sexualidade, direito ao trabalho, igualdade no casamento, direito à terra, direito à saúde materno-infantil, luta contra o racismo, opções sexuais etc. Esses grupos organizavam-se, algumas vezes, muito próximos dos movimentos populares de mulheres, que estavam nos bairros pobres e favelas, lutando por educação, saneamento, habitação e saúde, fortemente influenciados pelas Comunidades Eclesiais de Base da Igreja Católica. Esse encontro foi muito importante para os dois lados: o movimento feminista brasileiro, apesar de ter origens na classe média intelectualizada, teve uma interface com as classes populares, o que provocou novas percepções, discursos e ações em ambos os lados (PINTO, 2010).

O movimento de mulheres também esteve presente nos embates da Constituinte (BARSTED, 1994, 2007; FARAH, 2004; GONÇALVES, 2009), tendo participado de forma bastante ativa. Na atual perspectiva feminista, as velhas práticas de violências domésticas saíram do silêncio, de modo que a abordagem desse tema pode ser considerada como a maior contribuição que o movimento deu à sociedade brasileira e à difícil construção de seu caminho para a democracia (CARNEIRO, 2003; DE SOUZA, BALDWIN, ROSA, 2000).

Nos vários estudos sobre os direitos da mulher sob o enfoque dos novos temas feministas, o atendimento nos grupos "SOS-Mulher" credenciou mulheres a atuarem junto ao Congresso Constituinte (SARTI, 1998). As responsáveis pelo atendimento foram convidadas a expor nas comissões temáticas e a Carta aprovada em 5 outubro de 1988 contemplou de modo textual significativas sugestões,[7] inclusive a de inclusão do § 8º no art. 226:

> § 8º O Estado assegurará a assistência à família na pessoa de cada um dos que a integram, criando mecanismos para coibir a violência no âmbito de suas relações.

Esse princípio constitucional reconhece a violência no âmbito das relações de família – o que o feminismo anteriormente conceituou como "violência doméstica". Tal é o princípio constitucional em vigor que autorizou a aprovação da Lei Maria da Penha, criando mecanismos para coibir a violência doméstica e familiar contra a mulher.

A Constituição da República Brasileira de 1988 assegurou, em seu art. 226, § 8º, a igualdade entre os sexos[8] e repudiou a violência domés-

---

7 Em consonância a todas essas atividades, as mulheres conseguiram elevar de forma expressiva sua participação parlamentar. Houve um salto de duas deputadas federais eleitas em 1978, para oito eleitas em 1982 e 26 eleitas em 1986. Mesmo sendo menos de 10% da Câmara Federal, essas 26 deputadas tiveram papel importante nos debates da Assembleia Constituinte e foram fundamentais para a conquista de direitos iguais entre os sexos. A Constituição de 1988 passou a ser uma das mais avançadas do mundo no que se refere à equidade de gênero e marcou a consolidação de um século de luta feminista. A nova Constituição estabeleceu a obrigatoriedade de concurso público para o preenchimento de cargos no serviço público. Esta medida favoreceu a entrada de mulheres com curso superior em diversas profissões, como entre os advogados e economistas, que eram carreiras essencialmente masculinas. Nos anos 1990, o movimento feminista brasileiro conseguiu outras vitórias importantes. As mulheres tiveram papel de destaque na organização da Conferência Internacional de População e Desenvolvimento realizada no Cairo, em 1994, e na IV Conferência Mundial das Mulheres, realizada em Pequim, em 1995. Nas eleições de 1996, regidas pela Lei nº 9.100/1995, passou a vigorar a primeira experiência de afirmação afirmativa visando a aumentar a representação parlamentar feminina (BELTRÃO, 2004).

8 "Art. 5º Todos são iguais perante a lei, sem distinção de qualquer natureza, garantindo-se aos brasileiros e aos estrangeiros residentes no País a inviolabilidade do direito à vida, à liberdade, à igualdade, à segurança e à propriedade, nos termos seguintes.
I – homens e mulheres são iguais em direitos e obrigações, nos termos desta Constituição."

tica e familiar contra a mulher.[9] Tal garantia constitucional representa uma reação à realidade sociocultural secular – mas ainda presente – fundada em grande discriminação sofrida pelas mulheres, decorrente da cultura misógina da antiga sociedade patriarcal, conforme demonstram dados históricos[10] e atuais.[11]

No quadro social em que se inseria a condição das mulheres, houve diversos tipos de manifestação e luta contra a discriminação entre os sexos, uma vez que os direitos declarados em todo o ordenamento jurídico eram baseados no papel dos homens na sociedade. Nesse contexto, a violência doméstica e familiar contra a mulher não era considerada um fator digno de atenção pelos legisladores e autoridades, que ignoravam esse tipo de situação, muito embora a sua gravidade fosse alarmante e gerasse consequências danosas para a sociedade em geral.

Nas palavras de Amin Haddad Campos e Lindinalva Rodrigues Corrêa (2009):

> As desigualdades de gênero são resultado de uma construção sociocultural secular, não encontrando respaldo nas diferenças biológicas da natureza. Assim, num sistema de sujeição, dominação e de poder, passa-se a considerar natural a desigualdade construída socialmente.
>
> Nesse perfil, a violência se naturaliza, incorporando-se no cotidiano e nas relações intrafamiliares, proporcionando a complacência e a impunidade.

---

9 "Art. 226. A família, base da sociedade, tem especial proteção do Estado. [...]
§ 8º O Estado assegurará a assistência à família na pessoa de cada um dos que a integram, criando mecanismos para coibir a violência no âmbito de suas relações."

10 Exemplo disso é que, muito embora o princípio da igualdade estivesse presente na legislação brasileira desde 1824, com a Constituição do Império, não havia qualquer garantia expressa que assegurasse a plena igualdade entre os sexos. Dessa forma, a Constituição Republicana, proclamada em 1891, garantiu o direito a voto somente aos homens, o que demonstra que considerava as mulheres incapazes de eleger os representantes do povo, suprimindo sua condição de cidadã, *in verbis:*
Constituição de 1824 (art. 91): "Têm voto nestas eleições primárias: 1º Os cidadãos brasileiros que estão no gozo de seus direitos políticos. 2º Os estrangeiros naturalizados".
Constituição de 1891 (art. 70): "São eleitores os cidadãos maiores de 21 anos que se alistaram".

11 Para acesso à pesquisa realizada pelo Instituto de Pesquisa Econômica Aplicada – IPEA, visite: <http://www.ipea.gov.br/portal/images/stories/PDFs/SIPS/140327_sips_violencia_mulheres.pdf>. Acesso em: 2 mai. 2014.

CAPÍTULO 5

A Lei Maria da Penha

No Brasil, a violência doméstica e familiar contra a mulher não vinha recebendo, por parte das autoridades e da sociedade em geral, a devida atenção até a entrada em vigor da Lei nº 11.340, de 7 de agosto de 2006, para além do fato de ter a Constituição da República, proclamada em 1988, declarado, no seu § 8º do art. 226, repúdio à violência doméstica e familiar contra a mulher.

Vários países latinoamericanos adotaram uma lei específica sobre violência doméstica em meados dos anos 1990.[1] No entanto, algumas leis receberam críticas por enquadrarem a violência como um problema da esfera cível e não criminal. No caso brasileiro, já no início dos anos 1990, havia discussões e propostas feministas de uma "lei contra a violência familiar" (PIMENTEL; PIERRO, 1993).

No entanto, não havia no Brasil até 2004, um projeto de lei em tramitação no Poder Legislativo que tratasse da violência doméstica e familiar contra as mulheres de maneira ampla e integral, a exemplo do Projeto de Lei nº 4.559/2004, que deu origem à Lei nº 11.340/2006, conhecida por Lei Maria da Penha. Esta lei reforçou a abordagem feminista da criminalização e propôs, em simultâneo, um tratamento multidisciplinar, estabelecendo medidas protetivas e preventivas - além das criminais - para o enfrentamento da violência doméstica.

O debate estimulado pela Lei Maria da Penha permitiu a emergência de um tema pouco tratado pelo Poder Judiciário, e abriu possibilidade para que a sociedade brasileira, juntamente com o Poder Público, discutisse os mecanismos mais eficazes de combate a "violência contra a mulher", e encontrassem na expressão *violência doméstica e familiar contra a mulher* uma forma de demarcar o espaço onde ocorre a dinâmica da violência, explicitando, assim, o "sujeito ativo" e o "sujeito passivo" da relação violenta (MACIEL, 2011; POUGY, 2010; ROMEIRO, 2008).

---

1 Para maiores informações, visite: <http://progress.unwomen.org/marcos-juridicos/?lang=es>. Acesso em: 20 out. 2014.

A aprovação da Lei nº 11.340/2006 representou uma mudança de paradigma entre os operadores do Direito. Esta importante inovação legislativa trouxe no seu âmago a intenção de dar integral proteção à mulher vítima de violência doméstica e, sem negar-lhe o mérito, o aumento da pena do crime de lesão corporal praticado no âmbito da violência doméstica é um indicador de que existe um recurso excessivo ao Direito Penal no Brasil, embora não se trate do único.[2]

Partindo de uma perspectiva feminista, situamos a violência de gênero como um problema político no mundo. Através da investigação científica, diferenciamos as várias formas de violência, erradicamos conceitos misóginos não científicos como o de crime passional e definimos legalmente a violência sexual, estupro, incesto, assédio, violência conjugal e familiar, e outras formas de violência baseada no gênero: trabalhista, patrimonial, psicológica, intelectual, simbólica, linguística, econômica, jurídica e política.

O progresso do enfrentamento da violência de gênero deve ser compreendido, conforme apontam os estudos especializados (BARSTED, 2011), a partir da atuação contínua do movimento feminista no Brasil que, ampliado, permitiu a articulação entre violência e discriminação contra as mulheres. Na década de 1992-2000 houve grandes avanços legislativos voltados especificamente para o combate à violência contra as mulheres, impulsionados pelas ONGs feministas e demais movimentos de mulheres (BARSTED, 1994; CARNEIRO, 2003; GARCIA, 1998; DEL CARMEN CORTIZO; GOYENECHE, 2010).

Apesar dos avanços legislativos, o grande desafio para as mulheres brasileiras ainda é o acesso à Justiça por meio dos serviços necessários para esse fim. Nesse sentido, as entidades que apoiam e defendem os direitos das mulheres continuam a exercer uma atuação forte e constante de *advocacy* dirigida ao Estado, que tenha como foco principal a educação e a transformação da sociedade, livrando-a de toda cultura patriarcal ou misógina (HERMANN; BARSTED, 1995).

A adoção da Lei nº 11.340/2006 situase nos contextos políticos internacional e nacional que favoreceram a *absorção/tradução* quase integral do anteprojeto de lei formulado pelas feministas brasileiras (SANTOS, 2010). A lei que comentamos responde à recomendação da Comissão Interamericana de Direitos humanos e da Organização dos Estados Americanos, e também à Convenção sobre a Eliminação de

2 A Lei nº 11.340/2006 prevê ainda a prisão preventiva que pode ser aplicada mesmo que a pena seja inferior a dois anos de prisão se o crime for praticado no âmbito doméstico.

Todas as Formas de Discriminação contra a Mulher e foi inspirada diretamente na Convenção Interamericana para Previnir, Punir e Erradicar a Violência Contra a Mulher.

A Lei nº 11.340/2006, contudo, foi recebida pelo meio jurídico da mesma forma que são tratadas as vítimas a quem protege: com desprezo e desconfiança. Na análise dessa lei, alguns juristas criticaram a inserção dos instrumentos de controle da violência doméstica em uma rede que privilegia o sistema penal como método de solução das controvérsias geradas pela violência de gênero no âmbito doméstico e familiar quando veda a aplicação da Lei nº 9.099/1995, ou quando eleva a pena máxima de lesão corporal no âmbito doméstico, fazendo da lei uma opção retributivista-aflitiva (KARAN, 2007; BATISTA, 2009).

Do que não se duvida, não obstante, é que a aprovação dessa lei significou uma mudança na configuração de novos procedimentos democráticos de acesso à Justiça: ela deu transparência e visibilidade ao fenômeno da violência doméstica no Brasil e, ademais, provocou um debate acalorado sobre o tema na sociedade, nas universidades e no próprio meio jurídico (CAMPOS; CARVALHO, 2011; CELMER; AZEVEDO, 2007).

Antes da entrada em vigor da Lei Maria da Penha, o processo judicial da maioria dos casos de violência doméstica contra a Mulher era realizado pelos Juizados Especiais Criminais, criados pela Lei 9.099/1995, o que gerou opiniões contraditórias não apenas nos movimentos feministas, mas também entre os operadores do Direito. Alguns perceberam como benéfica a luta das mulheres para dar maior visibilidade ao problema da violência doméstica, que antes não chegava aos tribunais. Outros entenderam que os Juizados contribuíram para a impunidade derivada da banalização da alternativa da cesta básica (AZEVEDO; CELMER, 2007).

Alguns compreenderam a Lei Maria da Penha como uma verdadeira revolução no tratamento da matéria, mas comentam, por outro lado, ter havido um abandono do que havia mais de uma década era visto como um novo paradigma, pautado pela mediação e o consenso e, em lugar dele, ter havido aderência à intervenção do sistema penal como forma de solução dos conflitos sociais (KARAN, 2007; AZEVEDO, 2008; NOBRE e BARREIRA, 2008). Para esses autores, o enfrentamento da violência de gênero, a superação dos resquícios patriarcais, o fim dessa ou de qualquer outra forma de discriminação, não se dá através da sempre enganosa, dolorosa e danosa intervenção do sistema penal.

Seja como for, fato é que a Lei Maria da Penha trouxe significativas transformações ao meio jurídico e político, gerando grande discussão sobre o tema. Nunca se comentou tanto sobre a matéria como atualmente, com a entrada em vigor dessa legislação. É claro que seria melhor se vivêssemos em uma sociedade igualitária, sem preconceitos e discriminação, mas essa não é a realidade de nosso país. Os resquícios da ideologia patriarcal, da história de desigualdade entre homens e mulheres, da discriminatória posição de subordinação da mulher, ainda permanecem até os dias atuais.

5.1. A gravidade da violência contra a mulher no Brasil atual

Para demonstrar tal situação, pesquisa realizada pela organização não governamental CEPIA[3] teve como eixo principal refletir sobre a efetividade na implementação da Lei nº 11.340/2006, procurando identificar os fatores que limitam o acesso à Justiça para as mulheres vítimas de violência doméstica e os fatores que melhoram esse acesso. O foco da pesquisa recaiu sobre instituições de Segurança Pública e Justiça e como seus operadores compreendem a lei (PASINATO; VERGO, 2013).

Pasinato (2013:2) afirma que "o ponto de partida para este projeto de pesquisa foi a constatação de que as mulheres do Brasil ainda enfrentam um déficit em termos de reconhecimento social do seu pleno direito à Justiça e que interfere com as práticas discriminatórias que prevalecem nas instituições policiais e judiciais". A pesquisa concluiu que, apesar da criação de órgãos de coordenação das Polícias Civis, nos Tribunais de justiça, Ministérios Públicos e Defensorias Públicas, algumas dessas instâncias não se encontravam atuando, pois não contavam com orçamento próprio. Além disso, a estrutura administrativa também é pequena na maior parte dos órgãos analisados, principalmente no que se refere aos recursos humanos.

Outra pesquisa realizada pelos Institutos Data Popular e Patrícia Galvão[4] revelou grande preocupação da sociedade brasileira com a violência doméstica e os assassinatos de mulheres pelos parceiros ou ex-parceiros no Brasil. Além de sete em cada dez entrevistados considerarem que as brasileiras sofrem mais violência dentro de casa do que

---

3 A Cepia é uma organização não governamental, sem finalidade lucrativa, cujo objetivo é executar projetos que buscam contribuir com a ampliação e efetivação dos direitos humanos e o fortalecimento da cidadania especialmente dos grupos historicamente discriminados, minorizados e, por isso, impossibilitados do pleno exercício de seus direitos. Vide: <http://www.cepia.org.br>.

4 Para maiores informações sobre a pesquisa, visite: <http://www.compromissoeatitude.org.br/wp-content/uploads/2013/08/livro_pesquisa_violencia.pdf>. Acesso em: 22 out. 2014.

em espaços públicos, metade avaliou ainda que as mulheres se sentem de fato mais inseguras dentro da própria casa.

Os dados revelaram que o problema está presente no cotidiano da maior parte dos brasileiros: entre os entrevistados, de ambos os sexos e todas as classes sociais, 54% conhecem uma mulher que já foi agredida por um parceiro e 56% conhecem um homem que já agrediu uma parceira. E 69% afirmaram acreditar que a violência contra a mulher não ocorre apenas em famílias pobres.

Além de mapear a preocupação da sociedade, a pesquisa levantou ainda a percepção sobre o que mudou com a lei de enfrentamento à violência doméstica e as avaliações sobre as respostas do Estado frente ao problema. O estudo mostra que apenas 2% da população nunca ouviram falar da Lei Maria da Penha e que, para 86% dos entrevistados, as mulheres passaram a denunciar mais os casos de violência doméstica após a lei.

O rompimento foi apontado pela pesquisa como momento de maior risco segundo a mesma pesquisa. Apesar de a legislação ser massivamente conhecida, as respostas apresentadas pelo Estado ainda dividem opiniões. Embora 57% acreditem que a punição dos assassinos das parceiras é maior hoje do que no passado, metade da população considera que a forma como a Justiça pune não reduz a violência contra a mulher.

O medo da denúncia também se mostrou bastante presente: 85% dos entrevistados acham que as mulheres que denunciam seus parceiros correm mais riscos de serem assassinadas. O silêncio porém, também não é apontado como um caminho seguro: para 92%, quando as agressões contra a esposa/companheira ocorrem com frequência, podem terminar em assassinato. O fim do relacionamento é visto como momento de maior risco à vida da mulher. Em consonância, vergonha e medo de ser assassinada são percebidos como as principais razões para a mulher não se separar do agressor.

Resultados como esses demonstram com clareza os obstáculos enfrentados pelas mulheres para que tenham pleno acesso à Justiça e, consequentemente, à possibilidade de reconhecimento de seus direitos, devido ao abismo existente entre a finalidade da Lei nº 11.340/2006 e o contexto social em que está inserida.

A Central de Atendimento à Mulher criada pelo Governo Federal – Ligue 180 – revela uma procura crescente da população com a finalidade de pedido de informações sobre como se aplica a Lei Maria da Penha, assim como sobre quais os direitos das mulheres que passam por situação de violência no âmbito familiar. Segundo o levantamento do serviço, prestado pela Secretaria de Políticas para as Mulheres da

Presidência da República (SPM-PR), em 2013 subiu de 50% para 70% o percentual de Municípios de origem das chamadas. Cresceu também – em 20% – a porcentagem de mulheres que denunciou a violência logo no primeiro episódio.

De acordo com o balanço divulgado pela Central de Atendimento à Mulher em Situação de Violência, de janeiro a junho de 2018, o serviço recebeu 72.839 denúncias. Os dados do primeiro semestre de 2018 revelam um crescimento de 37,3% no número de homicídios denunciados e 16,9% no de relatos de violência sexual. Os Estados de São Paulo, Rio de Janeiro, Minas Gerais e Bahia foram os com maior número de registros de atendimento. A região que mostrou o maior crescimento de denúncias em comparação com o primeiro semestre do ano anterior foi a Norte, onde o Amazonas registrou aumento de 34,8%, Roraima de 34,6% e Amapá de 6,1%.[5]

De acordo com pesquisa realizada pelo Ministério da Justiça em conjunto com o IPEA, há descrença das mulheres em situação de violência nas autoridades competentes, diante de problemas encontrados no acesso à Justiça de ordem físico-estrutural (por falta de espaços adequados para atendimento humanizado, por exemplo), histórico-culturais (discursos de responsabilização da vítima) e político-legais (falta de políticas públicas, de capacitação específica dos profissionais).[6]

Nesse sentido, uma medida recente importantíssima de mobilização dos órgãos do Poder Judiciário para um adequado tratamento dessa violência foi a instituição da Política Judiciária Nacional de Enfrentamento à Violência contra as Mulheres pela Resolução nº 254, de 2018, do CNJ. Além de diversas providências necessárias para estimular parcerias e viabilizar um atendimento integral e multidisciplinar para as mulheres, um importante ponto foi trazido: a preocupação com a violência institucional contra as mulheres.

É importante que as autoridades mirem também o combate a este tipo de violência porque ela acaba por revitimizar a mulher já em situação de vulnerabilidade. Tal Resolução traz em seu Capítulo IV:

---

5 Disponível em: <https://dossies.agenciapatriciagalvao.org.br/violencia-em-dados/ligue-180-registra-aumento-de-denuncias-de-homicidio/>.

6 MINISTÉRIO DA JUSTIÇA, Secretaria de Assuntos Legislativos. *Violência contra a mulher e as práticas institucionais.* – Brasília: Ministério da Justiça, Secretaria de Assuntos Legislativos (SAL): IPEA, 2015. Série. Pensando o Direito, v. 52. Disponível em: <http://pensando.mj.gov.br/wp-content/uploads/2016/02/PoD_52_Cristiane_web-1.pdf>. Acesso em: 25 out. 2019.

> CAPÍTULO IV
>
> DA VIOLÊNCIA INSTITUCIONAL CONTRA AS MULHERES
>
> Art. 9º Configura violência institucional contra as mulheres no exercício de funções públicas a ação ou omissão de qualquer órgão ou agente público que fragilize, de qualquer forma, o compromisso de proteção e preservação dos direitos de mulheres.
>
> § 1º Para a adequada solução dos conflitos mencionados no art. 1º, garantia da prevenção e repressão da situação configurada no *caput* e resguardo do princípio do devido processo legal, fica vedada a participação de juízes como mediadores, facilitadores ou qualquer outro tipo de atuação similar, nos processos em que atuem como julgadores, em observância ao princípio da confidencialidade.
>
> § 2º O atendimento às mulheres em situação de violência, para fins de concessão de medidas protetivas de urgência, deve ocorrer independentemente de tipificação dos fatos como infração penal.
>
> Art. 10. Os órgãos do Poder Judiciário deverão adotar mecanismos institucionais para coibir a prática de ato que configure violência ou que possa atingir os direitos à igualdade de gênero.
>
> Art. 11. Os Grupos de Monitoramento e Fiscalização do Sistema Carcerário e Sistema de Execução de Medidas Socioeducativas deverão encaminhar mensalmente ao Conselho Nacional de Justiça as informações relativas às mulheres e adolescentes gestantes e lactantes custodiadas no sistema prisional ou internadas, por meio de sistema de cadastramento disponibilizado pelo Conselho Nacional de Justiça.
>
> Parágrafo único. As informações de que trata este artigo deverão ser prestadas mensalmente, até o quinto dia útil do mês subsequente ao vencido e, em nenhuma hipótese, deve expor o nome do lactente.

Nesse contexto, a Portaria nº 164, de 19 de dezembro de 2018, do CNJ instituiu Grupo de Trabalho destinado à criação e implementação do Formulário Nacional de Avaliação de Risco de Violência Doméstica e Familiar contra a mulher, o qual integrei como Juíza de Direito do 1º Juizado de Violência Doméstica e Familiar contra a Mulher do Rio de Janeiro.[7]

7 Isto com base no Termo de Cooperação Técnica nº 43/2018, celebrado entre o Conselho Nacional de Justiça, o Conselho Nacional do Ministério Público e o Ministério dos Direitos Humanos, que visava à criação e implementação de Formulário Nacional de Avaliação de Risco para Prevenção e Enfrentamento de crimes praticados no contexto de violência doméstica e familiar contra a mulher.

As nossas atribuições centrais eram a discussão e proposição de modelo para o formulário, a supervisão e implementação de projetos-piloto, bem como a adoção das medidas necessárias para a capacitação dos atores do sistema de justiça a fim de que o formulário fosse utilizado adequadamente.

Assim, a Resolução nº 284/2019 do CNJ institui o formulário para prevenção e enfrentamento de crimes e demais atos praticados no contexto de violência doméstica e familiar contra a mulher. Ele tem como objetivo identificar os fatores que indiquem o risco de a mulher vir a sofrer qualquer forma de violência no âmbito das relações domésticas e familiares a fim de subsidiar a atuação do Poder Judiciário e demais órgãos da rede de proteção na gestão de riscos.

É uma iniciativa de suma importância pois os dados obtidos são compilados pelo Departamento de Pesquisas Judiciárias do CNJ e disponibilizados a fim de orientar políticas públicas de prevenção, preservando a identidade das vítimas.

No formulário, há identificação das partes, perguntas sobre o histórico de violência, sobre o agressor, a vítima, e solicitação de outras informações importantes, a saber, se o bairro de moradia é um bairro violento, se a mulher em situação de violência quer ou aceita abrigamento temporário, dentre outras questões relevantes para a obtenção de informações.

No tocante ao histórico de violência, é perguntado se o agressor já ameaçou a mulher e de que forma, é questionado também se ele já se utilizou de agressões anteriormente, se já a obrigou a realizar atos sexuais ou se teve comportamentos de risco elencados. Indaga ainda se a vítima já registrou ocorrência ou medida protetiva envolvendo esta mesma pessoa e se estas agressões ou ameaças se tornaram mais frequentes nos últimos meses.

No que diz respeito ao agressor, há a identificação do uso abusivo de álcool ou drogas, de doença mental, de descumprimento de medida protetiva anterior. Também se pergunta do acesso dele a armas de fogo, de ameaças ou agressão aos filhos, sua situação financeira e psicológica.

No que se refere à mulher em situação de violência, as perguntas são sobre separação recente do agressor, filhos (faixa etária, deficiência), conflitos em relação à guarda, novos relacionamentos, condição limitante ou vulnerabilidade e o aspecto racial.

Em relação às outras informações, dentre outras questões, a mulher em situação de violência pode informar se aceita ou quer abrigamento temporário, se considera que é dependente financeiramente do agressor.

Nesta mesma Resolução, há também a providência da promoção de capacitação, por cursos da ENFAM e Escolas de Magistratura, pela perspectiva dos direitos fundamentais femininos, de magistrados e servidores que atuem em Varas do Júri e em Juizados e Varas que trabalhem a Lei nº 11.340/2006.

5.2. Críticas e declaração de constitucionalidade

A Lei nº 11.340/2006 trouxe várias modificações. Entre elas, o delito de lesão corporal leve sofreu um aumento da pena máxima em abstrato, se a lesão for praticada contra ascendente, descendente, irmão, cônjuge ou companheiro, ou com quem conviva ou haja convivido o autor, ou, inclusive, prevalecendo-se o agente das relações domésticas, de coabitação ou de hospitalidade, que passou a ser punido com três meses a três anos de detenção. Desse modo, retirou-se dos Juizados Especiais Criminais a competência para o processamento desse conflito e, ademais, se previu a criação de Juizados Autônomos de Violência Doméstica e Familiar contra a Mulher.

Existem muitos críticos à lei, argumentando que ela teria contrariado a tendência minimalista do Direito Penal, agravando penas e autorizando a utilização de uma medida excepcional como a prisão preventiva, reforçando assim a ideia de que a Lei Maria da Penha não teria contemplado o paradigma de gênero, pois exclui a mulher da discussão do problema, o que não viabiliza uma solução satisfatória do conflito (AZEVEDO; CELMER, 2007).

Alguns sustentam que os conflitos domésticos não deveriam ser tutelados pelo Direito Penal, na medida em que existem outras formas de solução menos gravosas para as partes, e que muitas mulheres não buscariam necessariamente a punição de seus companheiros ou a separação, mas sim pretenderiam somente que cessasse a violência.

O afastamento determinante de vários institutos favoráveis ao réu (composição civil dos danos, transação penal, representação para os crimes de lesão corporal leve e suspensão condicional do processo) não foi bem recepcionado por parte da doutrina, principalmente por aqueles que defendem a vertente minimalista do Direito Penal. Para eles, a Lei Maria da Penha é, de forma equivocada, detentora de posturas retribucionistas, que são aquelas que investem na retribuição penal como resposta punitiva a dano cometido por determinado agente (BIANCHINI, 2013:109).

As principais críticas a tais posturas retribucionistas são: I) que o furor punitivo não leva em consideração a seletividade do Direito Penal, voltado a determinados grupos sociais, que continuará encarcerando os socialmente privilegiados; II) que as soluções punitivas são priorizadas em detrimento do uso alternativo do Direito, capaz de promover medidas educativas mais eficazes que a pena de prisão; III) que os movimentos não rompem o ciclo de violência ao querer pagar com a violência penal a violência doméstica cometida (BATISTA, 2007).

Realmente é discutível se somente uma legislação severa de combate à violência doméstica contra a mulher poderia atender às expectativas das mulheres que sofrem esse grave problema. Por outro lado, dizer que a função do Direito Penal não é de solucionar tais problemas - que se trata de um problema social e, portanto, deveria ser evitado o sistema judicial - talvez não seja suficiente e adequado para todos os casos, especialmente quando se entende que a violência contra a mulher se estende para além da divisão público/privado.

A crítica feminista ao Direito como um todo e ao Direito Penal em especial abre um espaço para uma significativa controvérsia. De um lado, a estrutura fundamentalmente androcêntrica do Direito lança dúvidas sobre sua idoneidade enquanto meio de transformações em favor da emancipação feminista. Por outro lado, a compreensão da força prescritiva do discurso jurídico tem inspirado tentativas internas de subversão de seus fins: de instrumento de dominação, poderia ser convertido em meio de legitimação de demandas feministas.

Segundo parte da doutrina, uma coisa são as opções privadas da relação entre gêneros, outra é pretender que a violência de gênero seja um tema privado. A omissão do Estado, além de desproteger a mulher que se encontra em situação vulnerável, transmite uma mensagem à sociedade de que a violência doméstica é tema afeito à sociedade conjugal/familiar e que não se deve ingerir sobre ele, remetendo, portanto, o problema, ao seu aspecto privatista, o que seria um retrocesso (BIANCHINI, 2013:110).

Ao fazer uma análise crítica aos adeptos ao direito penal mínimo para os delitos sexuais contra as mulheres e crianças, Sabadell (1999) assevera que o patriarcado se caracteriza por um jogo de relações de forças, onde as mulheres e crianças encontram-se, estruturalmente, numa posição mais fraca, sendo desprovidas de meios de reação efetivos. Uma norma penal que proíbe somente a *ultima ratio* do patriarcado, isto é, a violência aberta ou a ameaça da violência eminente, não leva em consideração a pluralidade de meios que condicionam a vontade e o comportamento dos sujeitos mais fracos; desta forma, garante talvez os "direitos de propriedade" do gênero masculino, mas não pode, e nem deseja, tutelar a autodeterminação sexual de todos.

Dentro deste contexto, uma relativização em matéria de delitos sexuais não é garantista e induz a uma discriminação direta dos sujeitos mais fracos, contribuindo assim da sua forma, para a reprodução do direito patriarcal.

Sem atentar à predominância histórica do paradigma masculino que se infiltrou na lei, a maioria dos juristas, inclusive número expressivo da crítica jurídica, acabou por não considerar em suas análises tais implicações. A mais importante deriva do fato de que, em se tratando de violência de gênero, o polo passivo (da relação penal material) é composto majoritariamente de mulheres. Assim, a exclusão da análise de gênero impossibilitou compreender as diferenças da incidência do controle formal sobre as mulheres.

Se as críticas oriundas da criminologia e do discurso penal crítico constantemente consideram em suas análises as relações de classe e de etnia sobre o exercício do controle formal (homem pobre e geralmente negro em relação ao homem branco e de posses etc.), é praticamente inexistente a perspectiva a partir das relações de gênero. Neste mesmo sentido, se posiciona Bianchini (2013). No entanto, ao excluírem esse recorte de gênero, esses teóricos acabam reduzindo a complexidade da análise, e sofrem o que se poderia denominar "*complexo de gênero*" ou "*complexo de misoginia*" (CAMPOS; CARVALHO, 2006).

Também quanto à sua constitucionalidade a Lei Maria da Penha foi objeto de críticas por parte da doutrina e da jurisprudência desde que entrou em vigor. Diante do fato, o Supremo Tribunal Federal foi instado a se manifestar através da Ação Declaratória de Constitucionalidade 19 (proposta em 2007, pelo então Presidente da República Luiz Inácio Lula da Silva) e da Ação Direta de Inconstitucionalidade nº 4.424 (proposta pela Procuradoria-Geral da República).

Alguns doutrinadores, como Santin (2006), entendiam que essa lei seria inconstitucional, por ferir o princípio da isonomia, na medida em que estabelece uma desigualdade somente em função do sexo. A mulher na condição de vítima seria beneficiada por um melhor mecanismo de proteção e de punição contra o agressor. Já o homem não disporia de tais instrumentos quando fosse vítima da violência doméstica ou familiar. No entanto, para outros doutrinadores a lei não era inconstitucional porque não incide sobre qualquer caso de violência contra a mulher, e sim apenas a doméstica e a familiar. A lei visa à proteção das mulheres em relação aos membros da sua comunidade familiar que deveriam proporcionar à vítima (mulher) um mínimo de amor, respeito e dignidade.

Vale ressaltar que, por meio da Ação Declaratória de Constitucionalidade 19, de iniciativa do Presidente da República, o

Supremo Tribunal Federal declarou a constitucionalidade da Lei nº 11.340/2006:

> **EMENTA:** VIOLÊNCIA DOMÉSTICA. LEI Nº 11.340/2006. GÊNEROS MASCULINO E FEMININO. TRATAMENTO DIFERENCIADO. O art. 1º da Lei nº 11.340/2006 surge, sob o ângulo do tratamento diferenciado entre os gêneros – mulher e homem –, harmônica com a Constituição Federal, no que necessária a proteção ante as peculiaridades física e moral da mulher e a cultura brasileira. COMPETÊNCIA. VIOLÊNCIA DOMÉSTICA. LEI Nº 11.340/2006. JUIZADOS DE VIOLÊNCIA DOMÉSTICA E FAMILIAR CONTRA A MULHER. O art. 33 da Lei nº 11.340/2006, no que revela a conveniência de criação dos juizados de violência doméstica e familiar contra a mulher, não implica usurpação da competência normativa dos estados quanto à própria organização judiciária. VIOLÊNCIA DOMÉSTICA E FAMILIAR CONTRA A MULHER. REGÊNCIA. LEI Nº 9.099/1995. AFASTAMENTO.
>
> O art. 41 da Lei nº 11.340/2006, a afastar, nos crimes de violência doméstica contra a mulher, a Lei nº 9.099/1995, mostra-se em consonância com o disposto no § 8º do art. 226 da Carta da República, a prever a obrigatoriedade de o Estado adotar mecanismos que coíbam a violência no âmbito das relações familiares. A decisão foi tomada por unanimidade pelo Tribunal Pleno do Supremo Tribunal Federal, na ADC 19, de relatoria do Ministro MARCO AURÉLIO, com julgamento em 09/02/2012. Nas palavras do Ministro Relator em seu voto, "retirou da invisibilidade e do silêncio a vítima de hostilidades ocorridas na privacidade do lar e representou um movimento legislativo claro no sentido de assegurar às mulheres agredidas o acesso efetivo à reparação, à proteção e à justiça.
>
> "No mesmo sentido, já havia julgados dos Tribunais estaduais, in verbis: CRIMINAL. VIOLÊNCIA DOMÉSTICA. LESÕES CORPORAIS. INCONSTITUCIONALIDADE. INOCORRÊNCIA. PRINCÍPIO DA ISONOMIA. PENA EXACERBADA. REDUÇÃO. SUBSTITUIÇÃO OU SUSPENSÃO DA PENA. IMPOSSIBILIDADE.
>
> 1) Ainda que a Lei 11.340/2006 contenha pontos polêmicos e questionáveis, não há que se falar em inconstitucionalidade da chamada Lei Maria da Penha, pois a interpretação do princípio constitucional da igualdade ou da isonomia não pode limitar-se à forma semântica do termo, valendo lembrar que, igualdade, desde Aristóteles, significa tratar igualmente os iguais e desigualmente os desiguais, na medida em que se desigualam.
>
> 2) Tendo a pena aflitiva sido fixada com certa exacerbação, impõe-se adequá-la em quantidade necessária e suficiente para reprovação e prevenção do delito.

> 3) Sendo o agente reincidente e tendo o delito sido praticado com violência contra pessoa, incabível a substituição da pena privativa de liberdade por restritivas de direitos (art. 44), bem como a suspensão da execução da pena (art. 77), em face da ausência de requisitos subjetivos para a sua concessão.
>
> 4) Preliminar rejeitada. Recurso parcialmente provido.
>
> (TJ-MG, Apelação Criminal nº 1.0236.07.013084-4/001. Rel. Des. Antônio Armando dos Anjos. Publicado em 05/09/2008. Disponível em: <http://www.tjmg.gov.br>. Acesso em: 29 out. 2008).

Tal decisão refletiu a jurisprudência dos Tribunais Estaduais, que já haviam decidido no mesmo sentido:

> APELAÇÃO CRIMINAL. VIOLÊNCIA DOMÉSTICA CONTRA A MULHER. PRELIMINAR DE NULIDADE DO FEITO. REJEITADA. SUSPENSÃO CONDICIONAL DO PROCESSO. ART. 41 DA LEI Nº 11.340/2006. PROIBIÇÃO DE APLICAÇÃO DA LEI Nº 9.099/1995. CONSTITUCIONALIDADE DA LEI MARIA DA PENHA. RECONHECIMENTO PELO ÓRGÃO ESPECIAL DESSA CORTE. RECURSO IMPROVIDO. Inexiste nulidade processual, quando indeferido o pedido de suspensão condicional do processo, aos crimes praticados com violência doméstica e familiar contra a mulher, principalmente em face da declaração de constitucionalidade da Lei nº 11.340/2006 (Lei Maria da Penha) pelo Órgão Especial desse Tribunal de Justiça.
>
> (TJ-MS – Apelação Criminal: APR 23.025 MS 2009.023025-3 Parte: Apelante: Telso Cesário da Silva Parte: Apelado: Ministério Público Estadual, Rel. Des. Carlos Eduardo Contar, julgado em 16/11/2009, Órgão Julgador: 2ª Turma Criminal, Publicação: 30/11/2009).

Também no Superior Tribunal de Justiça como nos Tribunais Estaduais, farta jurisprudência reconhece o âmbito de incidência da Lei Maria da Penha, o que reforça a finalidade e eficácia da referida lei:

> LEI MARIA DA PENHA. *HABEAS CORPUS*. MEDIDA PROTETIVA. RELAÇÃO DE NAMORO. DECISÃO DA 3ª SEÇÃO DO STJ. AFETO E CONVIVÊNCIAINDEPENDENTEDECOABITAÇÃO.CARACTERIZAÇÃO DE ÂMBITO DOMÉSTICO E FAMILIAR. LEGITIMIDADE DO MINISTÉRIO PÚBLICO PARA A MEDIDA. PRINCÍPIO DA ISONOMIA. DECURSO DE TRINTA DIAS SEM AJUIZAMENTO DA AÇÃO PRINCIPAL. AUSÊNCIA DE MANIFESTAÇÃO DO TRIBUNAL *A QUO*. SUPRESSÃO DE INSTÂNCIA. PEDIDO PARCIALMENTE CONHECIDO E, NESSA EXTENSÃO, DENEGADO.

1. A Terceira Seção do Superior Tribunal de Justiça, ao decidir os conflitos nº 91.980 e 94.447, não se posicionou no sentido de que o namoro não foi alcançado pela Lei Maria da Penha, ela decidiu, por maioria, que naqueles casos concretos a agressão não decorria do namoro.

2. Caracteriza violência doméstica, para os efeitos da Lei nº 11.340/2006, quaisquer agressões físicas, sexuais ou psicológicas causadas por homem em uma mulher com quem tenha convivido em qualquer relação íntima de afeto, independente de coabitação.

3. O namoro é uma relação íntima de afeto que independe de coabitação; portanto, a agressão do namorado contra a namorada, ainda que tenha cessado o relacionamento, mas que ocorra em decorrência dele, caracteriza violência doméstica.

4. O princípio da isonomia garante que as normas não devem ser simplesmente elaboradas e aplicadas indistintamente a todos os indivíduos, ele vai além, considera a existência de grupos ditos minoritários e hipossuficientes, que necessitam de uma proteção especial para que alcancem a igualdade processual.

5. A Lei Maria da Penha é um exemplo de implementação para a tutela do gênero feminino, justificando-se pela situação de vulnerabilidade e hipossuficiência em que se encontram as mulheres vítimas da violência doméstica e familiar.

6. O Ministério Público tem legitimidade para requerer medidas protetivas em favor da vítima e seus familiares.

7. Questão ainda não analisada pela instância a quo não pode ser objeto de análise por este Superior Tribunal de Justiça, sob pena de indevida supressão de instância.

8. Pedido parcialmente conhecido e, nessa extensão, denegado. *Habeas Corpus* nº 92.875 – RS, de relatoria da Ministra convocada do TJ-MG Jane Silva, Sexta Turma do Superior Tribunal de Justiça. Julgamento em 30/10/2008. Também em análise acerca da incidência da Lei Maria da Penha, o julgado de relatoria do Desembargador Manoel Mendes Carli, da 2ª Câmara Criminal do Tribunal de Justiça do Mato Grosso do Sul, datado de 13 de janeiro de 2014, reconhece a maior gravidade de delitos praticados em âmbito doméstico, nos seguintes termos:

APELAÇÃO CRIMINAL. VIOLÊNCIA DOMÉSTICA. RECURSO DEFENSIVO. PRETENSÃO DE ABSOLVIÇÃO. IMPOSSIBILIDADE. BAGATELA IMPRÓPRIA. INAPLICÁVEL. RECURSO IMPROVIDO. Havendo suporte fático e jurídico nas provas produzidas nos autos, mantém-se o decreto condenatório. Incabível a aplicação do princípio da bagatela imprópria aos delitos praticados em situação de violência doméstica, pelo desvalor da ação, que gera grande reprovabilidade social e moral (Apelação – nº 0001009-39.2010.8.12.0033 – Eldorado).

O Supremo Tribunal Federal, finalmente, por meio da Ação Direta de Inconstitucionalidade nº 4.424, reconheceu a natureza pública incondicionada das ações relacionadas à lesão corporal praticada no âmbito doméstico, conforme assinalam Sabadell e Dimoulis (2014), orientação seguida pelo Superior Tribunal de Justiça.

5.3. Outras disposições

O art. 17 da Lei Maria da Penha, que veda a aplicação de penas de cestas básicas ou outras de prestação pecuniária, é consequência direta das críticas à maneira como os Juizados Especiais Criminais lidaram com casos de violência doméstica e da pressão social para a alteração dessa conduta que era utilizada nas resoluções de conflito desta natureza. Desta forma, a lei obriga o Judiciário a punir de forma proporcional à sua gravidade crimes dessa natureza, levando em consideração a vítima, sua necessidade e coragem por ter denunciado o agressor (BIANCHINI, 2013:218).

Em relação à substituição da pena por restritivas de direitos (CP, art. 43), a 2ª Turma do STF, em 16 de abril de 2013, negou, por unanimidade, essa possibilidade a um agressor que ofendeu a integridade física de sua ex-companheira, nos termos do art. 129, § 9º, da Lei nº 11.340/2006.[8]

No Superior Tribunal de Justiça as Turmas que compõem a Terceira Seção têm se manifestado quanto à impossibilidade de substituição da pena privativa de liberdade por restritiva de direitos, em hipóteses de crimes de violência doméstica uma vez que, entre outros requisitos, o art. 44 do Código Penal impede o benefício, na hipótese em que o crime tenha sido cometido com violência ou grave ameaça à pessoa.[9]

Não obstante, a Lei Maria da Penha não estabelece qualquer proibição, podendo, portanto, desde que cumpridos os requisitos legais, serem aplicadas. Assim, só não é possível estabelecer doação de cesta básica ou prestação pecuniária na condenação por crime ou contravenção (art. 17), nem mesmo fixá-las quando da substituição da pena privativa de liberdade por penas restritivas de direitos.[10]

---

8 *Vide* HC 114.703 - MS.

9 RHC 365.539-MS, 2013/0091610-0, Rel.ª Min.ª Maria Thereza de Assis Moura, julgado em 13/05/2014, 6ª Turma, DJe, 20/05/2014.

10 *Vide* Enunciado nº 6 do Fonavid: A Lei nº 11.340/2006 não obsta a aplicação das penas substitutivas previstas no Código Penal, vedada a aplicação de penas de prestação pecuniária ou pagamento isolado de multa.

Vale ressaltar que nos casos de violência doméstica e familiar contra a mulher, ainda que configure lesão corporal ou ameaça, a privação da liberdade deve ser a *ultima ratio* como medida punitiva. Nem sempre a restrição da liberdade constitui a melhor forma de punir os agressores de violência de gênero, pois é cediço que nossas instituições prisionais mais deformam do que regeneram os apenados.

A pena a ser imposta ao agressor deve ser tal que proporcione a sua responsabilização pelo ato praticado sem deformação, o que exige a observância do princípio da proporcionalidade na sua aplicação. Hoje temos na *práxis* jurídica uma situação bastante complicada, pois geralmente a condenação por lesão corporal leve não ultrapassa os três meses de detenção e ao julgador não resta outra alternativa que não aplicar o art. 77 do Código Penal,[11] bem mais prejudicial ao apenado do que a pena restritiva de direitos.

Além disso, no âmbito da violência de gênero as penas restritivas de direito cuja característica e finalidade precípuas são impedir que o agressor, condenado, seja lançado à prisão, substituindo a privação da liberdade por outras medidas de caráter social e educativo, ajudaria em muito o combate a essa forma de violência que representa uma relação de poder de dominação do homem e de submissão da mulher. Como, por exemplo, o encaminhamento do agressor a serviços de responsabilização ou a frequência a cursos e palestras a fim de que ele possa refletir sobre o ato praticado, discutir questões sobre masculinidade, respeito à igualdade de gênero e a cultura da paz, seria muito mais eficaz do que encarcerá-lo.[12]

---

11 *Vide* **Enunciado nº 7 do Fonavid:** "O *sursis*, de que trata o art. 77 do Código Penal, é aplicável aos crimes regidos pela Lei nº 11.340/2006, quando presentes os requisitos".

12 Alguns tribunais têm esse entendimento: APELAÇÕES CRIMINAIS. VIOLÊNCIA DOMÉSTICA. ART. 129, § 9º, DO CP. PROVAS DA AUTORIA E DA MATERIALIDADE. PALAVRA DA VÍTIMA. REGIME DA PENA. SUSPENSÃO DA SUBSTITUIÇÃO DA PENA PRIVATIVA DE LIBERDADE POR RESTRITIVA DE DIREITOS.

1. O réu foi condenado a 04 meses e 15 dias de detenção, em regime inicial aberto, que foram substituídos por prestação de serviços à comunidade, em razão da prática do crime do art. 147 do CP. O réu, nas razões, alega que foi cessado qualquer tipo de ameaça, não havendo mais provas da autoria e da materialidade do delito. Salienta que houve apenas uma discussão entre o casal. Ressalta insuficiência de provas e que os indícios do delito se baseiam nos depoimentos da vítima. Afirma, por fim, que o réu e a vítima mantêm uma relação amigável e cordial, pedindo, portanto, a absolvição. Em recurso, o Ministério Público alega que delitos cometidos com violência ou grave ameaça não podem receber o benefício da substituição da pena privativa de liberdade por restritivas de direitos, conforme art. 44 do Código Penal. Sustenta, além disso, a presença da reincidência, outro

No que refere ao art. 33 da Lei "Maria da Penha", uma avaliação deve ser feita, em respeito ao pacto federativo que, atualmente, tem sido muito abandonado. É que a Lei Maria da Penha, ao pretender atribuir às Varas Criminais a competência transitória para o processo e julgamento dos crimes praticados em decorrência de violência doméstica e familiar contra a mulher, dispôs sobre competência de juízo invadindo, deste modo, a competência legislativa dos Estados em matéria de organização judiciária, ressalvada pelo art. 125, § 1º, da Constituição Federal. Não pode a lei federal definir competência de juízo, até porque não há como a União descer às idiossincrasias de cada Estado, para saber qual a necessidade de demanda dos órgãos jurisdicionais dos entes federativos em suas diversas Comarcas. Inconstitucional, deste modo, o art. 33 da Lei "Maria da Penha". Neste sentido se posiciona Bastos (2006).

5.4. Aspectos criminais

A Lei Maria da Penha não tem caráter exclusivamente penal. Seu texto também contém medidas administrativas, processuais e princípios gerais. Não obstante, se trata de uma lei eminentemente penal, resultando em grande impacto na esfera jurisdicional. Trata-se de uma lei de caráter punitivo bastante acentuado, o que vem gerando, como visto, severas críticas da parte do setor garantista do Direito Penal, que aponta a lei como uma legislação que teria vindo atender ao movimento denominado "Lei e Ordem". No mesmo sentido, Campos e Carvalho (2011) e Vieira (2013).

O Título III da lei dispõe sobre a assistência à mulher em situação de violência doméstica e familiar, ao passo que, no capítulo I ela traça

empecilho para a concessão das penas restritivas de direitos. Relata, ainda, que o regime foi fixado de forma equivocada e que, por ser o réu reincidente, deveria ser fixado o regime semiaberto.

2. A palavra da vítima tem especial relevância em crimes cometidos com violência doméstica, não havendo elementos nos autos que a contrarie. Não há por que desacreditá-la, sobremaneira quando amparada por outros elementos de convicção, como no caso.

3. Apesar de o réu ser reincidente, as circunstâncias possibilitam a definição do regime mais brando e a substituição da pena privativa de liberdade por restritiva de direitos, sobretudo em vista do disposto no art. 44, § 3º, do CP e interpretação com base na Súmula 269 do STJ. Caso em que a pena está adequada e se mostra suficiente para atender às funções repressiva e preventiva. Pena mantida. APELAÇÕES NÃO PROVIDAS.

(Apelação Crime nº 70055105175, Primeira Câmara Criminal, Tribunal de Justiça do RS, Rel. Julio Cesar Finger, julgado em 11/09/2013.)

diretrizes para a formulação de políticas públicas voltadas a coibir ou prevenir esse tipo de violência. Está previsto no seu *caput* que tais ações consistem em um conjunto articulado, ou seja, devem se desenvolver de forma harmoniosa, complementar e integrada de iniciativas federais, estaduais e municipais, abrangendo tal articulação, ainda, ações não governamentais, o que coaduna com o disposto no § 2º do art. 3º, que invoca a tríade família-sociedade-Estado em prol dos fins propostos pela Lei Maria da Penha.

Diretrizes não são normas coercitivas, mas orientações, fios condutores que têm por finalidade integrar e coordenar ações concretas e abrangentes. Para o atendimento do art. 8º é indispensável a formação de uma rede de informação, pesquisa, diagnóstico, regulação e atendimento, verdadeira teia de proteção, única forma de contemplar todas as complexas interações e conflitos inerentes à violência doméstica e familiar (HERMANN, 2007:120).

Cabe ressaltar que a Lei Maria da Penha, em regra, não cria tipos penais, mas sim traz em suas normas vários complementos, com caráter especializante, e também normas que excluem institutos despenalizadores, além de alterar penas, estabelecer novas qualificadoras e agravantes, bem como a possibilidade de prisão preventiva. A exceção está na tipificação do descumprimento de medida protetiva de urgência que, de acordo com a Lei nº 13.641, de 3 de abril de 2018, em caso de descumprimento das medidas, será aplicada de três meses a dois anos de detenção. A norma ainda estabelece que a configuração do crime independe de competência civil ou criminal do juiz que deferir a medida e que em casos de prisão em flagrante, somente a autoridade judicial poderá conceder o direito à fiança.

Ao comentar a alteração legislativa do art. 129, § 9º, do Código Penal, Ana Lucia Sabadell (2012) escreve:

> Uma parte da doutrina entende que a lei, apesar da previsão de várias medidas e políticas preventivas, insiste no modelo retributivista, estabelecendo medidas repressivas que buscam, por meio da aplicação da pena privativa de liberdade, dar uma resposta ao conflito de gênero suscitado pela situação de violência doméstica. A Lei 11.340 aumenta a pena máxima cominada, apesar de ter diminuído a mínima, adotando um simbolismo pueril. Paralelamente, dificulta a renúncia da ação. Esta só será admitida "em audiência especialmente designada com tal finalidade, antes da recepção da denúncia e ouvido o Ministério Público" (Art. 16).

Dessa forma, temos uma norma que insiste no modelo paternalista para o tratamento da mulher, e isso é o que muitos juristas não conseguem perceber. O Estado tem a vítima como impotente, distanciando-a da solução do conflito, desconsiderando ou pelo menos menosprezando suas decisões. Por isso, também partindo de uma perspectiva de política de gênero, se pode dizer que a lei apresenta alguns retrocessos no tratamento da violência doméstica.

Outra questão que também tem suscitado controvérsia diz respeito à aplicação da lei às vítimas transexuais. De acordo com o art. 5º, parágrafo único, a Lei nº 11.340/2006[13] deve ser aplicada, independentemente de orientação sexual, razão pela qual, na relação entre mulheres hétero ou transexuais (sexo biológico não corresponde à identidade de gênero feminina), caso haja violência baseada no gênero, incide a Lei Maria da Penha. No mesmo sentido se posicionam Bianchini (2013) e Dias (2011). Este também é o entendimento da COPEVID[14] de acordo com o Enunciado n° 21 (003/2015): "A Lei Maria da Penha se aplica a quaisquer relações íntimas de afeto, ainda que eventuais e/ou efêmeras"[15] e do Conselho Nacional de Procuradores-Gerais (CNPG), que orienta as Promotorias de Justiça do país a aplicarem a Lei Maria da Penha em casos de agressões a mulheres transexuais e travestis, independentemente de cirurgia, alteração do nome ou sexo no documento civil.

5.5. Conceituação de violência

A Lei Maria da Penha ao mesmo tempo em que restringe o conceito de violência doméstica e familiar contra a mulher igualmente o amplia.

---

13 "Art. 5º Para os efeitos desta Lei, configura violência doméstica e familiar contra a mulher qualquer ação ou omissão baseada no gênero que lhe cause morte, lesão, sofrimento físico, sexual ou psicológico e dano moral ou patrimonial:
I - no âmbito da unidade doméstica, compreendida como o espaço de convívio permanente de pessoas, com ou sem vínculo familiar, inclusive as esporadicamente agregadas;
II - no âmbito da família, compreendida como a comunidade formada por indivíduos que são ou se consideram aparentados, unidos por laços naturais, por afinidade ou por vontade expressa;
III - em qualquer relação íntima de afeto, na qual o agressor conviva ou tenha convivido com a ofendida, independentemente de coabitação. Parágrafo único. As relações pessoais enunciadas neste artigo independem de orientação sexual."

14 A Comissão Permanente de Combate à Violência Doméstica e Familiar contra a Mulher (COPEVID) foi criada pelo Grupo Nacional de Direitos Humanos (GNDH), do Conselho Nacional de Procuradores-Gerais (CNPG), visando a contribuir para a análise, discussão e padronização dos entendimentos sobre a violência doméstica contra as mulheres, com o objetivo de subsidiar o trabalho dos operadores do Direito que atuam na proteção das vítimas e punição dos agressores.

15 Aprovado na Plenária da I Reunião Ordinária do GNDH e pelo CNPG em 23/03/2015.

A restrição decorre de nem toda violência contra a mulher encontrar-se abrangida no âmbito de proteção da Lei Maria da Penha (somente a baseada no gênero e desde que praticada no contexto doméstico ou familiar ou em uma relação íntima de afeto); já a ampliação, por seu lado, dá-se em relação ao sentido da palavra *violência*, o qual é utilizado para além daquele estabelecido no campo do Direito Penal (BIANCHINI, 2013:42). Estabelece o art. 7º da lei:

> Art. 7º São formas de violência doméstica e familiar contra a mulher, entre outras:
>
> I – a violência física, entendida como qualquer conduta que ofenda sua integridade ou saúde corporal;
>
> II – a violência psicológica, entendida como qualquer conduta que lhe cause dano emocional e diminuição da autoestima ou que lhe prejudique e perturbe o pleno desenvolvimento ou que vise degradar ou controlar suas ações, comportamentos, crenças e decisões, mediante ameaça, constrangimento, humilhação, manipulação, isolamento, vigilância constante, perseguição contumaz, insulto, chantagem, violação de sua intimidade, ridicularização, exploração e limitação do direito de ir e vir ou qualquer outro meio que lhe cause prejuízo à saúde psicológica e à autodeterminação;
>
> III – a violência sexual, entendida como qualquer conduta que a constranja a presenciar, a manter ou a participar de relação sexual não desejada, mediante intimidação, ameaça, coação ou uso da força; que a induza a comercializar ou a utilizar, de qualquer modo, a sua sexualidade, que a impeça de usar qualquer método contraceptivo ou que a force ao matrimônio, à gravidez, ao aborto ou à prostituição, mediante coação, chantagem, suborno ou manipulação; ou que limite ou anule o exercício de seus direitos sexuais e reprodutivos;
>
> IV – a violência patrimonial, entendida como qualquer conduta que configure retenção, subtração, destruição parcial ou total de seus objetos, instrumentos de trabalho, documentos pessoais, bens, valores e direitos ou recursos econômicos, incluindo os destinados a satisfazer suas necessidades;
>
> V – a violência moral, entendida como qualquer conduta que configure calúnia, difamação ou injúria.

Trata-se de rol exemplificativo e nem todas as condutas consideradas violentas pela lei possuem um correspondente penal. Por isso, deve-se ter muita atenção com o conceito de violência trazido pela legislação. Enquanto no Direito Penal a violência pode ser física, moral ou imprópria, a Lei Maria da Penha se vale do sentido sociológico; utilizando-se ainda do conceito de violência de gênero (BIANCHINI, 2013: 42)

5.6. Aspectos processuais

O art. 13 da Lei Maria da Penha determina que:

> Art. 13. Ao processo, ao julgamento e à execução das causas cíveis e criminais decorrentes da prática de violência doméstica e familiar contra a mulher aplicar-se-ão as normas dos Códigos de Processo Penal e Processo Civil e da legislação específica relativa à criança, ao adolescente e ao idoso que não conflitarem com o estabelecido nesta Lei.

Percebe-se, dessa forma, que a própria Lei nº 11.340/2006 estabelece a aplicação subsidiária dos Códigos de Processo Penal e de Processo Civil aos casos concretos por ela regidos. Sendo assim, as circunstâncias e elementos da situação em análise determinarão o procedimento a ser seguido, em conformidade com os critérios estabelecidos nos referidos diplomas legais.

Atente-se, no entanto, que o art. 41 da lei expressamente excluiu a possibilidade de aplicação do procedimento sumaríssimo para os casos de violência doméstica, motivo pelo qual restará a aplicação dos procedimentos comum ou especial, conforme art. 394 do Código de Processo Penal.

Uma questão divergente refere-se ao fato de o procedimento sumaríssimo não se aplicar aos casos de crimes cometidos no âmbito de violência doméstica, mas, por outro lado, não haver menção expressa com relação a contravenções. Tal norma se estenderia às contravenções penais?

Em sentido positivo posiciona-se Lênio Streck (2011: 94), ao afirmar que a Lei Maria da Penha abrange qualquer tipo de violência doméstica e familiar contra a mulher e, por isso, todas as suas normas seriam aplicadas tanto para os crimes como para as contravenções penais ocorridas nesse contexto. Além disso, complementa o jurista defendendo que o art. 7º configura minuciosamente as condutas passíveis de caracterizar violência doméstica contra a mulher, prevendo até mesmo condutas penalmente atípicas, o que demonstraria, segundo ele, a grande abrangência da lei. Em razão disso, entende Streck que a restrição prevista no art. 41 da lei se estenderia a qualquer tipo de conduta que caracterize violência doméstica.

Em sentido oposto, algumas autoras como Stela Valéria Soares de Farias Cavalcanti e Alice Bianchini entendem que normas restritivas não podem ser interpretadas extensivamente. Explicam que tal restrição gera consequências diretas e graves na vida do réu, que se vê impedido de propor eventual composição civil dos danos, aceitar transação penal, entre outros benefícios previstos pela Lei nº 9.099/1990. Admitem que, muito embora a Lei Maria da Penha constitua uma ação afirmativa e, com isso, esteja alicerçada em peculiaridades a ela inerentes, ao tratar de matéria penal as normas desse ramo não poderiam ser ignoradas, visto que fundamentam o sistema penal de uma forma geral. Assim, na ausência de determinação legal expressa que proíba a aplicação do procedimento sumaríssimo aos casos de contravenções penais, a sua aplicação seria cabível.

5.7. Medidas de Proteção de Urgência

A Lei Maria da Penha prevê medidas de proteção de urgência em seus arts. 22, 23 e 24 que são verdadeiras medidas cautelares e de bastante utilidade nos casos de violência doméstica e, como tal, devem cumprir os dois pressupostos tradicionalmente consistentes no *periculum in mora* e *fumus boni iuris*. Dessa forma, o Juiz deve analisar a conveniência da adoção de tais medidas, verificar a existência dos pressupostos, podendo designar audiência de justificação, prevista no art. 300 § 2º, do novo CPC.

Alguns penalistas (PRADO, 2009) destacam que a Lei Maria da Penha é uma lei penal, apesar dos esforços para consolidar-se como Estatuto capaz de compor um sistema micro de disciplina jurídica das questões pertinentes à violência doméstica e familiar contra a mulher. Também destaca que apesar da proibição taxativa de aplicação da Lei nº 9.099/1995, há espaço para o uso de instrumentos de dogmática penal que dispensem o emprego da pena de prisão – e inclusive de qualquer outra sanção penal – trocando-se a solução do caso penal pela resolução adequada e justa do conflito supostamente subjacente ao caso.

As medidas de proteção de urgência previstas na Lei Maria da Penha possuem caráter meramente exemplificativo, não esgotando o rol de medidas passíveis de adoção conforme o art. 22, § 1º, e *caput* dos arts. 23 e 24. Sua finalidade é preservar a integridade física e psicológica das mulheres, e na maioria das vezes, preservar também a integridade física dos filhos, contra qualquer espécie de violência de que trate o art. 5º da lei.

De acordo com o art. 19 da lei, as medidas de proteção de urgência poderiam ser concedidas pelo juiz a requerimento do Ministério Público, ou a pedido da ofendida, requeridas diretamente ou por seu advogado. Ainda segundo o mesmo artigo, constituem-se como legitimados ativos para os pedidos de medida de proteção a própria ofendida e o Ministério Público.

As medidas de proteção de urgência podem ser decretadas de ofício pelo juiz,[16] analisando o caso e a finalidade da proteção, levando-se em consideração que o Magistrado pode decretar a prisão preventiva de oficio, não há razão para que não possa fazê-lo também em relação às medidas de urgência, visto que "quem pode o mais, pode o menos". Neste sentido também se posiciona Nucci (2007).

O que ocorre na prática, em muitos casos que chegam à Justiça, é que a petição de medida de proteção de urgência vem encaminhada pela autoridade policial somente com a declaração da ofendida, até porque, tratando-se de violência doméstica, a palavra da vítima tem especial relevância e, na maioria dos casos, não há testemunhas. Resulta evidente que o Juiz deve basear-se na versão da vítima, mas sempre que possível deve ouvir o agressor para que a situação possa ser avaliada com cautela e bom critério. Por exemplo, caso tenha dúvidas para conceder a medida de proteção, deve ouvir a vítima em separado, encaminhá-la para avaliação da equipe de atenção multidisciplinar e à Defensoria Pública.

Com a finalidade de prestar a assistência necessária e, com isso, efetiva prestação jurisdicional, a equipe multidisciplinar é composta por assistentes sociais e psicólogos, que atuam em conjunto com a Defensoria Pública. Assim, à vítima de violência doméstica é garantida toda prestação de serviços necessária, com o objetivo de minimizar e, se possível, erradicar qualquer forma de violência sofrida por ela.

Nesse sentido, os enunciados do FONAVID[17] foram aprovados visando à efetividade e eficiência do trabalho em equipe e assim, serem atingidos os objetivos da Lei Maria da Penha, que reflete os anseios sociais expressados ao longo da história.

Além disso, dada a necessidade de uma prestação jurisdicional que corresponda à amplitude das relações domésticas e seus desdo-

---

16 Cf. Enunciado **nº 04 (004/2011) da COPEVID:** "As Medidas de Proteção foram definidas como tutelas de urgência, *sui generis*, de natureza cível e/ou criminal, que podem ser deferidas de plano pelo Juiz, sendo dispensável, a princípio, a instrução, podendo perdurar enquanto persistir a situação de risco da mulher" (Com nova redação aprovada na Reunião Ordinária do GNDH de 12 e 14/03/2013 e pelo Colegiado do CNPG de 29/04/2014).

17 Fórum Nacional de Juízes da Violência Doméstica, criado com a missão de "realizar a Justiça e garantir a efetividade da Lei nº 11.340/2006, promovendo ações que resultem na prevenção e no combate eficaz à violência doméstica e familiar contra a mulher, por meio do aperfeiçoamento e da troca de experiências entre os magistrados que o compõem, bem como da sua participação ativa junto aos órgãos responsáveis pelas políticas públicas que dizem respeito à matéria". Disponível em: <http://www.amb.com.br/fonavid/index.asp>. Acesso em: 02 jul. 2014.

bramentos em caso de violência contra a mulher, foi criado o Protocolo de Atuação entre a Delegacia da Violência Doméstica (Centro do Rio de Janeiro), Ministério Público e Defensoria Pública para a Proteção das Vítimas de Violência Doméstica, Familiar e de Gênero – denominado "Projeto Violeta".

Tal projeto tem a finalidade de orientar as mulheres sobre a forma como podem ter acesso à Justiça quando se encontrarem em situação de violência doméstica, garantindo-lhes proteção e segurança máximas, além de estimular denúncias de agressões para que assim, a sociedade deixe de tolerar as tantas formas de violência ainda hoje existentes contra as mulheres. Fato é que a violência independe de classe social, instrução, formação ou qualquer outro critério social: as agressões contra as mulheres ultrapassam todas essas barreiras e se iniciam sem que a vítima sequer tenha consciência do que realmente está ocorrendo. E a mudança desse quadro social apenas será possível se todas as esferas pertinentes atuarem em comunhão de ações e iniciativas, criadas com o compromisso de atingir o bem comum, livrando as mulheres de qualquer situação de sujeição ou de minorização da própria condição de ser mulher.

Ressalte-se que, ao prever as medidas de proteção de urgência, a Lei Maria da Penha inovou no sentido de proporcionar maior liberdade ao juiz, que antes da sua entrada em vigor, estava adstrito à aplicação de apenas algumas medidas cautelares. Com a lei, o rol de medidas cautelares foi ampliado, cabendo ao julgador a verificação da medida mais adequada e necessária à situação em análise, em conformidade com as peculiaridades de cada caso.

Assim é que, em seu art. 22, a Lei nº 11.340/2006 traz um rol de providências a serem tomadas de forma a obrigar o agressor a cumpri-las, com a finalidade de cessar a violência, dentre elas, as mais comuns sendo o afastamento do lar, a proibição de aproximação da vítima e a fixação de alimentos provisionais ou provisórios. Tais medidas visam à proteção da integridade física e psicológica da agredida, podendo o juiz requisitar auxílio policial para garantir a efetividade da medida.

Como se demonstra nos julgados do STJ, em circunstâncias especiais, a prisão preventiva é admitida para preservar a integridade e a vida da mulher em situação de violência e a execução das medidas protetivas.

> RECURSO EM *HABEAS CORPUS*. TENTATIVA DE HOMICÍDIO QUALIFICADO. FEMINICÍDIO. VIOLÊNCIA DOMÉSTICA. PRISÃO PREVENTIVA. PLEITO DE REVOGAÇÃO. FUNDAMENTAÇÃO IDÔNEA. GRAVIDADE CONCRETA DO CRIME. *MODUS OPERANDI.*

> PERICULOSIDADE SOCIAL DO AGENTE. AUDIÊNCIA DE CUSTÓDIA. AUSÊNCIA. CONSTRANGIMENTO ILEGAL INEXISTENTE.
>
> 1. As prisões cautelares são medidas de índole excepcional, somente podendo ser decretadas ou mantidas caso demonstrada, com base em elementos concretos dos autos, a efetiva imprescindibilidade de restrição ao direito constitucional à liberdade de locomoção. Precedentes.
>
> 2. A custódia preventiva está idoneamente fundamentada na garantia da ordem, tendo em vista a gravidade concreta da conduta, evidenciada pelo *modus operandi* do delito: homicídio da esposa, a golpes de faca, cometido na própria residência, na presença de filha menor.
>
> 3. A audiência de custódia é um importante instrumento de observância dos direitos e garantias fundamentais do preso, entretanto, a não realização da audiência não constitui, por si só, motivo suficiente capaz de anular a segregação cautelar, desde que presentes os requisitos delineados no art. 312 do Código de Processo Penal e que não tenha havido ofensa aos direitos e garantias fundamentais.
> 4. Recurso em *habeas corpus* improvido.
>
> (RHC 105.470 / MG, Rel. Min. Sebastião Reis Júnior, 6ª Turma, julgado em 05/02/2019, *DJe* 20/02/2019).

Cabe, portanto, uma análise acerca das medidas protetivas de urgência previstas na Lei Maria da Penha. Ressalte-se que as referidas medidas podem ser classificadas em três espécies: a) medidas que obrigam o agressor (art. 22); b) medidas dirigidas à vítima, de caráter pessoal (art. 23); c) medidas dirigidas à vítima, de caráter patrimonial (art. 24).

Observe-se que o art. 313 do Código de Processo Penal, no inciso III, expressa que há admissão da prisão preventiva, em conformidade com o art. 312, se o crime envolver violência doméstica e familiar contra a mulher para garantir a execução das medidas protetivas de urgência. Neste mesmo sentido, a Lei nº 11.340/2006, em seu art. 20, determina que em qualquer fase do inquérito policial ou da instrução criminal, caberá a prisão preventiva do agressor, decretada pelo juiz, de ofício, a requerimento do Ministério Público ou mediante representação da autoridade policial, podendo ser revogada pelo juiz.

Além disso, em 2018, a Lei nº 11.340/2006 sofreu uma alteração pela Lei nº 13.641/2018 e passou a tipificar o descumprimento da medida protetiva de urgência, conforme será demonstrado no tópico seguinte, estabelecendo inclusive a pena de detenção.

5.8. Alterações à Lei Maria da Penha

5.8.1. Lei nº 13.505/2017 e Lei nº 13.827/2019

A Lei nº 13.505/2017 acrescenta os arts. 10-A e 12-A na Lei nº 11.340/2006 a fim de que a mulher em situação de violência tenha o direito de receber atendimento policial e pericial especializado, ininterrupto e prestado, preferencialmente, por servidoras do sexo feminino.

Especificamente, o art. 10-A tutela a não revitimização da depoente, ante as sucessivas violências institucionais que as mulheres costumam passar quando do acesso à Justiça e aos órgãos de polícia. Nele, estabelece-se a importância de que se evite o contato da vítima, testemunhas e familiares com os investigados ou pessoas a ele relacionados, bem como perguntas sobre o mesmo fato e sobre vida privada. Atenta ainda a procedimentos como inquirição em ambiente próprio.

É de crucial relevância este novo dispositivo legal, tendo em vista os empecilhos estruturais encontrados pelas mulheres em situação de violência quando do acesso à Polícia Civil ou Militar. A LMP, ao trazer um tratamento diferenciado e inovador, entende que as delegacias são a porta de entrada de grande parte dos casos de violência em que a mulher acessa a rede de proteção e a Justiça (MELLO e PAIVA, 2019, p. 108).

> Art. 10-A. É direito da mulher em situação de violência doméstica e familiar o atendimento policial e pericial especializado, ininterrupto e prestado por servidores – preferencialmente do sexo feminino – previamente capacitados.
>
> § 1º A inquirição de mulher em situação de violência doméstica e familiar ou de testemunha de violência doméstica, quando se tratar de crime contra a mulher, obedecerá às seguintes diretrizes:
>
> I – salvaguarda da integridade física, psíquica e emocional da depoente, considerada a sua condição peculiar de pessoa em situação de violência doméstica e familiar;
>
> II – garantia de que, em nenhuma hipótese, a mulher em situação de violência doméstica e familiar, familiares e testemunhas terão contato direto com investigados ou suspeitos e pessoas a eles relacionadas;
>
> III – não revitimização da depoente, evitando sucessivas inquirições sobre o mesmo fato nos âmbitos criminal, cível e administrativo, bem como questionamentos sobre a vida privada.
>
> § 2º Na inquirição de mulher em situação de violência doméstica e familiar ou de testemunha de delitos de que trata esta Lei, adotar-se-á, preferencialmente, o seguinte procedimento:
>
> I – a inquirição será feita em recinto especialmente projetado para esse fim, o qual conterá os equipamentos próprios e adequados à

> idade da mulher em situação de violência doméstica e familiar ou testemunha e ao tipo e à gravidade da violência sofrida;
>
> II – quando for o caso, a inquirição será intermediada por profissional especializado em violência doméstica e familiar designado pela autoridade judiciária ou policial;
>
> III – o depoimento será registrado em meio eletrônico ou magnético, devendo a degravação e a mídia integrar o inquérito.

O art. 12-A trata da formulação de políticas públicas que priorizem a criação de órgãos atuantes no combate a essa violência. Destaque-se que as delegacias de atendimento à mulher (DEAMS) foram criadas na década de 1980 como uma das primeiras políticas públicas voltadas para as mulheres, graças às demandas feministas da Assembleia Constituinte de 1987 e se tornaram um modelo de delegacia que serviu de exemplo para outros países da América Latina, consolidando o pioneirismo brasileiro (MELLO e PAIVA, 2019, p. 109).

A Secretaria de Segurança Pública de cada Estado é responsável por instituir as DEAMS. Não há uma limitação no número máximo ou mínimo de delegacias por Município. Em pesquisa feita pelo DataSenado, foram localizadas 443 DEAMS em 2016, das quais se encontram na Região Sudeste quase metade. Ainda, é "elevado o percentual de delegacias que não disponibilizam serviço de apoio psicológico para as vítimas, alcançando 66% das DEAMS".[18]

No âmbito da mesma pesquisa, revela-se que não existem salas de espera separadas em 45% das unidades, para evitar o contato entre vítima e agressor. A Polícia Civil dos Estados deve se adequar à LMP e disponibilizar as salas com espaço reservado para humanização do atendimento.

> Art. 12-A. Os Estados e o Distrito Federal, na formulação de suas políticas e planos de atendimento à mulher em situação de violência doméstica e familiar, darão prioridade, no âmbito da Polícia Civil, à criação de Delegacias Especializadas de Atendimento à Mulher (Deams), de Núcleos Investigativos de Feminicídio e de equipes especializadas para o atendimento e a investigação das violências graves contra a mulher.

18 BRASIL. *Rede de Enfrentamento à Violência contra as Mulheres – DEAMS*. DataSenado, 2016. Disponível em: <https://www12.senado.leg.br/institucional/datasenado/arquivos/rede-de-enfrentamento-a-violencia-contra-as-mulheres-deams>. Acesso em: 12 out. 2019.

Inicialmente, o Projeto de Lei da Câmara nº 07/2016, do qual se originou essa lei, propunha ainda o art. 12-B[19] que permitiria, sob a justificativa de morosidade do Poder Judiciário, que o Delegado de Polícia decidisse sobre o deferimento de medidas protetivas de urgência após o registro de ocorrência policial. Tal artigo foi vetado ante sua inconstitucionalidade material, pois fere o art. 2º da Constituição Federal – separação de Poderes – e o art. 144, § 4º, da Carta Maior – competência constitucional da Polícia Civil – de forma que o projeto não foi aprovado na sua integralidade.

Isto porque ao atribuir à Autoridade Policial o poder decisório de apreciação de lesão ou ameaça de lesão a direito (decisão sobre o pedido de medida protetiva), relativiza-se a estrutura constitucional do Estado Democrático de Direito tripartite. Como bem salienta a nota técnica da AMB, "a autoridade policial está condicionada à estrutura do Executivo. É o mesmo que atribuir, em casos emergenciais, a iniciativa de legislar aos Magistrados, de forma irrestrita e ampla (*erga omnes*)".

A restrição de direitos fundamentais que passa ao largo do Poder Judiciário é inequivocamente inconstitucional. O sistema de garantias de direitos fundamentais previstos na Constituição Federa de 1988 exige que determinadas restrições de direitos se submetam à prévia decisão judicial. O STF já consagrou o princípio da "reserva de jurisdição" em alguns julgados (STF, RE 593.727/MG; HC 107.644/SP; MS 23.452/RJ) que deve ser aplicável a qualquer violação ou restrição de liberdade, domicílio, comunicações telefônicas, sigilo bancário e fiscal, entre outros. Também não é outro o entendimento do CONAMP quando, em nota técnica, afirma que "não é constitucional que a restrição de direitos fundamentais sensíveis seja transferida da esfera judicial para a esfera policial, ao argumento simplório de que supostamente o Poder Judiciário seria lento ou omisso em suas decisões".

19 PLC nº 07/2016:

"Art. 12-B. Verificada a existência de risco atual ou iminente à vida ou integridade física e psicológica da vítima ou de seus dependentes, a autoridade policial, preferencialmente da delegacia de proteção à mulher, poderá aplicar provisoriamente, até deliberação judicial, as medidas protetivas de urgência previstas no inciso III do art. 22 e nos incisos I e II do art. 23 desta Lei, intimando desde logo o ofensor.

§ 1º O juiz deverá ser comunicado no prazo de vinte e quatro horas e poderá manter ou rever as medidas protetivas aplicadas, ouvido o Ministério Público no mesmo prazo.

§ 2º Não sendo suficientes ou adequadas as medidas protetivas previstas no *caput*, a autoridade policial representará ao juiz pela aplicação de outras medidas protetivas ou pela decretação da prisão do autor.

§ 3º A autoridade policial poderá requisitar os serviços públicos necessários à defesa da vítima e de seus dependentes".

Por fim, resta prejudicado também o princípio do acesso à Justiça, direito humano e essencial ao completo exercício da cidadania. Mais que acesso ao Poder Judiciário, o princípio abarca também o acesso à informação acerca dos seus direitos, assistência judiciária gratuita e, especialmente, o duplo grau de jurisdição, que garante a revisão de uma sentença proferida de forma injusta por colegiado.

Neste sentido, o dispositivo legal desrespeita não só o ordenamento pátrio, mas também a garantia do acesso à Justiça revista na Recomendação Geral nº 33 do Comitê sobre Eliminação de Discriminação contra as Mulheres da ONU, que trata do acesso à Justiça das mulheres em situação de violência.

> O direito de acesso à justiça para as mulheres é essencial à realização de todos os direitos protegidos em virtude da Convenção sobre a Eliminação de Discriminação contra as Mulheres. É um elemento fundamental do Estado de Direito e da boa governança, junto com a independência, imparcialidade, integridade e credibilidade da judicatura, a luta contra a impunidade e a corrupção, e a participação igualitária das mulheres no Judiciário e em outros mecanismos de aplicação da Lei.

No âmbito do Direito Internacional, o antigo dispositivo legal também fere a Convenção da Mulher (CEDAW) e a Convenção de Belém de Pará. A Convenção CEDAW, de 1979, é o primeiro tratado internacional que dispõe amplamente sobre os direitos humanos das mulheres. São duas as frentes propostas: promover os direitos da mulher na busca da igualdade de gênero e reprimir quaisquer discriminações contra as mulheres nos Estados-Partes.

Em nota técnica, o Conselho Nacional de Justiça adere ao entendimento de que excluir o juiz da apreciação das medidas protetivas expõe ainda mais a mulher ao risco e à vulnerabilidade social.

No entanto, em contrariedade a esta linha de raciocínio, em 2019, foi aprovada a Lei nº 13.827/2019, que insere os arts. 12-C e 38-A na Lei nº 11.340/2006. Enquanto o art. 38-A coloca que o juiz providenciará o registro da medida protetiva de urgência em banco de dados mantido e regulamentado pelo CNJ a fim de que os demais órgãos tenham acesso e seja garantida a fiscalização destas, o art. 12-C possibilita que o delegado de polícia, quando o Município não for sede de comarca ou, na falta daquele, o "policial" afira o afastamento do agressor, com comunicação ao juiz em 24 horas, devendo ele decidir em igual prazo sobre a medida e dar ciência ao Ministério Público.

> Art. 12-C. Verificada a existência de risco atual ou iminente à vida ou à integridade física da mulher em situação de violência doméstica e familiar, ou de seus dependentes, o agressor será imediatamente afastado do lar, domicílio ou local de convivência com a ofendida:
>
> I – pela autoridade judicial;
>
> II – pelo delegado de polícia, quando o Município não for sede de comarca; ou
>
> III – pelo policial, quando o Município não for sede de comarca e não houver delegado disponível no momento da denúncia.
>
> § 1º Nas hipóteses dos incisos II e III do *caput* deste artigo, o juiz será comunicado no prazo máximo de 24 (vinte e quatro) horas e decidirá, em igual prazo, sobre a manutenção ou a revogação da medida aplicada, devendo dar ciência ao Ministério Público concomitantemente.
>
> § 2º Nos casos de risco à integridade física da ofendida ou à efetividade da medida protetiva de urgência, não será concedida liberdade provisória ao preso.

Tal artigo, precisamente no tocante aos incisos II e III e § 1º, está sendo objeto de Ação Direta de Inconstitucionalidade (ADI 6.138 STF), sob relatoria do Ministro Alexandre de Moraes, ajuizada pela Associação dos Magistrados Brasileiros (AMB), ante a violação das garantias constitucionais de violação do domicílio (art. 5º, inc. XI, da Constituição da República), do devido processo legal (art. 5º, inc. LIV, da Carta Magna), da separação de Poderes (art. 2º da mesma Carta) e o desvirtuamento do próprio Estado Democrático de Direito, diante dos argumentos aqui esgotados.

Em Nota Conjunta realizada em 2018, o Fórum Nacional de Juízas e Juízes de Violência Doméstica e Familiar contra a Mulher (FONAVID) e a AMB apontaram que:

> O referido projeto ao atribuir ao delegado de polícia ou a qualquer outro policial o poder de conceder medidas protetivas de urgência e, por consequência, restringir direitos vinculados à liberdade de locomoção e à liberdade, subverte o Estado de Direito e a ordem constitucional e viola, em especial, os princípios constitucionais da inafastabilidade da jurisdição e da tripartição dos Poderes (arts. 2º e 5º, XXXV, da CF).
>
> [...] A violência doméstica contra a mulher é uma grave violação de direitos humanos e merece a atenção imediata do Estado. Todavia, não podemos, com esse fundamento, violar outros direitos fundamentais como o direito de locomoção e o direito à liberdade, o

> que ocorrerá se autoridade não investida na função jurisdicional for autorizada a aplicar medidas protetivas de urgência, desprezando os poderes constitucionais conferidos ao Poder Judiciário. O princípio do devido processo legal está previsto no artigo 5º, LIV, da Constituição Federal cujo objetivo é oferecer segurança jurídica ao criar procedimentos para as relações jurídicas quanto aos seus direitos. Desta forma, qualquer privação de direitos e garantias individuais e fundamentais deve se dar por ordem judicial escrita e fundamentada, na forma do artigo 93, IX da CF.
>
> Inclusive, importante salientar, que parte de projeto semelhante, o PLC 7, de 2016 (Lei nº 13.505/2007), foi vetado, por essas mesmas razões, pelo Exmo. Presidente da República (Mensagem nº 436), ouvidos o Ministério da Justiça e Segurança Pública e a Secretaria Nacional de Políticas para as Mulheres, da Secretaria de Governo da Presidência da República, em decorrência de manifesta inconstitucionalidade material, por violação aos arts. 2º e 144, § 4º, da CF, em razão de invadir competência afeta ao Poder Judiciário e buscar estabelecer competência não prevista para as polícias civis[20].

Destaque-se que o FONAVID, no qual atualmente integro a comissão legislativa, foi criado em 2009, na III Jornada da Lei Maria da Penha realizada no CNJ, com o escopo de reunir juízes que atuam com esse tipo de violência no país, sendo de vital importância, pois estrutura um mecanismo de análise e uniformização de entendimentos sobre a temática.

Dentre suas recomendações[21], tem-se: a celebração de convênios a composição das equipes técnicas e protocolos de atuação integrada entre as instituições de ensino, prefeituras e governo dos Estados e do DF, assim como com a Polícia Civil, Defensoria Pública e Ministério Público; promoção de formação multidisciplinar dos magistrados e servidores incorporando a perspectiva de gênero para proporcionar melhor valoração da prova a partir do conhecimento e estudo de outras ciências; e mapeamento da rede de proteção à mulher e cadastro de instituições que atuem com esta finalidade por intermédio das Coordenadorias da Mulher, pelos Tribunais de Justiça do país.

---

20 Conteúdo integral da Nota disponível em: <https://www.amb.com.br/fonavid/files/Nota_Conjunta%20FONAVID_e_AMB_PLC_94_2018.pdf>. Acesso em: 12 out. 2019.

21 Para mais informações, acesse: <http://portaltj.tjrj.jus.br/web/guest/observatorio-judicial-violencia-mulher/fonavid->. Acesso em: 12 out. 2019.

5.8.2. Lei nº 13.641/2018

Como já mencionado no tópico anterior, a partir de 2018 o descumprimento de medida protetiva de urgência foi criminalizado. Isto porque a Lei nº 13.641/2018 altera a Lei Maria da Penha inserindo o art. 24-A, que tipifica esta conduta. Assim, o Capítulo II do Título IV da Lei 11.340/2006 passa a vigorar acrescido da Seção IV, com este artigo.

> Seção IV
>
> Do Crime de Descumprimento de Medidas Protetivas de Urgência
>
> Descumprimento de Medidas Protetivas de Urgência
>
> Art. 24-A. Descumprir decisão judicial que defere medidas protetivas de urgência previstas nesta Lei: (Incluído pela Lei nº 13.641, de 2018)
>
> Pena – detenção, de 3 (três) meses a 2 (dois) anos. (Incluído pela Lei nº 13.641, de 2018)
>
> § 1° A configuração do crime independe da competência civil ou criminal do juiz que deferiu as medidas. (Incluído pela Lei nº 13.641, de 2018)
>
> § 2° Na hipótese de prisão em flagrante, apenas a autoridade judicial poderá conceder fiança. (Incluído pela Lei nº 13.641, de 2018)
>
> § 3° O disposto neste artigo não exclui a aplicação de outras sanções cabíveis. (Incluído pela Lei nº 13.641, de 2018)

A fiança só pode ser concedida por autoridade judicial, o que faz com que o agressor tenha que passar por uma audiência de custódia, podendo esta prisão em flagrante ser relaxada (caso seja ilegal), convertida em preventiva ou concedida liberdade provisória. Ademais, sendo um crime autônomo, naturalmente ensejará um inquérito policial específico para apurá-lo.

No tocante à pena prevista, é de se notar que ela é a mesma do crime de desobediência à ordem judicial inscrito no art. 359 do Código Penal. Isto nos leva à consideração de que foi respeitado o princípio da proporcionalidade. Ressalte-se que, antes de 2018, havia divergência sobre como proceder diante do descumprimento de medida protetiva: 1) uma corrente entendia como fato atípico, já que havia previsão expressa de consequências para o descumprimento; 2) outro entendimento era o de responsabilização a partir do art. 330 do Código Penal; 3) outra corrente, ainda, afirmava a responsabilização pelo art. 359.

O que a nova lei faz é criar um tipo penal específico para pôr fim à controvérsia e, de certa forma, tomar o cuidado necessário com o princípio da taxatividade tão caro na seara penal. Assim, se evita a tentativa de encaixar o fato em outros tipos penais que não tratam especificamente da questão, tomando precaução contra a analogia contra o réu.

Ademais, o § 1º apresentado neste artigo tem um aspecto muito interessante, pois consolida a ideia de que a medida protetiva de urgência tem caráter sui generis. Sua concessão independe da existência de um crime, podendo inclusive ter caráter cível. Basta haver risco e violência para que se possa pleiteá-las.

5.8.3. Lei nº 13.772/2018

A Lei nº 13.772/2018 insere o Capítulo I-A, que tutela a intimidade sexual, ao Título VI do Código Penal – Dos Crimes contra a Dignidade Sexual – para criminalizar o registro não autorizado de conteúdo com cena de nudez ou ato sexual ou libidinoso de caráter íntimo ou privado. Assim, é introduzido no Código Penal o art. 216-B.

> CAPÍTULO I-A
>
> DA EXPOSIÇÃO DA INTIMIDADE SEXUAL
>
> Registro não autorizado da intimidade sexual
>
> Art. 216-B. Produzir, fotografar, filmar ou registrar, por qualquer meio, conteúdo com cena de nudez ou ato sexual ou libidinoso de caráter íntimo e privado sem autorização dos participantes:
>
> Pena – detenção, de 6 (seis) meses a 1 (um) ano, e multa.
>
> Parágrafo único. Na mesma pena incorre quem realiza montagem em fotografia, vídeo, áudio ou qualquer outro registro com o fim de incluir pessoa em cena de nudez ou ato sexual ou libidinoso de caráter íntimo.

Nesse contexto, a Lei nº 13.772/2018 aproveita para reconhecer que a violação da intimidade da mulher configura violência doméstica e familiar contra a mulher, alterando o inc. II do art. 7º da Lei Maria da Penha, que trata da violência psicológica. Agora, esta conduta é abrangida pela definição legal de violência psicológica.

> Art. 7º
>
> [...]
>
> II – a violência psicológica, entendida como qualquer conduta que lhe cause dano emocional e diminuição da autoestima ou que lhe prejudique e perturbe o pleno desenvolvimento ou que vise degradar ou controlar suas ações, comportamentos, crenças e decisões,

mediante ameaça, constrangimento, humilhação, manipulação, isolamento, vigilância constante, perseguição contumaz, insulto, chantagem, violação de sua intimidade, ridicularização, exploração e limitação do direito de ir e vir ou qualquer outro meio que lhe cause prejuízo à saúde psicológica e à autodeterminação;

5.8.4. Lei nº 13.836/2019

O § 1º do art. 12 da Lei nº 11.340/2006 ganha um novo inciso em junho de 2019 com a alteração formulada pela Lei nº 13.836/2019, que torna obrigatória a informação sobre a condição de pessoa com deficiência da mulher vítima de agressão doméstica e familiar no momento de ser tomado a termo pela autoridade policial o pedido da ofendida de medidas protetivas.

Dentre as diversas razões, é necessário avaliar se a vítima tinha ou ficou com alguma deficiência por causa da agressão porque isto faz com que penas mais duras sejam aplicadas. Além disso, o Estado precisa desses dados para poder mapear e incluir estas pessoas nos seus planos, para melhor contribuir com políticas públicas, já que estas mulheres estão com vulnerabilidade potencializada.

De acordo com o Atlas da Violência 2018, entre as vítimas de estupro em 2016, aproximadamente 10,3% possuíam deficiência. Dentre os estupros coletivos, o total é ainda maior, de 12.2%.[22]

Decorre da análise desses dados a necessidade dessa orientação legislativa para tratar com especificidade as demandas das mulheres que possuem alguma deficiência, seja ela mental ou física.

5.8.5. PL nº 8.032/2014

De autoria da deputada federal Jandira Feghali (PCdoB/RJ), o PL nº 8.032/2014[23] amplia a proteção de que trata a Lei Maria da Penha às pessoas transexuais e transgêneros, alterando o art. 5°, que passaria a viger da seguinte forma: "Art. 5º [...] Parágrafo único. As relações pessoais enunciadas neste artigo independem de orientação sexual e se aplicam às pessoas transexuais e transgêneros que se identifiquem

22 Para mais informações, acessar: <http://www.ipea.gov.br/portal/index.php?option=-com_content&view=article&id=33410&Itemid=432>. Acesso em: 28 ago. 2019.

23 Para maiores informações sobre o projeto, visite: <http://www.camara.gov.br/proposicoes Web/fichadetramitacao?idProposicao=623761>. Acesso em: 17 out. 2019.

como mulheres". O projeto entende como transexual "a pessoa que nasce biologicamente com determinado sexo, mas se vê pertencente a outro e cogita fazer tratamentos hormonais e cirurgia para mudar o corpo físico. Ao contrário do que já acreditaram psicanalistas no passado, esse não é um caso de psicose, com alucinações e delírios".

Adota-se uma abordagem psicológica com um componente biológico, quando o projeto cita o psiquiatra Alexandre Saadeh ao afirmar que existe "um cérebro feminino e um masculino, determinado no útero da mãe por hormônios masculinos circulantes. E isso interfere no desenvolvimento cerebral para uma linhagem feminina ou masculina. A cultura e o ambiente também têm importância, mas a determinação é biológica".

No entanto, a justificativa do projeto é categórica ao afirmar que ao fazer uma cirurgia de mudança de sexo, o que a Medicina faz é harmonizar o corpo transexual com a mente. A proteção da lei deve se balizar nesta formação psicológica, estendendo-se a mulheres transexuais e transgêneros. Em 23 de outubro o projeto foi encaminhado ao relator Márcio Jerry, do PCdoB de Minas Gerais, mas ainda está aguardando parecer.

Na contramão desse entendimento estava o PL nº 477/2015[24], de autoria do Deputado Federal Eros Biondini com intuito de alterar os arts. 5º e 8º da lei para substituir o termo "gênero" por "sexo". Tal Projeto de Lei foi retirado a requerimento do autor.

5.9. Demais alterações recentes no âmbito da violência contra a mulher

Embora não altere a Lei Maria da Penha, a Lei nº 13.721/2018 é extremamente relevante para o contexto de violência doméstica e familiar contra a mulher. A partir dela, estabelece-se prioridade no tocante aos exames de corpo de delito quando se trata de crime que envolve este tipo de violência ou contra criança, adolescente, idoso e pessoa com deficiência.

Isto porque ela insere no art. 158 do Código de Processo Penal – que trata da indispensabilidade do exame do corpo de delito quando a ação deixar vestígios – um parágrafo único que estabelece estas prioridades em seus incisos I e II.

Outra legislação deste mesmo ano que não altera a Lei nº 11.340/2006, mas provoca bastante mudança no cenário da violência

24 Para maiores informações sobre o projeto, visite: <http://www.camara.gov.br/proposicoes Web/fichadetramitacao?idProposicao=949119>. Acesso em: 17 out. 2019.

contra a mulher, em especial a violência sexual, é a Lei nº 13.718/2018. Este dispositivo, dentre outros aspectos, insere a figura da importunação sexual a partir do art. 215-A, que tipifica a prática de ato libidinoso contra alguém sem o seu consentimento.

Tal inserção é importantíssima para a tutela de direitos fundamentais femininos que até então estavam excluídos do Código Penal. Em 2017, casos de violações à autodeterminação sexual da mulher que não se elencavam, até 2018, nos crimes contra a dignidade sexual – já que o crime de estupro conta como elemento objetivo com a violência ou grave ameaça para se configurar – trouxeram um importante debate entre juristas, operadores do Direito e feministas.

Diante de acontecimentos como mulheres sofrendo assédios em transportes públicos (como uma mulher que no ônibus, em São Paulo, acordou na viagem com sêmen em seu pescoço), sem o uso de violência ou grave ameaça, restou claro que o tipo legal de estupro não dava conta da realidade do país. Por um lado, não se pode recair em anseios populares por interpretação extensiva do tipo penal de estupro diante do princípio da legalidade estrita, mas, por outro, a forma como o tipo penal está elaborado denuncia uma exigência de reação ativa às iniciativas violentas, em forma de resistência, para que seja necessária a violência/ameaça por parte do agressor. Isso coloca a mulher em situação de dupla violência e em risco de sofrer ainda mais fisicamente.

Neste diapasão, a Lei nº 13.718/2018, publicada em 24 de setembro de 2018, estabelece a tutela do consentimento diante de atos libidinosos, a fim de suprir tais lacunas.

Esta lei trouxe ainda o § 5º ao art. 217-A do Código Penal, estabelecendo que as penas previstas para estupro de vulnerável independem do consentimento da vítima ou do fato de ela ter tido relações sexuais anteriores ao crime, tendo em vista a cultura do Judiciário de revitimizar a criança e/ou vulnerável em situação de violência com argumentos que descaracterizam a infância e a violência e reproduzem o discurso patriarcal (SABADELL, 2008, p. 269-273).

Além disso, inseriu a tipificação de divulgação de cena de estupro ou de cena de estupro de vulnerável, bem como de cena de sexo ou pornografia sem o consentimento da vítima, estabelecendo aumento de pena para casos em que a divulgação seja para fins de humilhação e vingança. Estipula, com isso, a exclusão de ilicitude para matérias de natureza jornalística, científica, cultural e acadêmica desde que se torne impossibilitada a identificação da vítima, com sua prévia autorização caso seja maior de idade.

Outra mudança originada por esta Lei é a determinação de que os crimes contra a liberdade sexual e os crimes sexuais contra vulneráveis proceder-se-ão mediante ação penal pública incondicionada. Tal alteração é polêmica porque muitas mulheres que sofrem violência sexual muitas vezes têm vergonha de relatar a violência sofrida perante as autoridades e sabe-se que esses crimes são subnotificados, correndo-se o risco agora do aumento do número de mulheres que não irão registrar.[25] Atualmente existe ainda o PL nº 2.538, de 2019, já aprovado, que se encontra em aguardo para apreciação do veto na Mesa Diretora da Câmara dos Deputados[26] e objetiva alterar a Lei nº 10.778, de 24 de novembro de 2003, dispondo sobre a notificação compulsória dos casos de suspeita de violência contra a mulher.[27]

Essa situação é bem diferente da esposada pelo STF (ADI 4.424/DF) nos crimes de lesão corporal, quando, em sede de violência doméstica e familiar contra a mulher, procedem-se mediante ação penal pública incondicionada.[28]

Ademais, a lei estabelece aumento de pena nos crimes para o caso de o agente ser ascendente, padrasto/madrasta, tio, irmão, cônjuge/companheiro, tutor/curador, preceptor ou empregador da vítima ou por qualquer outro título tiver autoridade sobre a vítima, bem como nos casos de estupro coletivo ou corretivo. Determina, enfim, aumento da pena para os casos em que os crimes sexuais resultam em gravidez, ou se a vítima é idosa ou portadora de deficiência, o que está em consonância com os dados do IPEA apresentados em ponto anterior.

---

25 Vide a opinião de **Beatriz Accioly Lins e Maíra Zapater**: "No caso dos crimes sexuais, é possível prever que a dispensa da autorização da vítima para dar início ao processo criminal terá efeitos ainda maiores. Considerando a dificuldade que vítimas de estupro encontram para relatar às autoridades o crime que sofreram e o estigma enfrentado por mulheres que passam por violência sexual, é razoável supor que a alteração da lei pode significar mais um desestímulo nesse sentido. Os crimes sexuais são profundamente subnotificados e tal mudança pode aumentar esse cenário". Disponível em: <http://www.justificando.com/2018/08/13/novos-crimes-sexuais-na-lei-avanco-ou-armadilha/>. Acesso em: 25 out. 2019.

26 Disponível em: <https://www.camara.leg.br/proposicoesWeb/fichadetramitacao?idProposicao=2057848>.

27 Inclusive, o Fórum Nacional de Juízas e Juízes de Violência Doméstica e Familiar contra a Mulher – FONAVID apresentou manifestação em favor do veto ao PL nº 2.538/2019, uma vez que viola direitos e garantias constitucionais das mulheres e a sua intimidade, além de impor a quebra do dever de sigilo profissional nas situações de violência contra a mulher. *Vide*: <http://www.compromissoeatitude.org.br/fonavid-divulga-nota-de-apoio-ao-veto-do-pl-no-2538-2019/>. Acesso em: 27 out. 2019.

28 Para conferir o inteiro teor, acessar: <http://redir.stf.jus.br/paginadorpub/paginador.jsp?docTP=TP&docID=6393143>. Acesso em: 26 ago. 2019.

CAPÍTULO 6

O Feminicídio no Brasil

A Constituição brasileira considera a família como base da sociedade, garantindo-lhe especial proteção do Estado (art. 226). Avança na conceituação dessa instituição, apontando para o reconhecimento de diversos tipos de família, constituídas pelo casamento, pela união estável entre um homem e uma mulher (art. 226, § 3º) e por qualquer um dos cônjuges e suas/seus filhos (art. 226, § 4º). Dispõe explicitamente que os direitos e deveres referentes à sociedade conjugal são exercidos igualmente pelo homem e pela mulher (art. 226, § 5º), acabando com a posição superior e de chefia, atribuída legalmente ao homem na sociedade conjugal.

O novo Código Civil (Lei nº 10.406/2002) dedicou o seu Livro IV ao Direito de Família e muitas das regulamentações da sociedade conjugal posteriores ao Código Civil de 1916 (Lei nº 3.071/1916) foram ajustadas. Pelo novo Código, os encargos da família no casamento são assumidos mutuamente pelo homem e pela mulher, na condição de consortes, companheiros e responsáveis (art. 1.565). Também está previsto que qualquer dos nubentes, se assim o desejar, poderá acrescentar o sobrenome do outro ao seu nome (art. 1.565, § 1º). A discriminação que ainda permanece refere-se ao não reconhecimento da união entre pessoas do mesmo sexo. Ou seja, a sociedade conjugal, via casamento ou união estável, só se aplica à díade formada por um homem e uma mulher.

Resta evidente que os movimentos sociais alteraram o papel representado pela mulher na família. As transformações nas questões da sexualidade determinaram uma mudança de valores relativos à família, fornecendo nova dimensão de suas funções. Inicia-se nos anos 1960, a apologia à liberdade sexual apontando para uma nova concepção de vida. Diante desse quadro, o sexo passa a não mais ser visto como algo espúrio, que somente serve para a procriação, mas torna-se um espaço de afetividade e escolha.

Com a crescente conquista do mercado de trabalho pelas mulheres, estas acabam desempenhando outras funções na família que não somente a de cuidar da casa e dos filhos, mas também ratear as despesas da casa, decidir sobre a educação dos filhos – passando a ter, enfim, o poder de decisão, que antes só cabia ao homem.

Surgem também, outras formas de relação de união afetiva, pois o que importa neste novo momento histórico é a realização pessoal. Diminui-se, consequentemente, o valor negativo imputado à família não fundada no casamento civil ou religioso com efeitos civis. Alguns julgados acompanham esta mudança e afastam preconceitos extrajurídicos na distribuição da justiça (MATOS, 2000).

O fato da emancipação econômica da mulher trouxe sua independência e, reflexamente, a remodelação do seu papel na família. A possibilidade de aferição de seus proventos fez com que a mulher tenha liberdade para, em caso de insatisfação na vida conjugal, poder escolher afastar-se do companheiro sem o comprometimento de suas necessidades materiais.

No entanto, o patriarcalismo conseguiu deixar vestígios nas relações privadas, atingindo igualmente a vida em família. Existem assim, vários exemplos de discriminação da condição feminina: salários mais baixos em virtude de gênero, maior dificuldade de conseguir emprego, agressões físicas no interior da família, dentre tantos outros. A Constituição passa a dispor de diversos princípios fundamentais do Direito de Família, a exemplo de outros ramos do Direito. Assim, toda a legislação infraconstitucional deve ser "revista" com o intuito de estar em sintonia com a Constituição, por ocupar a Carta Maior o lugar mais alto na hierarquia das fontes.

No inc. I do seu art. 5º, a Carta dispõe o seguinte: "Homens e Mulheres são iguais em direitos e obrigações nos termos desta Constituição". Pode-se dizer inovadora tal disposição constitucional. As Constituições anteriores a esta dispunham a questão da não distinção de sexo ao lado de outros desdobramentos igualitários, tais como não discriminação em razão de raça, credo e convicções políticas. O atual texto constitucional menciona pois, expressamente homem e mulher, em inciso próprio ao abordar o princípio da igualdade e genericamente no *caput*, sugerindo um comando mais enfático à igualdade de gêneros.

O art. 226, § 5º, também alude ao princípio da igualdade, mais especificamente em relação ao Direito de Família: "os direitos e deveres referentes à sociedade conjugal são exercidos igualmente pelo homem e pela mulher".

Ademais, a Constituição da República de 1988, ainda no § 8º de seus arts. 226 e 227, declarou o repúdio à violência intrafamiliar, bem como definiu a responsabilidade do Estado em dar uma resposta a essa forma de violência, da seguinte forma:

> Art. 226. A família, base da sociedade, tem especial proteção do Estado.
>
> [...]
>
> § 8º O Estado assegura a assistência à família na pessoa de cada um dos que a integram, criando mecanismos para coibir a violência no âmbito de suas relações.
>
> Art. 227. É dever da família, da sociedade e do Estado assegurar à criança e ao adolescente, com absoluta prioridade, o direito à vida, à saúde, à alimentação, à educação, ao lazer, à profissionalização, à cultura, à dignidade, ao respeito, à liberdade e à convivência familiar e comunitária, além de colocá-la a salvo de toda a forma de negligência, discriminação, exploração, violência, crueldade e opressão.

Desse modo, o Brasil, através da Constituição Federal, criou mecanismos para que todos os Poderes constituídos elaborem políticas públicas voltadas a prevenir e combater a violência praticada no âmbito familiar, visando ao bem-estar de todos que integram a família. Afinal, a família é a base da sociedade e, portanto, merece toda a proteção do Estado.

O Código Penal define e pune os crimes contra a liberdade sexual, especificando o estupro (art. 213), que foi alterado pela Lei nº 12.015, de 07 de agosto de 2009. Com o advento desta lei, o abuso sexual copular contra o homem adquire tipificação de estupro. Dessa forma, qualquer pessoa ("alguém"), e não apenas a mulher, é sujeito passivo do crime de estupro, tipificado no art. 213 do Código Penal.

6.1. Dados sobre o Feminicídio no país

No Brasil, segundo o "Mapa da violência 2015: homicídio de mulheres no Brasil",[1] o país tem taxa de 4,8 homicídios para cada cem mil mulheres, a quinta maior do mundo, conforme dados da Organização Mundial da Saúde que avaliaram um grupo de 83 países (em 2010 o Brasil ocupava a sétima colocação, com taxa de 3,9). Apesar da entrada em vigor da Lei Maria da Penha, entre 2006 (ano de promulgação da lei) e 2013, apenas em cinco Estados foram registradas quedas nas taxas: Rondônia, Espírito Santo, Pernambuco, São Paulo e Rio de Janeiro. Nas 22 Unidades Federativas restantes, no mesmo período, as taxas cresceram com ritmos extremamente variados: de 3,1% em Santa Catarina, até

1 Para maiores informações, visite: <http://www.mapadaviolencia.org.br/pdf2015/MapaViolencia_ 2015_mulheres.pdf>.

131,3% em Roraima. A conclusão da pesquisa para o aspecto regionalizado da violência é que não há como apontar uma tendência nacional para a causa de morte de mulheres. As oscilações prendem-se a circunstâncias locais, que devem ser estudadas, mais que a fatores globais.

Ainda segundo o mesmo estudo, de 1980 a 2013, foram vítimas de assassinato 106.093 mulheres. Entre 2003 e 2013, o número de vítimas do sexo feminino passou de 3.937 para 4.762, incremento de 21,0%. Na última década foi evidenciado um "pesado crescimento" em algumas regiões, como Roraima, onde as taxas de homicídios femininos quadruplicaram (343,9%), e na Paraíba, onde mais que triplicaram (229,2%).

No que diz respeito à proximidade da vítima de seu agressor, a pesquisa indica que enquanto o homem sofre com a violência ocorrida no espaço público que, em grande parte, é praticada por outro homem, a mulher sofre mais com a violência ocorrida no espaço privado e os agressores são (ou foram) namorados ou maridos/companheiros. Em 2013, dos 4.762 homicídios de mulheres registrados pelo SIM, 2.394, isso é, 50,3% do total foram perpetrados por um familiar da vítima. Isso representa perto de sete feminicídios diários nesse ano, cujo autor foi um familiar. A porcentagem relativa às mortes por parceiros e ex-parceiros é de 33,2%, ou seja, 1.583 mortes. Neste caso, são quatro mulheres mortas por dia.

Em que pese a Lei do Feminicídio tenha entrado em vigor em março de 2015, só houve ocorrência de processo no mês de maio. Assim demonstra o Observatório Judicial de Violência contra a Mulher do Estado do Rio de Janeiro, que identificou, no ano de 2015, 22 processos de feminicídio no Estado[2], segundo o 1º Relatório de Dados Compilados sobre Violência Doméstica e Familiar.

Estes dados referem-se aos Juizados de Violência Doméstica e Familiar especializados e demais Juízos competentes, com números extraídos conforme critérios do Grupo de Trabalho para Estudo e Definição de Critérios de Extração de Dados Referentes aos Processos de Violência Doméstica e Feminicídio (GTVDF), ante o Ato Executivo nº 295/2015, da Presidência do Tribunal de Justiça do Estado do Rio de Janeiro.

Aponta o Observatório ainda, com dados organizados pela Diretoria-Geral de Apoio aos Órgãos Jurisdicionais (DGJUR), que em 2016 foram

2 PODER JUDICIÁRIO DO ESTADO DO RIO DE JANEIRO. Observatório Judicial de Violência Contra a Mulher. *1º Relatório de Dados Compilados sobre Violência Doméstica e Familiar:* Julho 2016. Disponível em: <http://portaltj.tjrj.jus.br/documents/10136/3480102/01-relatorio-dados-compilados-observatorio.pdf>. Acesso em: 12 out. 2019.

54 procedimentos novos de feminicídio no Estado, aumentando para 89 em 2017 e decaindo para 88 em 2018. De forma alarmante, em 2019 foi atingido um número de procedimentos novos exorbitantemente maior: 100, sendo esta a quantidade contabilizada apenas até o mês de agosto[3]. Destaque-se, ainda, que, neste mesmo ano, contamos com 32 novos procedimentos de feminicídio tentado.

Nesse mesmo sentido, o Instituto de Segurança Pública do Rio de Janeiro elabora atualmente o Dossiê Mulher com a incorporação deste crime nos seus dados, a fim de observar o registro desse tipo de crime em um campo próprio.

O que se demonstra na análise do Dossiê Mulher de 2019 é que só em 2018, no Rio de Janeiro, ocorreram 71 feminicídios e 288 tentativas de feminicídio, sendo vítima deste crime, em média, uma mulher a cada cinco dias e, a cada dois dias, há uma nova vítima na modalidade tentada[4].

A maior parte dos casos de feminicídio (62%) e de tentativa de feminicídio (52,8%) ocorrem nas residências e em sua maioria se trata de companheiros ou ex-companheiros – 56,4% no caso do feminicídio e 63,5% no tocante à modalidade tentada. Em apenas 14% dos casos de feminicídio foi informada a ausência de relação autor-vítima.

Isto é, além de a mulher estar submetida apenas a uma limitada inclusão na esfera pública, a esfera privada à qual a sua socialização a relega é o ambiente no qual ela majoritariamente está submetida a esse tipo de violência.

Sabe-se que um grande número de agressões contra as mulheres no âmbito doméstico ocorre justamente quando elas decidem pôr fim à relação ou quando ousam manifestar seus pontos de vista contrários aos de seus maridos ou companheiros. No entanto, de acordo com Pasinato (2011: 240-241):

> As mortes de mulheres praticadas em outros contextos não têm sido objeto de estudo, por outros agentes e por motivos que permanecem desconhecidos. Assim, apesar do acúmulo de pesquisas já realizadas no Brasil sobre violência contra as mulheres, há pouco conhecimento sobre a interface entre violência urbana/criminalidade urbana e

---

3 Para mais informações, acesse: <http://portaltj.tjrj.jus.br/web/guest/observatorio-judicial-violencia-mulher/feminicidio/dados-estatisticos>. Acesso em: 12 out. 2019.

4 MANSO, Flávia; CAMPAGNAC, Vanessa. *Dossiê Mulher:* 2019. 14. ed. Rio de Janeiro: RioSegurança, 2019. Disponível em: <http://arquivos.proderj.rj.gov.br/isp_imagens/uploads/DossieMulher2019.pdf>. Acesso em: 16 ago. 2019.

> gênero, inclusive sobre o impacto que essa criminalidade produz na vida das mulheres [...] Como resultado dessa separação, a violência doméstica e conjugal não era reconhecida como um problema de segurança pública, assim como não se dispõe de pesquisas sobre a participação de mulheres na violência urbana. Neste aspecto, concordo com a reflexão de Soares (2009) quando diz que os estudos voltados para a violência urbana raramente tratam de questões de gênero. As pesquisas realizadas no âmbito da segurança pública se ocupam da criminalidade urbana, mas tendem a desconsiderar a violência ocorrida no âmbito familiar e os fatores ligados ao gênero.

Pasinato (2011) retomando os estudos de Gregori (2006) e Soares (2002), ressalta a importância de visibilizar a violência contra a mulher para além do âmbito privado. Para a autora é necessário que o tema seja discutido também em sua dimensão social.

> Estudos têm sugerido que categorias como violência doméstica, violência conjugal ou violência de gênero foram importantes instrumentos para a definição da violência praticada contra as mulheres como um problema a ser tratado como objeto de políticas públicas, criminalizando-a como forma de combatê-la através do sistema de segurança e justiça. Contudo, se o seu emprego ajudou a dar visibilidade à violência que ocorria no ambiente doméstico/familiar/privado, com o passar do tempo acabou se convertendo em obstáculo, dificultando a transição para uma discussão mais ampla sobre direitos humanos. [...] Outra ponte a ser construída deve levar a um aprofundamento dos estudos sobre homicídios no Brasil, incluindo-se a abordagem de gênero. Entre os principais obstáculos os autores apontam o difícil acesso e compreensão sobre as estatísticas oficiais, especialmente aquelas que são produzidas no âmbito da segurança pública; disparidade dos dados apresentados pelos serviços de segurança e justiça e aqueles apresentados pelos serviços de saúde, decorrentes das diferenças entre as unidades de registro oficial e sua finalidade. A desproporção entre as taxas de vitimização entre homens e mulheres é flagrante e, além disso, generalizada no tempo e no espaço. Nesse cenário, embora os homicídios sejam definidos como "a mais completa expressão da violência de gênero" (Almeida, 1998), as mortes de mulheres permanecem encobertas por sua pequena expressão numérica e, consequentemente, seu pequeno impacto nas políticas públicas.

Outras pesquisas indicam que as mulheres sofrem mais com a discriminação no trabalho, recebem salários inferiores ao homem com a mesma função, ainda quando possuem a mesma qualificação profissional que eles. A pesquisa da CEPAL aponta que embora a diferença salarial entre homens e mulheres tenha diminuído 12,1 pontos percentuais entre 1990 e 2014, elas recebem, em média, apenas 83,9 unidades monetárias por cem unidades monetárias recebidas pelos homens. Outra comparação mostra que as mulheres podem ganhar até 25,6% menos do que homens em condições semelhantes.[5]

A dificuldade enfrentada para conseguir emprego também é maior, assim como a propensão para sofrer assédio sexual e o número de demissões de mulheres em relação ao de homens. Foi o que finalmente se deu com a tipificação do crime de feminicídio como forma qualificada de homicídio.

No entanto, concordo com as reflexões de Pasinato (2011:242) de que o reconhecimento de categorias como feminicídio poderia contribuir para o seu conhecimento e compreensão de um tipo de violência contra as mulheres:

> Ao invés de aplicar uma categoria que é homogeneizante, parece ser mais produtivo explorar as causas e os contextos em que ocorrem para qualificar os eventos e compreender as relações de poder que concorrem para sua prática.

Merece, ainda, especial atenção o perfil racial das mulheres vítimas de feminicídio e de tentativa de feminicídio. As mulheres negras e pardas correspondem a 68% das vítimas em 2018 pelo Estado do Rio de Janeiro, de acordo com o Dossiê Mulher de 2019.

No Brasil inteiro, conforme demonstrado no Atlas da Violência 2019, 4.936 mulheres foram assassinadas em 2017 – o que configurou o maior número em 10 anos – 13 vítimas por dia – e 66% das vítimas no último ano eram negras. De 2007 a 2017 a taxa de homicídios de mulheres negras cresceu 29,9%. O número de mulheres vítimas fora da residência cai em 3,3% e o dentro de casa aumenta 4,5% entre 2012 e 2017.[6]

Outro dado alarmante entre esses dois anos é o de mulheres mortas por arma de fogo na residência, que cresce 28,7%. No ano de 2017, Roraima foi o Estado que mais teve mulheres assassinadas, sendo seguido por Rio Grande do Norte, Acre, Ceará e Goiás.

---

5 Para maiores informações, visite: <http://www.cepal.org/es/noticias-ext/diferenca-salarial-homens-mulheres-ainda-persiste>. Acesso em: 19 dez. 2015.

6 Mais informações em: <http://www.ipea.gov.br/portal/images/stories/PDFs/relatorio_institucional/190605_atlas_da_violencia_2019.pdf>. Acesso em: 25 ago. 2019.

Os registros de feminicídio das Polícias podem embutir alguma subnotificação, em função da não imputação do agravante de feminicídio ao crime de homicídio. Os dados colhidos dos setores de saúde dificultam a diferenciação entre feminicídio e homicídio contra mulheres, no entanto, o que se estabelece do dado de que a maior parte das mortes de mulheres ocorre sob relação pessoal com o autor é que há a evidência da evolução nas taxas de feminicídio brasileiras já demonstradas.

O Raio X do Feminicídio em São Paulo, realizado pelo Núcleo de Gênero do Ministério Público de São Paulo[7] atentou para um dado importante a partir dos obtidos de março de 2016 a março de 2017: há uma expressiva concentração dos crimes aos sábados e domingos (32%) e a maior parte deles de 18h até 24h. Em regra, os crimes são sofridos em casa (66%) e por meio de instrumentos como facas ou semelhantes (58%). Em 48% deles, há diversos golpes ou tiros, o que evidencia a crueldade ou a tentativa branca. Como corroboração dos dados anteriores, estes dados de São Paulo revelam que, em regra, há relação afetiva entre vítima e autor. Quanto a isso, o que foi apurado é que o principal motivo para a morte de mulheres era separação do casal recente, sentimento de posse, ciúmes, dentre outros.

Outro dado interessante analisado no Raio X do Feminicídio em São Paulo é que nos casos de relação afetiva, majoritariamente a qualificadora do feminicídio tem sido utilizada na denúncia (87%). Nos casos de assassinato por outros familiares, o índice se inverteu e não houve inclusão do feminicídio na maioria deles (73%). Três por cento das vítimas tinham medida protetiva e 97% não. Dentre 124 casos de feminicídio consumado, apenas 5 vítimas tinham registrado boletim de ocorrência anteriormente contra o agressor.

Esse resultado demonstra a dificuldade que as mulheres em situação de violência doméstica enfrentam para acessar o sistema de justiça, como por exemplo, o medo de registrarem ocorrência policial e não terem como sustentar a si e seus filhos, a dependência econômica em relação ao agressor, a vergonha e falta de dinheiro para se deslocar a um centro de atendimento à mulher. Por isso, a importância da prevenção à violência contra a mulher, através da educação de direitos humanos com perspectiva de gênero, como a criação de campanhas de conscientização

---

7 NÚCLEO DE GÊNERO MPSP. *Raio X do Feminicídio em SP:* é possível evitar a morte. Disponível em: <http://www.mpsp.mp.br/portal/page/portal/Nucleo_de_Genero/Feminicidio/2018%20-%20RAIOX%20do%20FEMINICIDIO%20pdf.pdf>. Acesso em: 25 ago. 2019.

para uma cultura de respeito às mulheres e o fortalecimento da rede de enfrentamento à violência contra as mulheres.

De acordo com a pesquisa realizada pelo DataSenado, "Aprofundando o olhar sobre o enfrentamento à violência contra as mulheres", divulgada em 2018, algumas alternativas foram apontadas com a finalidade de se romper o ciclo de violência. Dentre elas, foi visto o quanto é essencial a sua inclusão no mercado de trabalho e a possibilidade de se assegurar em uma moradia para que tenha segurança física e psicológica junto de seus filhos.[8]

6.1.1. Nos meios de comunicação

Grande parte dos homicídios de mulheres no país é divulgada nos noticiários como crimes passionais. O crime, via de regra, é caracterizado pelo principal motivo: o ciúme e o sentimento de propriedade. Esse crime envolve homens e mulheres que, motivados pela paixão, acabam assassinando os seus parceiros, antigos ou atuais. Geralmente ocorre quando um dos parceiros resolve pôr fim à relação. No caso dos assassinatos de mulheres, várias foram mortas porque queriam romper com a relação amorosa, outras estavam na rua quando eles voltaram para casa, outras porque não aceitaram manter relação sexual naquele momento ou resolveram procurar outro namorado ou companheiro. Podemos citar alguns casos emblemáticos que ocorreram recentemente no Brasil e ocuparam espaços nos meios de comunicação. Os casos da advogada Mércia Nakashima e da estudante Eloá Pimentel são exemplos da dominação masculina e de violência extrema contra a mulher. Nesses dois casos as mulheres romperam a relação e foram mortas. A abordagem do caso de Eloá Pimentel foi inadequada, formatado como uma novela televisiva, com programas sensacionalistas. Não houve, contudo, nenhuma discussão na sociedade sobre o tema com a perspectiva de gênero.

Em outras palavras o que tais fenômenos significam é que quando o homem perde o controle sobre a mulher, ele se sente no direito de matá-la. A traição, ou a suposta traição, foi e é um dos maiores motivadores de chamados crimes passionais. Em alguns casos basta o marido/

8 SENADO FEDERAL, Observatório da Mulher Contra a Violência. Aprofundando o olhar sobre o enfrentamento à violência contra as mulheres. Pesquisa OMV/DataSenado. Brasília, 2018. Disponível em: <https://www12.senado.leg.br/institucional/datasenado/arquivos/conhecer-direitos-e-ter-rede-de-apoio-sao-pontos-de-partida-para-denunciar-agressao-e-interromper-ciclo-de-violencia>. Acesso em 25 ago. 2019.

companheiro desconfiar que está sendo traído que o destino de sua parceira será a morte. A nosso ver, aí estaria configurado o femicídio, pois o homem agiu como se fosse o proprietário da mulher, com poder sobre sua vida e morte.

6.1.2. Codificações recentes

Historicamente os Códigos Civil e Penal brasileiros têm favorecido a permanência das formas tradicionais de resolução de conflitos baseadas no uso de violência. Tais permanências não são frutos de incompetência ou descuido do legislador. Eles denotam uma intencionalidade que tem por objetivo deixar implícita a possibilidade de recurso à violência tornando frágeis ou ambíguos, os dispositivos destinados a coibi-la.

Embora o novo Código Civil brasileiro, de 2002, em seus arts. 1.566 e 1.724, tenha mantido a fidelidade recíproca como dever de ambos os cônjuges, o costume sanciona branda e até mesmo positivamente a infidelidade masculina. Frequentemente, o fato de o homem ter relações sexuais e amorosas com mais de uma mulher até o valoriza, pois é considerado indício de virilidade. Essa valorização diferenciada da infidelidade conjugal nos parece ser um dos elementos da tradição familiar que tem sobrevivido no tempo e resistido, inclusive, aos processos de reconfiguração dos arranjos familiares.

Em vigor desde 1940, o Código Penal brasileiro manteve a previsão de crime de adultério, qualificação que somente foi suprimida em 2005, através da Lei nº 11.106. Na prática, durante todo esse tempo só constituiu crime efetivamente quando cometido por mulheres, mostrando haver uma lacuna entre o que está sedimentado nos Códigos e as práticas sociais. A infidelidade masculina é, quase sempre, aceita pela sociedade. A mulher, por sua vez, historicamente foi sempre mais castigada quando esteve envolvida nesse tipo de situação.

Para citarmos um exemplo, a Lei nº 6.515, de 26 de dezembro de 1977, nos seus arts. 5º e 10, dizia que a mulher adúltera deveria perder a guarda dos filhos em caso de separação judicial. Vemos assim que, em pleno final do século XX, continuou produzindo consequências a tradição que vê no adultério feminino algo quase imperdoável e no adultério masculino apenas um desvio de conduta sem maiores consequências. É a mesma leitura de mundo que coloca a mulher numa condição de inferioridade em relação aos homens e que já era cultivada desde as Ordenações Filipinas. Esta forma parcial de interpretar o adultério atravessou séculos, sobreviveu a inúmeras revisões constitucionais e chegou quase intacta ao século XXI.

Além disso observe-se que, até 2005, o Código Penal mantinha o termo "mulher honesta" nos arts. 215, 216 e 219,[9] conferindo proteção jurídica apenas àquelas consideradas virtuosas que sofressem algum desses delitos sexuais. A separação entre mulheres honestas ou não demonstra que o bem jurídico tutelado estava mais próximo da monogamia feminina – e, portanto, da honra dos maridos, pais – que da dignidade sexual da vítima.

Por esta razão, os crimes sexuais se inseriam no título "dos crimes contra os costumes", tendo se modificado para "crimes contra a dignidade sexual" apenas no ano de 2009, com o advento da Lei nº 12.015/2009, responsável pela modificação do Título VI da Parte Especial do Código Penal. Outra característica anterior a esta lei consistia na separação entre conjunção carnal e ato libidinoso. A punição mais severa para o crime de estupro (que excluía o ato libidinoso, contando apenas com a conjunção carnal) indicava a proteção da função reprodutiva legítima, isto é, a realizada dentro de um contexto matrimonial.

No tocante ao revogado art. 221 do Código Penal, sublinhe-se que ele demarcava a subalternidade do gênero feminino e o papel do homem enquanto proprietário da mulher ao estabelecer diminuição da pena nos crimes de rapto violento ou mediante fraude e rapto consensual se estes eram cometidos para fins de casamento.

Isto porque o casamento entre vítima e agressor restauraria a ordem moral que foi ofendida pela conduta do autor, qual seja, a da sexualidade feminina restrita ao âmbito matrimonial. No mesmo sentido se fundamentava o aumento de pena previsto no art. 226, inc. III, para os casos em que o agente era casado, uma vez que, em tais circunstâncias haveria a "impossibilidade de o sujeito ativo reparar pelo casamento o mal causado" (JESUS, 1986, p. 147).

Não obstante toda a alteração legislativa supramencionada e os recentes avanços ainda se pode ver algumas reminiscências deste tipo de pensamento, como, por exemplo, no texto legal do art. 134.

> Art. 134. Expor ou abandonar recém-nascido, para ocultar desonra própria.
>
> Pena – detenção, de seis meses a dois anos.

9 A Lei nº 11.106/2005 veio a alterar a redação dos artigos e retirar este termo, além de revogar, dentre outros artigos, os arts. 221 e o 226, inc. III, do Código Penal.

6.2. A importância da tipificação

6.2.1. A Comissão Parlamentar Mista de Inquérito da Violência contra a Mulher

Coibir a violência contra as mulheres é um dos maiores desafios impostos ao Estado brasileiro contemporaneamente. As várias formas de violência – como a praticada no âmbito familiar por parceiros íntimos ou familiares, a violência doméstica, sexual, o tráfico de mulheres, a violência institucional, a violência contra mulheres com deficiência, a violência decorrente do racismo, e o assassinato de mulheres são violações aos direitos humanos das mulheres, inconciliáveis com o Estado Democrático de Direito e com o avanço da cidadania, em boa parte patrocinado pelas conquistas do movimento feminista e de mulheres nos últimos séculos.

Em 2010, o povo brasileiro elegeu, pela primeira vez, uma mulher para a Presidência da República, mesmo assim, seu segundo mandato sequer chegou a terminar, uma vez que sofreu *impeachment* em 2016. Além disso, em 14 de março de 2018, foi assassinada Marielle Franco, vereadora do Rio de Janeiro, a quinta mais bem votada em 2016, por cerca de 46 mil eleitores, o que tomou repercussão internacional. Assim, é percebida a realidade difícil para as mulheres no país, em especial em cargos políticos. Observe-se que Marielle, por ser mulher negra, converge com o perfil de mulheres que mais são assassinadas, conforme verificado em tópico anterior.

A falta de dados oficiais sobre as mortes de mulheres no Brasil, a curva ascendente de feminicídios e as denúncias de omissão por parte do Poder Público com relação à aplicação de instrumentos instituídos em lei para proteger as mulheres em situação de risco, fez com que o Senado Federal criasse a Comissão Parlamentar Mista de Inquérito (CPMI) da Violência contra a Mulher. A primeira constatação da CPMI foi justamente a ausência de dados estatísticos confiáveis e comparáveis sobre o assunto em todos os Poderes constituídos e em todas as esferas dos governos.

Ao longo de pouco mais de um ano de trabalho, a Comissão Parlamentar Mista de Inquérito da Violência contra a Mulher (CPMIVCM) – criada por meio do Requerimento nº 4, de 2011-CN, "com a finalidade de, no prazo de 180 (cento e oitenta) dias, investigar a situação da violência contra a mulher no Brasil e apurar denúncias de omissão por parte do poder público com relação à aplicação de instrumentos instituídos em lei para proteger as mulheres em situação de violência" – visitou 17 Estados brasileiros e o Distrito Federal, sob a presidência da Deputada Federal Jô Moraes (PCdoB/MG) e relatoria da Senadora Ana Rita (PT/

ES).[10] As constatações dessa CPMI foram essenciais para a evolução do debate sobre a violência da mulher em geral e, em específico, sobre a necessidade de criminalização do femicídio/feminicídio no Brasil.

A permanência de altos padrões de violência contra mulheres e a tolerância estatal detectada tanto por pesquisas, estudos e relatórios nacionais e internacionais quanto pelos trabalhos dessa CPMI, demonstraram a necessidade urgente de mudanças legais e culturais em nossa sociedade. A CPMI concluiu ser preciso dar um basta nas diversas manifestações de violência contra as mulheres, sobretudo em sua forma extrema: o assassinato. Também concluiu que, no Brasil, os assassinatos de mulheres são praticados, majoritariamente, por parceiros íntimos. Nesse contexto, a Lei Maria da Penha ganhou especial destaque.

A CPMI nasceu, portanto, no contexto de um aumento visível nos últimos 30 anos, do número de homicídios praticados contra mulheres. Ela concluiu, após realizar várias audiências públicas em todo o Brasil, acerca da necessidade de tipificar a figura do femicídio ou feminicídio, e encaminhou projeto de lei para incluir no Código Penal o crime de feminicídio, caracterizado na forma mais extrema de violência de gênero resultante de três contextos: quando há relação íntima de afeto ou parentesco entre a vítima e o agressor; quando há prática de qualquer violência sexual contra a vítima, e em casos de mutilação ou desfiguração de mulheres, o que possibilitaria a identificação do assassinato em questão como praticado pela mera razão de a mulher pertencer ao gênero feminino.[11]

A justificativa para a inclusão da qualificadora do feminicídio estaria no reconhecimento pela ONU Mulheres de que esse tipo de crime estaria aumentando no mundo inteiro, sendo a impunidade a norma. Segundo o relatório da CPMI, os assassinatos contra mulheres observados no contexto brasileiro, e como já o observamos nos demais contextos, "não são incidentes isolados que surgem repentina e inesperadamente, mas sim o ato último da violência contra as mulheres, vivenciada como um contínuo de violência". Naquele momento, já existia o projeto de lei de um novo Código Penal tramitando perante o Senado Federal, onde se propunha a tipificação de crime de femicídio, encaminhado pela CPI mista

10 Para maiores informações, visite: <http://www.senado.gov.br/atividade/materia/getPDF.asp?t=1307>.

11 Senado Federal. Projeto de Lei nº 292/2013, para inserir o feminicídio como qualificadora do crime de homicídio. Para maiores informações, visite: <http://www.senado.gov.br/atividade/materia/get PDF.asp?t=133307&tp=1>. Acesso em: 07 abr. 2014.

do Senado. Em um ano e meio de trabalho, a CPI realizou 37 reuniões, sendo 24 audiências públicas em 18 Estados. Dentre várias propostas encaminhadas pela CPI, está o projeto que prevê a qualificadora do feminicídio, com pena de reclusão de 12 a 30 anos para assassinatos de mulheres com circunstâncias de violência doméstica ou familiar, violência sexual, mutilação ou desfiguração da vítima.

Em parceria com a Comissão Especial de Juristas, designada pela Presidência do Senado para elaborar anteprojeto de reforma do Código Penal, a Escola de Magistratura do Estado do Rio de Janeiro – EMERJ promoveu, no dia 14 de maio, uma Audiência Pública para que a Comissão ouvisse propostas e sugestões para o projeto do novo Código Penal. A Audiência tratou de novos tipos penais tais como terrorismo, tráfico de pessoas, crimes cibernéticos, eutanásia e milícias. Nessa ocasião, mesmo com a limitação temática, eu mesma, como Juíza do 1º Juizado de Violência Doméstica e Familiar contra a Mulher, juntamente com a Coordenadora Executiva da CEPIA, Leila Linhares Barsted, apresentamos sugestões para a inclusão, no art. 121 do Código Penal, de um inciso específico para a tipificação do crime de femicídio. Para tanto, entregamos aos membros da Comissão um dossiê sobre assassinatos de mulheres reunindo informações de diversos países do continente que já incluíram em suas legislações essa tipificação, dentre os quais Chile, Argentina, Peru, Guatemala, México, Costa Rica e Equador.

A Comissão Especial de Juristas foi constituída em outubro de 2011, definindo desde então propostas de profundas mudanças no atual Código Penal, dentre as quais a ampliação dos permissivos legais do art. 128, que trata das circunstâncias de não criminalização do aborto voluntário. Além disso, esta autora participou de Audiência Pública no Senado Federal em 8 de março de 2013, para debater o assunto com a Senadora Angela Portela.[12]

Nas conclusões da CPMI restou evidente a importância de tipificar o feminicídio e reconhecer, na forma da lei, que mulheres estão sendo mortas pela razão de serem mulheres, expondo a fratura da desigualdade de gênero que persiste em nossa sociedade. Essa importância é social, na medida em que a tipificação do feminicídio busca combater a impunidade, evitando que feminicidas sejam beneficiados por interpretações jurídicas anacrônicas e moralmente inaceitáveis, como a de

12 Para maiores informações, visite: <http://www.cepia.org.br/emerj.html> e <http://www12. senado.gov.br/noticias/materias/2013/05/06/audiencia-publica-vai-discutir-aumento-de-assassinatos-de-mulheres-no-pais>. Acessos em: 14 abr. 2014.

terem cometido "crime passional". Através disso, envia mensagem positiva à sociedade de que o direito à vida é universal e de que não haverá impunidade. Protege ainda, a dignidade da vítima, ao obstar de antemão estratégias que envolvem a desqualificação midiática das mulheres brutalmente assassinadas, atribuindo a elas a responsabilidade pelo crime de que foram vítimas.

Muitos debates tiveram que ocorrer até aqui, e ainda terão que ocorrer, mas é inegável que a reflexão sobre a importância de uma qualificadora do feminicídio nos proporcionou, finalmente, resultados concretos, na medida em que esta veio a ser positivada. Isso, ao contrário de significar o fim desses debates, indica o começo de um diálogo mais aberto. Para realizar a pesquisa que resultou neste livro, por exemplo, encontrei muitas dificuldades em encontrar nos livros de registros de sentenças dos Tribunais do Júri da Capital do Rio de Janeiro, os casos de feminicídio, porque muitas sentenças sequer fazem menção aos nomes das vítimas. Não existe atualmente no Poder Judiciário a preocupação com o fornecimento de dados e informações sobre violência contra a mulher, a despeito de ser um fenômeno que está causando muitas mortes de mulheres, que têm na desigualdade de gênero e na dominação masculina nas relações conjugais dois dos fatores que mais contribuem para violência de gênero.

Dentro dessa perspectiva, o Poder Judiciário também poderia desempenhar um papel fundamental na produção de informações. Ao ser encarregado de aplicar as normas, processar os agressores e deferir medidas protetivas de urgência que são previstas nas leis, condenar e impor sanções, o Poder Judiciário tem a possibilidade de fechar o círculo de informações requerido para identificar as dificuldades quanto ao acesso à Justiça pelas pessoas que sofrem com as diversas formas de violência.

A informação fornecida pelo Poder Judiciário pode ter o propósito limitado de facilitar a administração dos casos, analisar a carga de trabalho de cada juízo ou vara e a proporcionalidade entre os recursos humanos, técnicos e estruturais de cada tribunal e o trabalho que lhe cabe desempenhar. Não há problema algum nessa serventia mais limitada. Não obstante, essa informação pode servir a um propósito mais audacioso, como constituir a base para a análise de sua contribuição em matéria de acesso à Justiça. Quando esta informação existe, não é comparável com a produzida por outras instituições públicas ou privadas.

Outra discussão corrente que gera legítimas preocupações diz respeito às falhas que costumam ocorrer nas investigações desses crimes. Muitas cenas dos crimes não são preservadas pela polícia, que quando chega ao local, encontra o corpo da vítima já removido, seja pela sua família, seja pelo próprio réu. As testemunhas não são ouvidas pela autoridade policial, a perícia de local não é feita e os laudos cadavéricos não são anexados antes da denúncia. O longo tempo de duração de uma investigação de homicídio e do processo criminal, somado à falta de informações prestadas à vítima sobrevivente e aos familiares da vítima, são sérios entraves que levam ao descrédito da Justiça.

Daí surgiu a necessidade da elaboração de um protocolo de investigações eficaz de homicídios de mulheres em razão do gênero, com o objetivo de orientar a polícia, Ministério Público e Judiciário, no sentido de dar uma perspectiva de gênero às investigações de homicídios de mulheres.

6.3. Da criação de um protocolo internacional de investigação eficaz de homicídios de mulheres em razão do gênero

Várias instituições internacionais de direitos humanos têm chamado a atenção para as falhas e dificuldades que permanecem na investigação de mortes violentas de mulheres. Especialmente a persistência de preconceitos e estereótipos na prática dos operadores judiciais, a demora no início das investigações e a inatividade dos expedientes, assim como as negligências e irregularidades na coleta e prática das provas e na identificação das vítimas e responsáveis, e finalmente a insuficiente participação dos representantes das vítimas.[13]

A proposta internacional de elaboração de um Protocolo para a Investigação de Assassinatos de Mulheres/Feminicídio para a América Latina foi elaborada pela ONU Mulheres, pela Alta Comissária de Direitos Humanos da ONU e também pela Federação de Associações de Direitos Humanos e do Governo da Espanha.[14] O objetivo do protocolo é a criação de diretrizes básicas para a investigação efetiva de mortes de mulheres, usando o conceito de feminicídio, e garantir que os Estados cumpram

---

13 Para maiores informações, visite: <http://www.onu.org.br/mecanismos-de-prevencao-de-mortes-violentas-de-mulheres-em-discussao-durante-reuniao-da-onu-no-chile/>. Acesso em: 05 jul. 2014.

14 *La Federación es una entidad sin ánimo de lucro, de carácter no gubernamental y de ámbito estatal, creada en 1989, con el propósito de potenciar objetivos comunes de las distintas organizaciones que trabajan en el ámbito universal de los Derechos Humanos. En el año 1996 la Federación fue reconocida como la única organización española con Estatuto Consultivo Especial ante el Consejo Económico y Social (ECOSOC) de Naciones Unidas, permitiéndole realizar sus objetivos de defensa de los derechos humanos en los foros internacionales, por medio de la participación directa y a través de estudios particulares, proyectos de trabajo y campañas, ante la opinión pública nacional e internacional.*

seus deveres internacionais em relação à garantia do direito à vida e à dignidade humana para todas e todos, conforme expresso em múltiplos diplomas internacionais dos quais o Brasil faz parte.

Participei de duas reuniões para a criação do referido protocolo de investigação eficaz na Cidade de Antígua, na Guatemala, nos dias 24 a 27 de setembro de 2012 e na cidade de Brasília, em janeiro de 2013. Esta última teve o apoio da Secretaria de Políticas para as Mulheres do Brasil e da AMB, Associação dos Magistrados do Brasil. O projeto, elaborado pela Federação de Direitos Humanos da Espanha e pela Universidade Carlos III de Madri, conta com o apoio de ONU Mulheres, Escritórios do Alto Comissionado de Direitos Humanos e Escritório de Direitos Humanos do Ministério de Relações Exteriores da Espanha.

A Corte Interamericana de Direitos Humanos (COIDH), em 2009, prolatou sentença do caso "Campo Algodoeiro" *vs.* México e definiu os feminicídios como "os homicídios de mulheres por razões de gênero", considerando que estes se dão como resultado de uma situação estrutural e de um fenômeno social e cultural enraizado nos costumes e na mentalidade, e que estas situações de violência foram criadas em uma cultura de violência e discriminação baseada em gênero".

A fragilidade do sistema judicial não é um problema recente e as varas especializadas em crimes dolosos contra a vida contam com um déficit de recursos humanos em seus quadros. Os crimes de tentativa de homicídio ou mesmo o homicídio contra as mulheres não têm uma resposta rápida da Justiça. A cultura machista e patriarcal enraizada na estrutura do Poder Judiciário, as falhas nos serviços oferecidos, remetem à fragilidade na proteção às vítimas, acrescido ao fato de os processos serem julgados como um crime de homicídio comum e sem qualquer perspectiva de gênero.

A Secretaria Geral de Nações Unidas,[15] em um estudo feito sobre todas as formas de violência contra as mulheres, indica o grande progresso feito na edição de normas legais e políticas internacionais nesta matéria, mas em relação ao crime de homicídio de mulheres o progresso não tem sido da mesma dimensão, visto que os dados oficiais continuam sendo insuficientes e desiguais nas diferentes partes do mundo. Na maioria dos países, seja nas polícias ou nos tribunais, os dados forenses dos homicídios são incompletos e frequentemente não oferecem a informação básica sobre as circunstâncias da morte ou da relação entre a vítima e o agressor. Em vários países os dados dos homicídios não são desagregados nem mesmo pelo sexo da vítima.

15 ONU a 61/122/Ad.1.

Dentre vários objetivos do protocolo, um dos mais importantes seria a elaboração de uma série de procedimentos e normas para as práticas forenses e para os laboratórios, a fim de favorecer a obtenção de provas e sua preservação no lugar do crime, além de estabelecer sistemas de formação especializada para os corpos de polícia, dirigida a melhorar os métodos de investigação dos delitos de feminicídio, aplicando as melhores técnicas criminalísticas. A incorporação das novas técnicas para descobrir a identidade dos corpos não identificados e a criação de um banco de dados genético para determinar a identidade dos desaparecidos e suas famílias, além da criação de um banco de dados das mortes femininas em cada País, alimentado e mantido pelo sistema de segurança pública nacional e de justiça, seria o objetivo visado.

No México, a ONU desenvolvia um protocolo para o feminicídio e o documento se adaptou para que fosse aplicado pelo Ministério Público de El Salvador, e hoje é uma política fiscal desse país.[16]

Recentemente, a ONU Mulheres do Brasil em parceria com a Secretaria de Políticas para Mulheres da Presidência da República elaborou um documento com diretrizes básicas para a investigação sobre feminicídio no país. Trata-se do "Diretrizes Nacionais para investigar, processar e julgar com perspectiva de gênero as mortes violentas de mulheres (feminicídios)".[17]

Foi criado como uma adaptação ao contexto brasileiro do Modelo de Protocolo Latino-americano para investigação das mortes violentas de mulheres por razões de gênero (femicídio/feminicídio) no Brasil que tem como finalidade aprimorar o funcionamento da Justiça, dos operadores do Direito e do pessoal especializado ao lidar com os crimes de feminicídio, através de linhas de atuação e diretrizes determinadas.

6.4. O Direito Penal e a violência contra as mulheres

Historicamente, as diversas formas de violência contra as mulheres e o Direito Penal sempre tiveram uma relação difícil. O Direito Penal não previne nenhum tipo de conduta ilícita. Exemplos há muitos. Por exemplo, a pena de morte, como nos demonstram as estatísticas, não produz

16 Para maiores informações, visite: <http://www.clam.org.br/destaque/conteudo.asp?cod=11453>. Acesso em: 05 jul 2014.

17 ONU MULHERES (Coord.). Diretrizes para investigar, processar e julgar com perspectiva de gênero as mortes violentas de mulheres. Brasília, 2018. Disponível em: <http://www.onumulheres.org.br/wp-content/uploads/2016/04/diretrizes_feminicidio.pdf>. Acesso em: 25 ago. 2019.

o efeito de diminuir a comissão de delitos. Da mesma forma, a diminuição da idade de responsabilidade penal para os menores considerados em conflito com a lei – tema hoje tão em voga no debate brasileiro – tampouco tende a diminuir os índices de violência.

Ao analisar as normas de Direito que foram revogadas recentemente, vemos como o Direito tradicionalmente tem sido a forma através da qual o poder dos homens sobre as mulheres se organizou. Isto ocorreu não apenas no Direito Civil, que em matéria de família, sempre fundou o matrimônio no poder do homem, tendo incluído o direito de correção sobre a mulher e os filhos, e desconhecia, até há pouco, a plena capacidade das mulheres casadas.

O crime de uxoricídio, por exemplo, no qual o homem tinha autorização para matar a mulher que tivesse praticado adultério, e que só podia ter sido cometido pelas mulheres (o homem que adulterasse não seria enquadrado na tipificação do adultério), a extinção da pena de estupro se o agressor casasse com a ofendida, a exigência de boa conduta e de honestidade para as vítimas de delitos sexuais, são alguns dos muitos exemplos da violência do Direito contra as mulheres.

A situação do México, descrita em capítulos anteriores, é exemplo da grave impunidade e da falência do sistema de justiça. No Brasil, a situação não se faz, no essencial, tão diferente, de modo que seria preciso pensar em como mitigar a relação sempre violenta do Direito Penal com as mulheres.

No que tange às tendências do chamado Direito Penal Mínimo e dos princípios constitucionais de não discriminação entre homens e mulheres, seria, portanto, necessário pensar em alternativas que levassem em conta a violência sistemática cometida pelo Direito, como o concebemos, contra a mulher.

A tendência teórica do Direito Penal Mínimo, sendo de grande relevo para a luta contra uma sociedade cada vez mais relativa das condutas humanas, e cada vez mais penalizante e policialesca, deveria ser afastada ou pelo menos repensada quando se fala da questão do gênero e da mulher. Com efeito, se a situação original da relação entre a mulher e o Direito, bem como daquela entre a mulher e a sociedade patriarcal em geral, é sempre a do exercício de regulação e de violência sobre o corpo da mulher, então não basta uma mera minimização da influência do Direito Penal para garantir a mitigação da violência contra a mulher. Ao contrário, a transformação do Direito Penal se faz necessária para que este sirva de ferramenta para afastar uma violência que já existe e que se impõe, sendo preciso nesse caso, um Direito Penal forte e atuante em favor da mulher.

Quanto ao princípio da não discriminação entre homens e mulheres, entendido como ligado ao princípio da igualdade, ele se veria, segundo alguns, afetado pela criação de tipos penais especiais destinados a proteger a mulher vítima de violência. Uma correta interpretação principiológica, porém, não exige necessariamente que essas condutas sejam mantidas descriminalizadas. A função do Direito Penal Mínimo é de proteção na melhor forma possível dos direitos de todos os setores sociais, procurando fazer desaparecer as diferenças "jurídicas" entre eles. Igualmente, o princípio da igualdade, como é notório, deve exercer-se na medida da igualdade dos iguais e da diferença dos diferentes. Dada a situação que, ao longo deste estudo, verificamos de disparidade entre as violências sofridas por homens e por mulheres, a igualdade não deveria obstar, mas exigir um tratamento que nivele as condições dos gêneros, de maneira afirmativa. Por outra parte, em benefício da postura de tipificação penal, a morte de mulheres nas mãos de seus companheiros é uma das condutas que tem um maior *plus* de injusto frente aos delitos comuns, dada a especial vulnerabilidade de suas vítimas.

O Direito Penal sempre colocou a mulher em segundo plano e em posição de inferioridade. A questão fundamental é o fato de o sistema penal, por sua construção generalizada, ser incapaz de proteger e contemplar as várias formas de violência contra as mulheres, observadas sempre pela lente moral que esquadrinha seus corpos e suas condutas segundo o paradigma da "verdadeira mulher", acabando por vitimá-las duplamente. A permanência da lógica da honestidade funciona como dado de seletividade nos julgamentos sobre quais mulheres podem ser objeto de proteção desse sistema (BRITO, 2007:39).

Existem vários trabalhos realizados com base na análise de processos de crimes passionais praticados por homens e mulheres. Um deles é o trabalho realizado por Ruth Harris na França, no século XIX, na qual a autora detecta diferenças de forma de tratamento sobre a questão da responsabilidade penal para homens e mulheres.

No livro *Assassinato e Loucura*, Harris (1993:309) afirma que os homens alegavam em suas defesas, em quase metade dos casos à época, como motivo para matarem as esposas, amantes ou rivais, a paixão. O tribunal, ao condená-los ou não, sondava as atitudes do réu em relação aos deveres conjugais e o seu comportamento sexual, buscando atitudes que comprovassem que ele era bom esposo, leal e dedicado ou até mesmo a evidência de relação romântica. Já em relação às mulheres, procurava-se saber seu comportamento na sociedade, sua infidelidade ou incompetência sendo um aspecto importante durante o julgamento. Ao se defenderem dos crimes, explicando os motivos pelos quais haviam matado mulheres, os homens quase sempre se referiam à necessidade de recuperar sua honra diante de uma deslealdade.

Trazendo a questão para a atualidade, no Código Penal brasileiro, o estupro é considerado crime hediondo e inafiançável, mas o rigor da lei se aplica apenas ao ato criminoso, pois a prática discursiva dos tribunais brasileiros ainda é bem refratária a esse rigor quando o que se considera são as punições a tais atos.

Para citar um exemplo, a afirmação feita pelo Ministro do Supremo Tribunal Federal Marco Aurélio de Mello, em 1996, de que "nos nossos dias não há crianças, mas moças de doze anos", com o intuito de justificar o voto favorável que deu a um pedido de *habeas corpus* impetrado em favor de um homem condenado pelo Tribunal de Justiça de Minas Gerais a seis anos de reclusão, em regime fechado, pelo estupro de uma menor de idade, à época com 12 anos, revelam uma transformação da perspectiva da Justiça em face da responsabilidade das menores de idade do sexo feminino em relação aos crimes sexuais dos quais seriam, em tese, consideradas vítimas.[18]

As razões invocadas pelo Ministro Marco Aurélio de Mello como relator do processo em questão, reproduzem e acenam para a permanência de certas representações de gênero que procuram definir as mulheres, nos discursos jurídicos dos nossos tribunais, da mesma forma violenta como são definidas nas práticas discursivas da sociedade em geral.

A interpretação desloca-se do suposto crime para a vítima, ou "falsa vítima" como disse o Ministro e, ao que tudo indicava, era nela que se deveria buscar as "causas" do ato transgressor. Nesse discurso, estava em funcionamento a representação da "mulher honesta", assim como seu contraponto, a "mulher devassa", pouco importando a idade da vítima. O voto do Ministro Relator foi acompanhado pelo Ministro Francisco Rezek que, como seu outro colega, também apoiou a decisão na ideia de um suposto consentimento da vítima, fazendo prevalecer a tese da presunção relativa.

A violência praticada pelo agressor também não é questionada nesse tipo de crime. Geralmente, é a vida sexual da mulher que é levada em consideração, recaindo sempre sobre ela a conduta que determina o consentimento, resultando em ser o ato considerado como praticado sem violência. Pesquisa divulgada em 27 de março de 2014 pelo Instituto de Pesquisa Econômica Aplicada (Ipea) apontou que 58,5% dos entre-

---

18 Voto do Ministro do STF Marco Aurélio de Mello, acerca do *habeas corpus* 73.662-9/MG. Todas as referências às posições assumidas pelo ministro foram retiradas deste documento.

vistados concordaram total ou parcialmente com a frase: "Se as mulheres soubessem como se comportar, haveria menos estupros". Em relação a essa pergunta, 35,3% concordaram totalmente, 23,2% parcialmente, 30,3% discordaram totalmente, 7,6% discordaram parcialmente e 2,6% se declararam neutros.[19]

O consentimento, nessa ótica, não é aferido a partir da vontade da mulher, mas da sua conduta social, do seu comportamento ou da sua forma de vestir. Afinal, as mulheres, nesses discursos, não têm vontade própria quanto à sua sexualidade. Ou bem se preparam para cumprir o *débito conjugal*, garantindo-se como *mulher honesta*, ou seguem o caminho da sexualidade irrestrita. Nesse sentido, a mulher que se comporta "mal", que não cumpre o seu "papel social", pode ser considerada "devassa" e receber como punição social o estupro.

Isto porque rege uma separação (de acordo com os valores patriarcais) entre mulheres que possuem um consentimento implicitamente atribuído – esposas em relação aos seus maridos, mulheres com vida sexual ativa fora do matrimônio, prostitutas, ou de sexualidades não normativas – e as mulheres virgens, "honestas". De acordo com Mackinnon, esse tipo de categoria separa mulheres entre estupráveis, isto é, as que podem ser vítimas desse crime, e não estupráveis (MACKINNON, 1989).

Isso se dá, segundo Ana Lucia Sabadell (2013), em função de prevalecer ainda hoje o que ela chama de *patriarcalismo jurídico* que continua a produzir e a reproduzir a discriminação feminina. O chamado patriarcalismo jurídico é a ideia de que o Direito, além de integrar as relações de dominação, sujeição e subalternidade às quais o gênero feminino está submetido, funciona como importante instrumento de legitimação delas. Neste entendimento, o Direito Penal (e o sistema de Justiça Criminal) tem um forte papel a desempenhar na sua manutenção, tanto na esfera legal quanto na judiciária ou doutrinária.

Concordo com as reflexões de Sabadell quando cita algumas decisões judiciais recentes que reproduzem preconceitos e estereótipos de gênero, colocando a mulher em posição de inferioridade e afrontando a condição feminina, o que corrobora a tese de algumas teorias feministas do Direito, segundo a qual a opressão feminina só poderá ser combatida se houver uma mudança de valores socioculturais, com a erradicação do sistema de dominação masculina. A partir dessa perspectiva, a autora afirma que não basta apenas mudar o Direito: é necessário produzir

19 Para maiores informações, visite: <http://www.ipea.gov.br≥. Acesso em: 31 mar. 2014.

mudanças significativas na sociedade, a começar pela educação para a efetivação dos direitos humanos das mulheres.

É possível observar que algumas decisões dos tribunais ainda reproduzem os estereótipos de gênero do século XIX. Trabalho realizado na década de 1980 pela antropóloga Mariza Correa (1983:13), tomando por fontes os processos abertos, nos anos de 1950 e 1960, detecta, entre outras coisas, o seguinte:

> [...] o que está em questão nesses julgamentos [...] não é apenas a reafirmação dos valores dominantes per se, mas a manutenção e perpetuação da desigualdade entre homens e mulheres na sociedade, e a subordinação destas. Elucidando o papel do Judiciário na manutenção das desigualdades sociais, esta pesquisa aponta também para a abordagem frequentemente elitista a respeito da reprodução da ideologia. Ideologia é sempre um conjunto de valores e um conjunto de práticas. Através desta análise torna-se claro que o Judiciário contribui de uma forma muito material para a manutenção do sistema de valores dominantes.

Também no campo dos estudos da Criminologia se verifica uma certa dificuldade de colocar em debate essa complicada relação entre o Direito Penal e os direitos das mulheres. Vera Regina Pereira de Andrade (2005), ao realizar trabalho de pesquisa nos processos de violência sexual na década de 1980 em Santa Catarina, compartilha desse pensamento. Segunda a autora, o sistema penal não apenas é incapaz de proteger a mulher, como a única resposta disponível, o castigo, é desigualmente distribuído, e não cumpre as funções preventivas (intimidatória e reabilitadora) que a ele são atribuídas.

Temos clareza de que só a criação da lei não garante a solução do problema da violência contra a mulher se não se faz acompanhar de políticas preventivas que privilegiem a proteção. Também necessitamos de um sistema judicial sensibilizado e preparado desde a perspectiva de gênero e que, ademais, funcione.

A morosidade da Justiça no julgamento desses crimes é um dos fatores que reforça a impunidade, à medida que dá ao criminoso tempo de sobra para escapar da punição. No caso dos homicídios, é comum a fuga do acusado. Também é frequente a reelaboração contínua da versão dos fatos, às vezes com a alegação da reconstrução da vida familiar, a fim de convencer o júri da falta de periculosidade e da acidentalidade do crime. Em casos de tentativa de homicídio, além das estratégias anteriores, verifica-se o convencimento da vítima a depor a favor do acusado (ALMEIDA, 1998: 114). Para, além disso, a estratégia utilizada pela defesa é quase sempre a de desqualificar o comportamento da vítima e minimizar o quanto possível a conduta violenta do acusado.

Os crimes de homicídio, seja contra homens ou mulheres, tem o mesmo procedimento e não é levada em consideração a desigualdade de poder e de gênero nas relações entre a vítima e o seu algoz. Não raras vezes as mulheres mortas são julgadas por suas condutas e atitudes, e não podem mais se defender. As famílias da vítima, incluindo os filhos, ficam sem qualquer assistência do Estado para se reestruturar e reconstruir suas vidas.

Nesse contexto é que surge o Protocolo de Atuação e Colaboração entre as I, II, III e IV Varas do Tribunal do Júri, o I Juizado de Violência Doméstica e Familiar contra a Mulher da comarca da capital do Estado do Rio de Janeiro – no qual eu atuo – e o Núcleo de Defesa dos Direitos da Mulher Vítima de Violência de Gênero que institui o Projeto Violeta/Laranja – Feminicídio[20] no âmbito do Tribunal de Justiça do Estado, com a finalidade de reduzir o lapso temporal entre o registro do fato e a decisão judicial que concede medidas protetivas.

O que se pretende é, em suma, garantir maior proteção às vítimas sobreviventes e indiretas (familiares, pessoas com laços afetivos com a vítima), tornando mais célere a concessão destas medidas para mulheres em situação de extrema vulnerabilidade, em risco grave de morte ou de lesão a sua integridade física.

Diante desse contexto, não resta a menor dúvida de que a Lei Maria da Penha[21] representou um grande avanço no combate à violência contra a mulher, mas é apenas um mecanismo no grande processo de enfrentamento às desigualdades de gênero. Por outro lado, embora seja certo que a lei representa uma resposta jurídica concreta às violências sofridas pelas mulheres, precisamos de outros mecanismos de prevenção, como por exemplo, mais investimentos na educação em igualdade de gênero, nas escolas e universidades, além da formação continuada dos operadores do Direito, incluindo os Juízes que atuam na área. O mesmo vale para a recente tipificação do crime de feminicídio – apesar de configurar inegável avanço, ela será inócua se não estiver fornida por mecanismos concretos de efetivação.

Sabemos assim, que a tipificação penal do feminicídio pode não ser suficiente, considerando que na lei penal subsiste o controle patriarcal

20 Para mais informações, acessar: <http://www.tjrj.jus.br/documents/10136/3480102/protocolo-violeta-laranja-assi.pdf>. Acesso em: 26 ago. 2019.

21 Lei nº 11.340, de 7de agosto de 2006.Cria mecanismos para coibir a violência doméstica e familiar contra a mulher.

contra a mulher. Ainda assim, parafraseando Célia Amorós, "*conceptualizar es politizar*", ou seja, os conceitos críticos possibilitam a visibilização de determinados fenômenos que não se apresentavam a partir de outras orientações e, por sua vez, essa visibilização nutre e permite novos conceitos críticos. Que esses conceitos sejam incorporados nas instituições, em especial no Direito e no Direito Penal em específico, é essencial para que o problema se faça presente na discussão pública. Dar visibilidade aos assassinatos de mulheres, ao invés de tratá-los como mero crime passional, elevando-o a uma categoria jurídica, ainda é uma agenda pendente, para a qual a tipificação é um passo decisivo e que pode fazer com que ocorram mudanças estruturais na nossa sociedade permitindo uma reforma geral de toda a legislação e das políticas públicas que, seja expressa ou tacitamente, contenham preceitos discriminatórios.

6.5. A tipificação do feminicídio no Brasil

Foi, como sabemos, sancionada no dia 9 de março de 2015, a Lei nº 13.104 que, em linhas gerais, prevê o feminicídio como circunstância qualificadora do crime de homicídio, de autoria da Comissão Parlamentar Mista de Inquérito da Violência contra Mulher. Com a sanção presidencial, o assassinato de mulher por razões de gênero (quando envolver violência doméstica e familiar ou menosprezo e discriminação à condição de mulher) passa a ser incluído entre os tipos de homicídio qualificado.

De maneira específica, a Lei nº 13.104/2015, considera feminicídio quando o crime é praticado contra a mulher por razões da condição de sexo feminino: quando envolver violência doméstica e familiar ou menosprezo e discriminação contra a condição de mulher. A pena prevista para o homicídio qualificado é de reclusão de 12 a 30 anos.

No decorrer deste livro, pudemos observar os pontos cegos deixados pela Lei Maria da Penha, não obstante sua grande importância para a luta das mulheres. Isso se deve, em especial, a uma distorção gerada pelo fato de essa lei prever apenas a lesão corporal relacionada à violência doméstica, mas esquecendo-se de abarcar justamente o mais grave desdobramento dessa mesma violência, a saber, a morte.

Se, como observamos, o feminicídio não é um acontecimento isolado, fruto de um lapso fortuito de emoção, mas o ponto culminante de uma violência contínua, arraigada no cotidiano das mulheres, então não faz sentido que ao procurar coibir penalmente essa violência de gênero, se exclua justamente sua expressão mais radical. Isso era, não obstante, o que acabava acontecendo com a Lei Maria da Penha – os crimes que eram qualificados como homicídio escapavam ao seu escopo.

Espera-se que por todo o exposto neste livro, tenha restado patente a importância da criminalização do feminicídio, como forma de avançar-se na sempre insuficiente proteção das mulheres contra a violência.

Justifica-se a diferenciação no tratamento do homicídio cometido contra mulheres em razão do seu gênero, mesmo se um homicídio cometido contra homem, também em razão do seu gênero - se é que tal coisa pode ser pensada na nossa sociedade de hoje -, não esteja igualmente previsto. É que, como todo jurista sabe, ainda que às vezes alguns pareçam propositadamente esquecer, a igualdade implica no tratamento desigual dos desiguais, a fim de corrigir a desigualdade. Assim, o machismo e o patriarcalismo arraigados na nossa sociedade, demonstrados por farta pesquisa, configuram motivo mais que suficiente para justificar tal tratamento diferenciado. Ideal seria que, um dia, pudéssemos voltar a retirar o crime de feminicídio das nossas codificações, quando já não houver violência caracterizada especificamente por questões de gênero. Infelizmente, esse momento parece ainda muito distante de nós.

Destaco alguns pontos importantes da Lei do Feminicídio. Ela I - prevê o feminicídio como qualificadora do crime de homicídio (a) quando é praticado contra a mulher (b) por razões da condição do sexo feminino; II - considera-se que há razões de condição de sexo feminino quando o crime envolver: a) violência doméstica e familiar contra a mulher; b) ou menosprezo e discriminação contra a mulher; III - prevê, junto com as alterações dadas pela Lei nº 13.771/2018, causas de aumento da pena de 1/3 até a metade se o crime for praticado: a) durante a gestação ou nos três meses posteriores ao parto; b) contra menor de 14 anos, maior de 60, pessoa com deficiência ou portadora de doenças degenerativas que acarretem condição limitante ou de vulnerabilidade física ou mental; c) na presença física ou virtual de descendente ou ascendente da vítima; d) em descumprimento das medidas protetivas de urgência previstas nos incs. I, II, III do *caput* do art. 22 da Lei nº 11.340/2006; e IV - considera-se crime hediondo. A seguir, analisaremos detidamente tais previsões.

6.5.1. Definição de "mulher"

Observe-se que para que possa incidir a qualificadora do feminicídio, é necessário que o sujeito passivo seja uma mulher e que o crime tenha sido cometido por razões da sua condição de sexo feminino. Assim, indaga-se, quem pode ser considerada mulher, para efeitos de reconhecimento do homicídio qualificado? Existem três posições na doutrina para identificar a mulher com a finalidade de aplicar a qualificadora do feminicídio.

A primeira posição doutrinária diz respeito ao critério psicológico. Para essa corrente doutrinária, deve-se desconsiderar o critério biológico para identificar como mulher toda aquela cujos aspectos psíquicos ou comportamentais são femininos. Adotando-se esse critério, matar alguém que fez a cirurgia de redesignacão de gênero ou que, mesmo sem tê-la feito, psicologicamente acredita ser uma mulher, trará a aplicação da qualificadora do feminicídio.

A segunda posição doutrinária leva em conta o critério jurídico cível. Deve ser considerado sexo, para essa vertente, o que consta no registro civil, ou seja, se houver decisão judicial para a alteração do registro de nascimento, alterando o sexo, teremos um novo conceito de mulher, que deixará de ser natural para ser um conceito de natureza jurídica.

Há ainda uma terceira posição, que adota o critério biológico, segundo a qual identifica-se a mulher em sua concepção genética ou cromossômica. Neste caso, como a cirurgia de redesignação de gênero altera a estética, mas não a concepção genética, não será possível a aplicação da qualificadora do feminicídio.

Francisco Dirceu Barros[22] afirma que o grande problema na utilização do critério **psicológico** para conceituar "mulher" reside no fato de que é formado pela convicção íntima da pessoa que entende pertencer ao sexo feminino, critério que pode ser, segundo ele, incompatível com o Direito Penal moderno.

De outro lado, o critério jurídico cível também não poderia ser aplicado, pois as instâncias cível e penal são independentes; assim, a mudança jurídica no cível representaria algo que seria usado em prejuízo do réu, afrontando o princípio da proibição da analogia *in malam partem. O* corolário da legalidade proíbe a adequação típica "por semelhança" entre fatos.

Ademais, ainda na defesa do critério biológico, para Francisco Dirceu Barros o legislador, mesmo sabendo que existem outros gêneros sexuais, não teria incluído os transexuais, homossexuais, *gays* ou travestis, sendo peremptório ao afirmar que "considera-se que há razões de gênero quando o crime envolve: *menosprezo ou discriminação à* **condi-**

22 BARROS, Francisco Dirceu. *Feminicídio e neocolpovulvoplastia*: as implicações legais do conceito de mulher para os fins penais. Disponível em: <http://jus.com.br/artigos/37145/feminicidio-e-neocolpovulvoplastia≥. Acesso em: 15 jun. 2015.

ção de mulher".[23] A frase, prevista originalmente no projeto de lei "*menosprezo ou discriminação à* **condição de gênero**", *foi substituída por "menosprezo ou discriminação à* **condição de mulher**".

Para Luiz Flávio Gomes e Alice Bianchini (2015), mulher se traduz num dado objetivo da natureza. Sua comprovação é empírica e sensorial. Afirma o autor que, de acordo com o art. 5º, parágrafo único, a Lei 11.340/2006 deve ser aplicada, independentemente de orientação sexual. Na relação entre mulheres hétero ou transexual (sexo biológico não correspondente à identidade de gênero; sexo masculino e identidade de gênero feminina), caso haja violência baseada no gênero, pode caracterizar o feminicídio.

Assim, para esse autor, no caso das relações homoafetivas masculinas definitivamente não se incidirá a qualificadora. A lei falou em mulher e por analogia não poderia aplicar a lei penal contra o réu. Não poderíamos admitir, assim, o feminicídio quando a vítima é um homem (ainda que de orientação sexual distinta da sua qualidade masculina).

Minha posição, por fim, é de que a qualificadora do feminicídio incide quando o sujeito passivo for mulher, entendido na minha forma de ver de acordo com o critério psicológico, ou seja, quando a pessoa se identificar com o sexo feminino, mesmo quando não tenha nascido com o sexo biológico feminino.

Em tese, não se admite analogia em desfavor do réu. No entanto, a Lei Maria da Penha já foi aplicada à mulher transexual por decisão da 1ª Vara Criminal da Comarca de Anápolis em Goiás, da lavra da Juíza Ana Claudia Veloso Magalhães (Processo nº 201103873908, TJ-GO).

A transexualidade caracteriza-se por uma contradição entre a identidade sexual ou de gênero com o sexo biológico, o que causa uma dificuldade terminológica. Pode ser considerado, portanto, mulher transexual o indivíduo que nasce com anatomia masculina e se identifica com o gênero feminino, e como homem transexual a pessoa que nasce com anatomia feminina, identificando-se com o sexo masculino (GONÇALVES, 2014).

A mulher transexual é uma pessoa adulta que se identifica como sendo do sexo e gênero femininos, embora tenha sido genética – e oficialmente, pelos pais, quando do nascimento – designada como pertencente ao sexo masculino. Portanto, em virtude da incongruência sexo *versus* mente (ou cérebro), uma mulher transexual reivindica o reconhecimento social e legal como mulher.

---

23 BARROS, Francisco Dirceu. *Feminicídio e neocolpovulvoplastia*: as implicações legais do conceito de mulher para os fins penais. Disponível em: <http://jus.com.br/artigos/37145/feminicidio-e-neocolpovulvoplastia≥. Acesso em: 15 jun. 2015.

Tal qual as mulheres genéticas, as mulheres transexuais adotam nome, aparência e comportamentos femininos em razão de sua necessidade de querer e necessitar ser tratadas como quaisquer outras mulheres.

Além disso, a alteração que a lei sofreu pouco tempo antes de ser aprovada, que substituiu o vocábulo "gênero" pela expressão "condição de sexo feminino", na verdade não altera a interpretação, já que a expressão "por razões de sexo feminino" prende-se, igualmente, a razões de gênero. O legislador não almejou trazer uma qualificadora para a morte de mulheres. Se assim fosse bastaria ter colocado: se o crime for cometido contra mulher, sem utilizar a expressão "por razões da condição de sexo feminino".

Esse posicionamento é diverso do defendido por Thiago Mota (2015), no qual expõe que "somente as pessoas a quem o Direito reconhece (civilmente) como mulheres podem ser o passivo do crime", mas comenta a possibilidade de a transexual ser vítima do crime de feminicídio se esta tiver feito a cirurgia de redesignação de gênero e alterado o registro civil.

Sobre este ponto, recente pesquisa do NUPEGRE[24] destaca que as negativas judiciais para alteração do registro civil no tocante ao gênero são construídas com base em argumentos que apelam a uma "verdade biológica" que só pode ser superada pela cirurgia. Também foi ressaltada a articulação de tais decisões com o discurso médico acerca da experiência transexual e a observação de algumas confusões entre o entendimento do que representa o sexo, a identidade de gênero e a orientação sexual. Tudo isso demonstra o despreparo dos julgadores ao lidar com as demandas das pessoas transgêneras, o que culmina em violência institucional.

Destaco, entretanto, o crescente entendimento dos operadores do Direito no sentido de reconhecer o aspecto subjetivo gênero, em especial na denúncia realizada pela Promotoria de Justiça do III Tribunal do Júri de São Paulo pelo feminicídio de uma mulher trans. A vítima, que sofria violência doméstica, foi morta a facadas pelo ex-companheiro em fevereiro de 2016.[25]

---

24 ESCOLA DE MAGISTRATURA DO ESTADO DO RIO DE JANEIRO. *Relatórios de pesquisa NUPEGRE*. A representação de pessoas transexuais e transgêneras na Justiça brasileira: uma análise do discurso judicial nas ações de retificação de registro civil, n. 1, Rio de Janeiro, 2018.

25 MPSP oferece primeira denúncia no Estado por feminicídio de mulher trans. Para maiores informações, visite: <http://www.mpsp.mp.br/portal/page/portal/noticias/noticia?id_noticia=15908 065&id_grupo=118>. Acesso em: 12 out. 2016.

Outro exemplo é o da 3ª Turma Criminal do Tribunal de Justiça do Distrito Federal que, com decisão unânime, considerou como tentativa de feminicídio crime cometido contra mulher transgênero.

> DIREITO PENAL E PROCESSUAL PENAL. RECURSO EM SENTIDO ESTRITO. PRONÚNCIA. FEMINICÍDIO TENTADO. VÍTIMA MULHER TRANSGÊNERO. MENOSPREZO OU DISCRIMINAÇÃO À CONDIÇÃO DE MULHER. MATERIALIDADE E INDÍCIOS DE AUTORIA PRESENTES. PEDIDO DE DESCLASSIFICAÇÃO. IMPROCEDENTE. TESES A SEREM APRECIADAS PELOS JURADOS. PRINCÍPIO IN DUBIO PRO SOCIETATE. EXCLUSÃO DA QUALIFICADORA. IMPROCEDENTE. RECURSOS CONHECIDOS E DESPROVIDOS.
>
> 1. A decisão de pronúncia dispensa a certeza jurídica necessária para uma condenação, bastando o convencimento do Juiz acerca da materialidade do fato e da existência de indícios suficientes de autoria, prevalecendo, nessa fase, o *in dubio pro societate*.
>
> 2. No âmbito do Tribunal do Júri, as possibilidades de desclassificação, absolvição sumária e impronúncia são limitadas, sendo admitidas apenas quando a prova for inequívoca e convincente, no sentido de demonstrar que o réu não praticou crime doloso contra a vida, pois mínima que seja a hesitação, impõe-se a pronúncia, para que a questão seja submetida ao júri, *ex vi* do art. 5º, inc. XXXVIII, da Constituição Federal c/c art. 74, § 1º, do Código de Processo Penal.
>
> 3. Somente as qualificadoras manifestamente improcedentes e sem qualquer apoio na prova dos autos podem ser afastadas.
>
> 4. Recursos conhecidos e desprovidos.
>
> (TJDFT. Acórdão nº 1184804, 20180710019530RSE, Rel. Waldir Leôncio Lopes Júnior, 3ª Turma Criminal, julgado em: 04/07/2019, *DJe* 12/07/2019, p. 137/138).

Isto está em consonância com a aplicação da Lei Maria da Penha para casos em que mulheres transgêneros são vítimas de violência doméstica e/ou familiar. Julgado recente vem no sentido de atribuir a maior importância ao critério psicológico, independentemente do registro civil:

> RECURSO EM SENTIDO ESTRITO. APLICAÇÃO DA LEI Nº 11.340/2006 (MARIA DA PENHA). VÍTIMA TRANSEXUAL. APLICAÇÃO INDEPENDENTE DE ALTERAÇÃO DO REGISTRO CIVIL. COMPETÊNCIA DO JUIZADO DE VIOLÊNCIA DOMÉSTICA E FAMILIAR CONTRA A MULHER. RECURSO PROVIDO.
>
> 1. Diante da alteração sexual, comportando-se a recorrida como mulher e assim assumindo seu papel na sociedade, sendo dessa forma admitida e reconhecida, a alteração do seu registro civil representa

> apenas mais um mecanismo de expressão e exercício pleno do gênero feminino pelo qual optou, não podendo representar um empecilho para o exercício de direitos que lhes são legalmente previstos.
>
> [...]
>
> 3. Recurso provido.
>
> (TJDFT. Acórdão nº 1152502, 20181610013827RSE, Rel. Silvanio Barbosa dos Santos, 2ª Turma Criminal, julgado em: 14/02/2019, *DJe* 20/02/2019, p. 179/197).

Assim, entendo que toda vez que uma mulher, assim entendida como toda pessoa que se identificar com o gênero feminino, independente da realização da cirurgia de mudança de sexo, for morta em razão desta condição, incidirá a qualificadora do feminicídio. Na seção seguinte, veremos ao que se refere a lei ao falar de tais "razões de condição".

6.5.2. Circunstâncias que configuram "razões de condição de sexo feminino"

Devemos observar, no entanto, que não é pelo fato de uma mulher figurar como sujeito passivo do delito tipificado no art. 121 do Código Penal que já estará caracterizado o delito qualificado, ou seja, o feminicídio. Para configurar a qualificadora, nos termos do § 2º-A, do art. 121 do diploma repressivo, o crime deverá ser praticado por razões de condição de sexo feminino, que efetivamente ocorrerá quando envolver a) violência doméstica e familiar contra a mulher; b) menosprezo e discriminação contra a mulher.

A partir de uma interpretação sistemática chega-se à Lei Maria da Penha e, de acordo com o que dispõe seu art. 5º:

> Art. 5º Para os efeitos desta Lei, configura violência doméstica e familiar contra a mulher qualquer ação ou omissão baseada no gênero que lhe cause morte, lesão, sofrimento físico, sexual ou psicológico e dano moral ou patrimonial:
>
> I – No âmbito da unidade doméstica, compreendida como o espaço de convívio permanente de pessoas, com ou sem vínculo familiar, inclusive as esporadicamente agregadas;
>
> II – No âmbito da família, compreendida como a comunidade formada por indivíduos que são ou se consideram aparentados, unidos por laços naturais, por afinidade ou por vontade expressa;
>
> III – em qualquer relação íntima de afeto, na qual o agressor conviva ou tenha convivido com a ofendida, independentemente de coabitação.

> Parágrafo único. As relações pessoais enunciadas neste artigo independem de orientação sexual.

Ou seja, não basta que o sujeito passivo seja uma mulher, será necessário que se verifique se a agressão foi baseada no gênero e que o crime tenha ocorrido no âmbito da unidade doméstica, da família ou em qualquer relação íntima de afeto.

De acordo com esta interpretação, conclui-se que a violência doméstica e familiar contra a mulher que configura uma das condições do sexo feminino e, portanto, feminicídio não se confunde com a violência ocorrida no âmbito familiar que não tenha sido baseada no gênero. Conforme citado por Luiz Flavio Gomes e Alice Bianchini (2015):

> Com essas informações, podemos concluir que a violência doméstica e familiar que configura uma das razões da condição de sexo feminino (art. 121, § II-A) e, portanto, feminicídio, não se confunde com a violência ocorrida dentro da unidade doméstica ou no âmbito familiar ou mesmo em uma relação íntima de afeto. Ou seja, pode-se ter uma violência ocorrida no âmbito doméstico que envolva, inclusive, uma relação familiar (violência do marido contra a mulher dentro do lar do casal, por exemplo), mas que não configure uma violência doméstica e familiar por razões da condição de sexo feminino (ex. Marido que mata a mulher por questões vinculadas à dependência de drogas). O componente necessário para que se possa falar de feminicídio, portanto, como antes já se ressaltou, é a existência de uma violência baseada no gênero (ex.: marido que mata a mulher pelo fato de ela pedir a separação).

Já no que diz respeito ao assassinato de uma mulher em razão de menosprezo à condição de mulher, há menosprezo quando o agente comete o crime por nutrir pouca ou nenhuma estima ou apreço pela vítima, configurando desdém, desprezo, desvalorização.

De todo modo, não se pode olvidar que o sujeito ativo do feminicídio pode também ser uma mulher, desde que o crime seja cometido com estes elementos. Impera nesse sentido o *Informativo* nº 0551 de 2014 do STJ que determina que é possível a incidência da Lei Maria da Penha quando o sujeito ativo do crime é mulher, desde que esteja presente o estado de vulnerabilidade caracterizado por uma relação de poder e submissão.

O Brasil ratificou importantes convenções internacionais de proteção aos direitos humanos das mulheres, uma delas a Convenção Interamericana para prevenir, punir e erradicar a violência contra a mulher, Convenção de Belém do Pará, que estabelece no seu art. 6º:

> O direito de toda mulher a ser livre de violência abrange, entre outros:
>
> a. O direito da mulher a ser livre de todas as formas de discriminação; e
>
> b. O direito da mulher a ser valorizada e educada livre de padrões estereotipados de comportamento e costumes sociais e culturais baseados em conceitos de inferioridade ou subordinação.

Além disso, a Convenção para a Eliminação de todas as Formas de Discriminação contra a Mulher foi adotada pela Assembleia Geral em 18 de dezembro de 1979 e entrou em vigor em 3 de setembro de 1981. A Convenção é constituída por um preâmbulo e 30 artigos, sendo que 16 deles contemplam direitos substantivos que devem ser respeitados, protegidos, garantidos e promovidos pelo Estado. Em seu art. 1º, a Convenção define "discriminação contra a mulher" como:

> [...] toda distinção, exclusão ou restrição baseada no sexo e que tenha por objeto ou resultado prejudicar ou anular o reconhecimento, gozo ou exercício pela mulher, independentemente de seu estado civil, com base na igualdade do homem e da mulher, dos direitos humanos e liberdades fundamentais nos campos político, econômico, social, cultural e civil ou em qualquer outro campo.

Dessa forma, matar a mulher porque, por exemplo, ela não pode estudar, trabalhar ou por exercer alguma função "considerada exclusivamente masculina", é considerado como um homicídio relacionado ao menosprezo.

6.5.3. Causas de aumento de pena no feminicídio

Como vimos, a Lei nº 13.104/2015 inclui mais um parágrafo ao art. 121 do Código Penal, que prevê as causas de aumento de pena para o crime de feminicídio. Com as alterações dadas pela Lei nº 13.771/2018, fica configurado:

> Art. 121. [...]
>
> Aumento de pena
>
> [...]
>
> Art. 7º A pena do feminicídio é aumentada de 1/3 (um terço) até a metade se o crime for praticado:
>
> I – Durante a gestação ou nos 3 (três) meses posteriores ao parto;
>
> II – Contra pessoa menor de 14 (quatorze) anos, maior de 60 (sessenta) anos, com deficiência ou portadora de doenças degenerati-

> vas que acarretem condição limitante ou de vulnerabilidade física ou mental;
>
> III – na presença física ou virtual de descendente ou de ascendente da vítima;
>
> IV – em descumprimento das medidas protetivas de urgência previstas nos incisos I, II, e III do *caput* do art. 22 da Lei nº 11.340, de 7 de agosto de 2006.

Inicialmente, alguns comentários sobre as causas de aumento de pena. Deve se observar desde logo que é necessário que tais circunstâncias tenham ingressado na esfera de conhecimento do agente. Ou seja, o agente tem de ter conhecimento da gestação, ou que, há três meses, a vítima tenha realizado seu parto. Caso contrário, ou seja, se tais fatos não eram do conhecimento do agente, será impossível aplicar a causa de aumento de pena.

Algumas hipóteses citadas por Rogério Greco (2015) podem ocorrer na prática, quando o agente comete o crime de feminicídio, partindo do princípio de que o agente sabia que a mulher estava grávida:

> [a] A mulher e o feto sobrevivem – nesse caso, o agente deverá responder pela tentativa de feminicídio e pela tentativa de aborto;
>
> [b] A mulher e o feto morrem: aqui, deverá responder pelo feminicídio consumado e pelo aborto consumado;
>
> [c] A mulher morre e o feto sobrevive: nessa hipótese, teremos um feminicídio consumado, em concurso com uma tentativa de aborto;
>
> [d] A mulher sobrevive e o feto morre: *in casu*, será responsabilizado pelo feminicídio tentado, em concurso com o aborto consumado.

Se o agente causa a morte da mulher por razões da condição de sexo feminino, nos 3 (três) meses posteriores ao parto, também terá sua pena aumentada. Aqui, conta-se o primeiro dia do prazo de 3 (três) meses na data em que praticou a conduta, e não no momento do resultado morte. Assim, por exemplo, se o agente deu início aos atos de execução do crime de feminicídio, agredindo a vítima com golpes de faca, e essa vem a morrer somente 10 dias após as agressões, para efeito de contagem do prazo de 3 (três) meses será levado em consideração o dia em que desferiu os golpes, conforme determina o art. 4º do Código Penal, que diz que se considera praticado o crime no momento da ação ou da omissão, ainda que outro seja o momento do resultado.

O próprio art. 121 do Código Penal, em seu § 4º, já prevê um aumento de 1/3 nos casos de homicídio praticado contra pessoa menor de 14 ou maior de 60 anos. O aumento previsto para o feminicídio, no entanto, é mais severo pois varia de 1/3 até metade. Prevalece, no caso, o aumento determinado no § 7º, pois se trata de lei específica (princípio da especialidade).

A deficiência da vítima pode ser física ou mental e poderá ser comprovada mediante laudo pericial, ou por outros meios capazes de comprovar a deficiência. Poderá ser, ainda, uma doença degenerativa que em regra causa debilitação.

De acordo com o art. 4º do Decreto nº 3.298/1999, que regulamentou a Lei nº 7.853/1989:

> Art. 4º É considerada pessoa portadora de deficiência a que se enquadra nas seguintes categorias:
>
> I – deficiência física – alteração completa ou parcial de um ou mais segmentos do corpo humano, acarretando o comprometimento da função física, apresentando-se sob a forma de paraplegia, paraparesia, monoplegia, monoparesia, tetraplegia, tetraparesia, triplegia, triparesia, hemiplegia, hemiparesia, ostomia, amputação ou ausência de membro, paralisia cerebral, nanismo, membros com deformidade congênita ou adquirida, exceto as deformidades estéticas e as que não produzam dificuldades para o desempenho de funções;
>
> II – Deficiência auditiva – perda bilateral, parcial ou total, de quarenta e um decibéis (dB) ou mais, aferida por audiograma nas frequências de 500Hz, 1.000Hz, 2.000Hz e 3.000Hz;
>
> III – deficiência visual – cegueira, na qual a acuidade visual é igual ou menor que 0,05 no melhor olho, com a melhor correção óptica; a baixa visão, que significa acuidade visual entre 0,3 e 0,05 no melhor olho, com a melhor correção óptica; os casos nos quais a somatória da medida do campo visual em ambos os olhos for igual ou menor que 60º; ou a ocorrência simultânea de quaisquer das condições anteriores;
>
> IV – Deficiência mental – funcionamento intelectual significativamente inferior à média, com manifestação antes dos dezoito anos e limitações associadas a duas ou mais áreas de habilidades adaptativas, tais como:
>
> a) comunicação;
>
> b) cuidado pessoal;
>
> c) habilidades sociais;
>
> d) utilização dos recursos da comunidade;
>
> e) saúde e segurança;
>
> f) habilidades acadêmicas;
>
> g) lazer; e
>
> h) trabalho;
>
> V – Deficiência múltipla – associação de duas ou mais deficiências.

Vários são os tipos penais em que a pena é agravada em razão da deficiência da vítima (lesão corporal, injúria, frustração de direito assegurado por lei trabalhista etc.).

Exige-se que o agente tenha conhecimento da situação de portador de deficiência ou doença degenerativa que gera condição limitante ou de vulnerabilidade da vítima, sob pena de não incidir a causa de aumento de pena (em virtude do erro de tipo).

Quanto às doenças degenerativas que levam a condição limitante ou de vulnerabilidade, são aquelas que causam gradual e irreversível lesão neurológica ou osteomuscular e vêm sendo numerosas, cada vez mais, entre pessoas mais velhas no Brasil, como, por exemplo, Alzheimer, Parkinson, esclerose múltipla.[26]

Nesses casos, é mister entender que a vítima não precisa já ter a debilitação para que se configure o crime, mas ser portadora da doença degenerativa. Isto é, ela pode ainda não ser deficiente, mas pode vir a adquirir alguma forma de deficiência. Caso ela, além de portadora, já tenha a deficiência, isso deve ser considerado para cálculo de aumento de pena.

O crime, ao ser perpetrado na presença de descendente ou ascendente da vítima, adquire uma reprovação ainda maior, pois trará um trauma muito intenso para o familiar que o assistiu; marca que, muitas vezes, acompanhará a pessoa para toda a sua vida. Ressalte-se que essa presença pode ser real ou virtual, como, por exemplo, por meio de telefonema ou internet. Além do agente que pratica o feminicídio ter que saber que as pessoas eram descendentes ou ascendentes da vítima, para que a referida causa de aumento de pena possa ser aplicada é preciso também que haja prova do parentesco nos autos, produzida através dos documentos necessários (certidão de nascimento, documento de identidade etc.).

Assim exemplificando, imaginemos a hipótese em que o marido mata a sua esposa na presença de seu filho, que contava na época dos fatos com apenas oito anos de idade. As consequências deste crime para essa criança, dessa cena violenta, o seguirão a vida toda.

Sabemos que tal fato tem sido comum e faz com que aquele que presenciou a morte violenta de sua mãe cresça, ou mesmo conviva até a sua morte, com graves problemas psicológicos, repercutindo na sua

26 ABCMED. Conhecendo melhor as doenças degenerativas. Disponível em <https://www.abc.med.br/p/sinais.-sintomas-e-doencas/756377/conhecendo+melhor+as+doencas+degenerativas.htm>. Acesso em: 21 ago. 2019.

vida em sociedade. Conforme já comentado, a circunstância é objetiva, devendo dela ter conhecimento o agente.

Havia, antes de 2018, a discussão sobre se a presença também poderia ser virtual e, muitas vezes, em função do princípio da legalidade, isto não era considerado. Agora, com a nova redação da Lei nº 13.771/2018, são considerados os meios informáticos, telemáticos de forma mais adequada com a contemporaneidade e suas complexidades. No entanto, é necessário que o parente que esteja em meio virtual, assim esteja simultaneamente ao momento do crime. Caso seja apenas exibido, por exemplo, posteriormente, por meio telemático, não se configura o aumento de pena por tal inciso, embora possa ser analisada a crueldade da exibição em eventual dosimetria de pena.

Outra novidade é o inciso IV, que implica no aumento de pena caso o feminicídio se estabeleça com descumprimento das medidas protetivas de urgência previstas nos incs. I, II e III do *caput* do art. 22 da Lei Maria da Penha.

> Art. 22. Constatada a prática de violência doméstica e familiar contra a mulher, nos termos desta Lei, o juiz poderá aplicar, de imediato, ao agressor, em conjunto ou separadamente, as seguintes medidas protetivas de urgência, entre outras:
>
> I – suspensão da posse ou restrição do porte de armas, com comunicação ao órgão competente, nos termos da Lei nº 10.826, de 22 de dezembro de 2003;
>
> II – afastamento do lar, domicílio ou local de convivência com a ofendida;
>
> III – proibição de determinadas condutas, entre as quais:
>
> a) aproximação da ofendida, de seus familiares e das testemunhas, fixando o limite mínimo de distância entre estes e o agressor;
>
> b) contato com a ofendida, seus familiares e testemunhas por qualquer meio de comunicação;
>
> c) frequentação de determinados lugares a fim de preservar a integridade física e psicológica da ofendida.

6.5.4. Classificação como crime hediondo

O art. 1º da Lei nº 8.072, de 25 de junho de 1990, passa a vigorar com a seguinte redação:

> Art. 1º [...]
>
> I – Homicídio (art. 121), quando praticado em atividade típica de grupo de extermínio, ainda que cometido por um só agente, e homicídio qualificado (art. 121, § 2º. I, II, III, IV, V e VI).

O feminicídio é um crime hediondo. O art. 2º da Lei nº 13.104/2015 alterou o art. 1º da Lei nº 8.072/1990 (Lei dos Crimes Hediondos) para incluir nesse rol o homicídio qualificado do inc. VI do § 2º do art. 121 do CP. Portanto, não há nenhuma dúvida de que o feminicídio (não o simples femicídio: assassinato de uma mulher fora do contexto da violência de gênero) é um crime hediondo.

Não se trata de um crime equiparado ao hediondo (como são a tortura, o tráfico ilícito de entorpecentes e drogas afins e o terrorismo), sim, é um crime formalmente hediondo.

Essa mudança legislativa (que entrou em vigor no dia 10/03/2015) só vale para crimes cometidos a partir dessa data. Essa lei, por ser mais gravosa, não retroage.

Sabe-se que o feminicídio já poderia ser (e, em alguns casos, já era) classificado como crime hediondo (homicídio por motivo torpe, fútil etc.). Afinal, não há como negar torpeza na ação de matar uma mulher por discriminação de gênero (matar uma mulher porque usa roupas consideradas inadequadas pelo agente ou porque não fez a comida corretamente ou não limpou a casa etc.). Mas esse entendimento não era uniforme. Daí a pertinência da lei que o tipifica, para dizer que todas essas situações configuram indiscutivelmente crime hediondo.

Nos crimes anteriores a 10 de março de 2015 o motivo torpe continua sendo possível. O que não se pode é aplicar a lei nova (Lei nº 13.104/2015) a fatos anteriores a ela (lei nova maléfica não retroage).

A comprovação de uma violência de gênero exige prova inequívoca. Havendo dúvida, aplica-se o princípio *in dubio pro reo*. A motivação do delito constitui o eixo da violência de gênero. Uma vez comprovada essa circunstância, não se pode mais invocar o motivo torpe: uma mesma circunstância não pode ensejar duas valorações jurídicas (está proibido o *bis in idem*).

Pode ser que ocorra o abuso acusatório ou excesso de acusação, devendo o juiz quando do recebimento da denúncia fazer as devidas correções de modo a evitar o excesso de acusação, podendo, por exemplo, rejeitar parcialmente a inicial acusatória recebendo-a definitivamente com os expurgos necessários, por falta absoluta de justa causa. A qualificadora do feminicídio tem que ter justa causa específica (provas mínimas sobre esse ponto). Sem isso, rejeita-se parcialmente a denúncia.

Na prática, significa que a pena será de 12 a 30 anos de reclusão. De outro lado, que ele não admite anistia (que se concede por meio de lei), graça (que é o indulto individual concedido por ato do Presidente da República) nem indulto (indulto coletivo, também outorgado pela

Presidência da República, por meio de decreto – o indulto natalino é o mais conhecido indulto coletivo).

Tampouco se admite fiança nos crimes hediondos (caso o agente seja preso em flagrante, não pode ser beneficiado pela fiança).

O regime inicial de cumprimento da pena do feminicídio é o fechado.

A regra do § 3º do art. 2º da Lei dos Crimes Hediondos ("Em caso de sentença condenatória, o juiz decidirá fundamentadamente se o réu poderá apelar em liberdade") hoje já não tem nenhum sentido (depois da reforma do CPP de 2008) porque o duplo grau de jurisdição (o direito de apelar) não pode ficar condicionado à prisão. O duplo grau é uma garantia internacional (prevista na Convenção Americana de Direitos Humanos), que está acima da lei (conforme decisão do STF no RE nº 466.343-SP).

A prisão temporária nos crimes hediondos terá o prazo de 30 dias, prorrogável por igual período em caso de extrema e comprovada necessidade. O livramento condicional nesses crimes exige o cumprimento de mais de dois terços da pena (conforma o disposto no art. 83, V, do CP).

Ademais, há alguns julgados recentes do STJ sobre prisão preventiva em crime de tentativa de feminicídio.[27]

6.5.5. A qualificadora do feminicídio é subjetiva ou objetiva?

A classificação da qualificadora do feminicídio como subjetiva ou objetiva não é um tema pacífico na doutrina. Por um lado, os juristas que defendem que a qualificadora é subjetiva, como Luiz Flavio Gomes, entendem que a condição do sexo feminino está ligada ao sentimento de posse e à discriminação do gênero feminino. De acordo com essa corrente, a qualificadora seria objetiva se dissesse respeito ao modo ou meio de execução do crime. A violência de gênero não é uma forma de execução do crime, e sim sua razão, seu motivo, pois o homicida não leva em conta apenas o fato de a mulher ser mulher, mas o elemento subjetivo a partir do qual o homicida toma sua atitude – ele não apenas mata uma vítima *que* acontece de ser mulher, mas a mata *porque* ela é mulher. Assim, caso seja acatada alguma das hipóteses de homicídio privilegiado (art. 121, § 1°, do CP), a própria qualificadora de feminicídio (se subjetiva fosse) seria afastada e em caso típico de violência contra a mulher que

27 Conferir RHC 101.244/SP, Rel. Min. Rogerio Schietti Cruz, 6ª Turma, julgado em 06/06/2019, *DJe* 10/06/2019.

resultasse em morte poderia o júri sequer votar a qualificadora de feminicídio, o que afronta diretamente a Lei nº 13.104/2015.

Por outro lado, os juristas, como Pires (2015) e Buzato (2013), que defendem o caráter objetivo da qualificadora, argumentam que se trata de um tipo de violência específico contra a mulher (em razão da condição de sexo feminino) e demandará dos jurados mera avaliação objetiva da presença de uma das hipóteses legais de violência doméstica e familiar (art. 121, § 2º-A, I, do CP, c/c art. 5°, I, II e III, da Lei nº 11.340/2006) ou ainda a presença de menosprezo ou discriminação à condição de mulher (art. 121, § 2º-A, II, do CP). Este também é o entendimento da COPEVID, de acordo com os Enunciados nº 23 e 24.[28]

Quando a qualificadora do feminicídio incidir, restará prejudicada a incidência da agravante genérica do art. 61, II, "f", parte final, do CP, sob pena de *bis in idem* vedado pelo art. 61, *caput*, do CP. Sendo uma qualificadora objetiva, no exemplo supracitado de um homicídio privilegiado, a qualificadora não restaria prejudicada e poderia ser cumulada com as consideradas subjetivas (incs. I, II e V do § 2° do art. 121).

Os entendimentos dos tribunais seguem no sentido de que a qualificadora é objetiva. Senão, vejamos o acórdão da 1ª Turma Criminal do TJ-DF:

> PENAL. RECURSO EM SENTIDO ESTRITO. RÉU PRONUNCIADO POR HOMICÍDIO COM MOTIVO TORPE. MORTE DE MULHER PELO MARIDO EM CONTEXTO DE VIOLÊNCIA DOMÉSTICA E FAMILIAR. PRETENSÃO ACUSATÓRIA DE INCLUSÃO DA QUALIFICADORA DO FEMINICÍDIO. PROCEDÊNCIA. SENTENÇA REFORMADA.
>
> 1 Réu pronunciado por infringir o art. 121, § 2º, inc. I, do Código Penal, depois de matar a companheira a facadas motivado pelo sentimento egoístico de posse.

28 Feminicídio: natureza objetiva da qualificadora (inciso I). Enunciado nº 23 (005/2015): "A qualificadora do feminicídio, na hipótese do art. 121, § 2º-A, inciso I, do Código Penal, é objetiva, nos termos do art. 5º da Lei nº 11.340/2006 (violência doméstica, familiar ou decorrente das relações de afeto), que prescinde de qualquer elemento volitivo específico" (Aprovado na II Reunião Ordinária do GNDH e pelo CNPG em 22/09/2015).
Feminicídio: natureza objetiva da qualificadora (inciso II). Enunciado nº 24 (006/2015): "A qualificadora do feminicídio, na hipótese do art. 121, § 2º-A, inciso II, do Código Penal, possui natureza objetiva, em razão da situação de desigualdade histórico-cultural de poder, construída e naturalizada como padrão de menosprezo ou discriminação à mulher" (Aprovado na II Reunião Ordinária do GNDH e pelo CNPG em 22/09/2015).

> 2. Os protagonistas da tragédia familiar conviveram sob o mesmo teto, em união estável, mas o varão nutria sentimento egoístico de posse e, impelido por essa torpe motivação, não queria que ela trabalhasse num local frequentado por homens. **A inclusão da qualificadora agora prevista no art. 121, § 2º, inc. VI, do Código Penal, não poderá servir apenas como substitutivo das qualificadoras de motivo torpe ou fútil, que são de natureza subjetiva, sob pena de menosprezar o esforço do legislador.** A Lei nº 13.104/2015 veio a lume na esteira da doutrina inspiradora da Lei Maria da Penha, buscando conferir maior proteção à mulher brasileira, vítima de condições culturais atávicas que lhe impuseram a subserviência ao homem. Resgatar a dignidade perdida ao longo da história da dominação masculina foi a ratio essendi da nova lei, e o seu sentido teleológico estaria perdido se fosse simplesmente substituída a torpeza pelo feminicídio. Ambas as qualificadoras podem coexistir perfeitamente, porque é diversa a natureza de cada uma: **a torpeza continua ligada umbilicalmente à motivação da ação homicida, e o feminicídio ocorrerá toda vez que, objetivamente, haja uma agressão à mulher proveniente de convivência doméstica familiar.**
>
> 3. Recurso provido. **(grifos meus)**
>
> (TJ-DF – RSE: 20150310069727, Rel. Des. George Lopes Leite, julgado em 29/10/2015, 1ª Turma Criminal, *DJe* 11/11/2015, p. 105.)

Há, recentemente, reconhecimento da Sexta Turma do STJ do caráter objetivo da qualificadora do feminicídio:

> PENAL E PROCESSUAL PENAL. AGRAVO REGIMENTAL NO AGRAVO EM RECURSO ESPECIAL. HOMICÍDIO QUALIFICADO. FEMINICÍDIO. MOTIVO TORPE. COEXISTÊNCIA. POSSIBILIDADE. NATUREZAS DISTINTAS. EXCLUSÃO DA QUALIFICADORA. USURPAÇÃO DA COMPETÊNCIA DO TRIBUNAL DO JÚRI.
>
> 1. Esta Corte possui o entendimento segundo o qual "as qualificadoras do motivo torpe e do feminicídio não possuem a mesma natureza, sendo certo que a primeira tem caráter subjetivo, ao passo que a segunda é objetiva, não havendo, assim, qualquer óbice à sua imputação simultânea (HC nº 430.222/MG, Rel. Min. Jorge Mussi, Quinta Turma, julgado em 15/03/2018, *DJe* 22/3/2018). Precedentes.
>
> 2. A jurisprudência desta Corte é firme no sentido de que somente devem ser excluídas da decisão de pronúncia as circunstâncias qualificadoras manifestamente improcedentes ou sem nenhum amparo nos elementos dos autos, sob pena de usurpação da competência constitucional do Tribunal do Júri. Precedentes.

> 3. Agravo regimental desprovido.
>
> (STJ. AgRg no AREsp 1.166.764/MS, Min. Antonio Saldanha Palheiro, julgado em 06/06/2019, Sexta Turma, *DJe* 17/06/2019.)

Por outro lado, há entendimentos diversos acerca da relação doméstica ser elemento definidor da qualificadora do feminicídio. Destaco duas decisões acerca do tema, a primeira da 2ª Câmara Criminal do Estado de Minas Gerais, que afasta a qualificadora, embora reconheça a relação doméstica entre réu e vítima e a segunda da 1ª Câmara Criminal do Estado do Paraná, que vincula a qualificadora do feminicídio à relação doméstica.

> RECURSO EM SENTIDO ESTRITO. PRONÚNCIA. HOMICÍDIO TRIPLAMENTE QUALIFICADO. MATERIALIDADE COMPROVADA. LEGÍTIMA DEFESA NÃO DEMONSTRADA. ABSOLVIÇÃO NEGADA. MATÉRIA DE MÉRITO AFETA AO CONSELHO DE SENTENÇA. DECOTE DAS QUALIFICADORAS DO MOTIVO FÚTIL E DO RECURSO QUE DIFICULTOU A DEFESA. INADMISSIBILIDADE. FEMINICÍDIO. CRIME SUPOSTAMENTE PERPETRADO TAMBÉM EM RAZÃO DA CONDIÇÃO DE GÊNERO DA VÍTIMA. CIRCUNSTÂNCIA INCOMPROVADA. NARRATIVA DA DENÚNCIA QUE ESPECIFICA E SUGERE O SUPOSTO MÓVEL DA AÇÃO CRIMINOSA, CONSISTENTE NO MOTIVO FÚTIL. DECOTE NECESSÁRIO, COM CONSEQUENTE EXCLUSÃO DA CAUSA ESPECIAL DE AUMENTO DA PENA CONTIDA NO § 7º DO ART. 121 DO CPB RECURSO PROVIDO EM PARTE.
>
> [...] Entretanto, **muito embora haja a demonstração da relação doméstica entre réu e vítima**, e não obstante a tese da defesa, **o decote da qualificadora do feminicídio deve ser procedido por fundamento diverso**, consistente na própria narrativa da denúncia quanto ao móvel da ação, em sentido diametralmente oposto ao que se pretende a acusação.
>
> Portanto, ainda que comprovada a relação doméstica entre o acusado e vítima, o feminicídio, neste caso, não se sustenta com base nesta demonstração, e tampouco no simples fato da ofendida ser mulher (gênero), notadamente porque, quanto a este último, se assim se admitir, a expressão "razões da condição de sexo feminino", contida no § 2º-A do art. 121 do CPB, perderia a sua finalidade.
>
> Neste diapasão, havendo indícios mínimos da ocorrência apenas das qualificadoras narradas na denúncia relativas ao motivo fútil e ao recurso que dificultou a defesa da vítima, estas devem ser mantidas para apreciação mais aprofundada a ser realizada pelos jurados, devendo ser excluída a qualificadora do feminicídio, porque manifestamente improcedente.

> (TJ-MG, RSE: 10453150029180001, Rel. Des. Nelson Missias de Morais, julgado em 07/07/2016, 2ª Câmara Criminal, *DJe* 18/07/2016.)
>
> PRONÚNCIA. HOMICÍDIO TRIPLAMENTE QUALIFICADO. MOTIVAÇÃO FÚTIL, RECURSO QUE IMPOSSIBILITOU A DEFESA DA VÍTIMA E FEMINICÍDIO. EXISTÊNCIA DE INDICATIVOS. EXCLUSÃO. INADMISSIBILIDADE. APRECIAÇÃO AFETA AO TRIBUNAL DO JÚRI, JUIZ NATURAL DA CAUSA. PRISÃO PREVENTIVA. SUBSISTÊNCIA DOS MOTIVOS QUE ENSEJARAM A CUSTÓDIA. ALEGAÇÃO DE EXCESSO DE PRAZO. INCIDÊNCIA DA SÚMULA 21 DO STJ. MANUTENÇÃO DA DECISÃO IMPUGNADA. RECURSO DESPROVIDO.
>
> A Lei nº 13.104/2015 inseriu o feminicídio no Código Penal, como qualificadora do homicídio que se configura quando praticado "contra a mulher, por razões da condição de sexo feminino", envolvendo "violência doméstica e familiar" (art. 121, § 2º, VI, e § 2º-A, I, do CP).
>
> Acerca de violência doméstica e familiar, o art. 5º da Lei nº 11.340/2006 define como: "qualquer ação ou omissão baseada no gênero que lhe cause morte, lesão, sofrimento físico, sexual ou psicológico e dano moral ou patrimonial". Enquanto o inciso III do citado artigo, complementa que se entende como tal violência a praticada "em qualquer relação íntima de afeto, na qual o agressor conviva ou tenha convivido com a ofendida, independentemente de coabitação" (inciso III).
>
> Assim, havendo nos autos fortes indícios de que o crime foi praticado pela condição de sexo feminino da vítima, tratando-se de violência doméstica, deve permanecer a qualificadora em destaque.
>
> (TJ-PR, RSE: 1.492.402-8, Rel. Naor R. de Macedo Neto, julgado em 07/04/2016, 1ª Câmara Criminal do Estado do Paraná.)

Em que pese já ter compartilhado do ponto de vista de Luiz Flavio Gomes, para quem a qualificadora do feminicídio é nitidamente subjetiva, adoto o entendimento de que a qualificadora é de natureza objetiva. A alteração referida pela Lei nº 13.104/2015 acrescentou qualificadoras à figura do feminicídio, assim compreendido aquele praticado "contra a mulher por razões da condição do sexo feminino" (art. 121, § 2º, inc. VI, do Código Penal). Acrescentou o § 2º-A, norma explicativa do seguinte teor: "Considera-se que há razões de condição de sexo feminino quando o crime envolve: I – violência doméstica e familiar; II – menosprezo ou discriminação à condição de mulher".

Sabe-se que antes da Lei nº 13.104/2015 a maioria dos casos de feminicídio já era punida como homicídio simples ou qualificado por motivo torpe ou fútil dependendo da motivação. Mas com a alteração da lei todo e qualquer crime praticado contra uma mulher, se decorrente da condição feminina, passou a ser qualificado e incluído no rol dos crimes hediondos.

Para incidir a qualificadora do feminicídio, a lei impõe fática e objetivamente a presença (existência ou emprego) de violência praticada contra a mulher por razões da condição de sexo feminino em duas hipóteses específicas elencadas acima.

Para refletir sobre o caráter objetivo ou subjetivo dessa qualificadora, utilizaremos como analogia o procedimento utilizado na Lei nº 11.340/2006. De acordo com seu art. 5º configura violência doméstica e familiar contra a mulher "qualquer ação ou omissão baseada no gênero que lhe cause morte, lesão, sofrimento físico, sexual ou psicológico e dano moral ou patrimonial: I – no âmbito da unidade doméstica, compreendida como o espaço de convívio permanente de pessoas, com ou sem vínculo familiar, inclusive as esporadicamente agregadas; II – no âmbito da família, compreendida como a comunidade formada por indivíduos que são ou se consideram aparentados, unidos por laços naturais, por afinidade ou por vontade expressa; III – em qualquer relação íntima de afeto, na qual o agressor conviva ou tenha convivido com a ofendida, independentemente de coabitação".

Na fixação da pena nos casos de violência doméstica, o juiz togado verifica objetivamente a incidência da circunstância agravante do art. 61, II, "f", parte final do CP, a qual prevê aumento da pena quando o agente tiver cometido o crime "com violência contra a mulher na forma da lei específica", ou seja, na forma da Lei nº 11.340/2006, que nos seus arts. 5° e 7° elenca as hipóteses e formas de violência doméstica e familiar contra a mulher. Desta forma, caberá também ao/a julgador/a (aos jurados, no caso do Tribunal do Júri) apenas confirmar a situação objetiva da presença ou não dessas duas situações dos incs. I e II do § 2º-A do art. 121 do CP. Neste sentido, posiciona-se Pires (2015).

Pensar de forma diferente seria inverter os princípios que norteiam a lei, ou seja, conferir à mulher que sofre violência doméstica e familiar ou menosprezo ou discriminação à condição de mulher proteção especial, tornando em vão o esforço do legislador para sua promulgação, pois a finalidade dessa lei vem na esteira dos mesmos princípios norteadores da Lei Maria da Penha.

6.5.6. Avaliação crítica

Acredito que a Lei do Feminicídio é bem-vinda e resiste a muitas das críticas que podem lhe ser feitas, a exemplo da já mencionada questão da igualdade. Não quero, porém, dar a entender que a questão da melhor forma de tratar-se o problema do feminicídio é simples. Pelo contrário, são relevantes muitos dos questionamentos se a tipificação do feminicídio é de fato a melhor estratégia disponível contra a violência de gênero. Há afinal, sempre outros ramos do Direito além do Penal, que poderiam lidar com a questão e é difícil dizer *a priori* qual estratégia seria mais efetiva, para além do campo da mera elucubração.

Além disso, o grau de violência que se apresenta na nossa sociedade é tal que podemos sempre temer que a mitigação de uma violência ocasione outras ainda mais graves, como seria o caso de uma possível estigmatização das mulheres vítimas de tentativas de feminicídio ou de suas mães, ou ainda das novas companheiras de feminicidas, que poderiam passar a ser também elas vítimas das mais diversas violências. Não devemos subestimar a capacidade do mal de se reconfigurar na sociedade a cada tentativa de progresso.

Apesar de todas essas fundadas desconfianças, que devem recomendar nossa contínua vigilância daqui em diante, e do fato – ressaltado ao longo deste trabalho – de que mais importante do que a previsão jurídica em si é a sua efetivação, ainda assim minha opinião é que a tipificação do feminicídio é uma conquista a ser valorizada.

Com efeito, o valor da vida digna das mulheres é um bem jurídico importante o suficiente para justificar essa tutela. Ademais, as críticas segundo as quais a tipificação do feminicídio configuraria expansionismo penal, se observadas detidamente, mostram carecer de fundamento.

Afinal, o espaço punitivo anterior à qualificadora do feminicídio permanece sem alterações. O que passou a ser chamado feminicídio, isto é, a morte das mulheres em razão do seu gênero, já era considerado, tanto pela doutrina quanto pela jurisprudência, como motivo torpe. Assim já se incluía como homicídio qualificado, merecendo a pena correspondente e fazendo-se crime hediondo. De modo que tudo o que a nova qualificadora faz é consolidar na lei esse acertado entendimento jurisprudencial e doutrinário e, mais importante do que isso, *dar a ele seu devido nome*.

Permanecem, então, exatamente os mesmos contornos do que se considera homicídio qualificado, mas já não permanece sem nome, nas instituições do Direito, o fenômeno específico do feminicídio. Trata-se assim, muito mais de um gesto tendente à visibilização e ao reconhecimento do que ao simples punitivismo, e esse fato deve ser esclarecido para que o debate seja qualificado.

Quanto ao justificado temor de que os indivíduos presos possam incorrer em ainda maior violência contra as mulheres, esse não pode, por princípio, obstar a tutela do Direito Penal. Se assim fosse, o mesmo se aplicaria a todos os demais crimes que hoje consideramos graves, como o estupro e o homicídio. O imprescindível é, ao contrário, que essas distorções sejam corrigidas, através de estruturas que permitam a devida observação da lei e a proteção das vítimas que têm a coragem de denunciar.

O abolicionismo penal, por nobre causa que seja, não pode descolar-se de sua natureza ainda utópica para, no presente imediato, obstar a proteção às mulheres em um sistema em que as prisões ainda são a única ferramenta que temos. A luta contra a opressão tradicional sofrida pelas mulheres, recém em vias de começar a ser posta em prática, não pode ser obstada por considerações voltadas a ideais futuros, pois a cada momento mulheres sofrem e morrem pela violência. Não se nega que outras formas de prevenção da violência de gênero devam ser pensadas, que possam substituir o uso do Direito Penal. Apenas deve-se colocar sempre, em primeiro lugar a questão imediata da violência contra as mulheres.

Por tudo isso, a tipificação do feminicídio inaugura um novo momento, em que as formas de combate à violência contra a mulher, longe de serem uma questão resolvida, devem cada vez mais ser discutidas. Essencial para que essa discussão se dê, porém, é justamente a inclusão do termo *feminicídio* no léxico do Direito, que como vimos, é talvez a principal contribuição do novo sistema.

Assim, não deve o justificado entusiasmo diante dessa conquista obstar-nos de imediatamente submetê-la à crítica, o que em muitos sentidos se faz necessário.

Em primeiro lugar, como vimos no primeiro capítulo deste livro, a discussão dos termos *femicídio* e *feminicídio*, em suas diferentes origens e conotações, volta a se apresentar, ainda que *a posteriori*. Mesmo que, por ora, esteja decidido que o termo no nosso sistema é feminicídio, devemos atentar às suas conotações e possíveis consequências. Como vimos em seu contexto original, o termo *feminicídio* estava relacionado a uma situação próxima do genocídio, em que a violência contra as mulheres é interpretada mais em termos de um sistema incluindo o próprio Estado, em especial através da impunidade, do que em casos particulares. Nesse sentido, parece haver um descompasso entre a conotação original da palavra e a previsão no texto da lei, já que este não parece referir-se a esse fenômeno mais geral. Esse descompasso poderia ter sido evitado se tivesse sido usado o termo *femicídio*, defendido neste livro como o mais adequado ao contexto brasileiro. Seria preciso dar continuidade a essa discussão, se não para uma mudança futura na terminologia, pelo menos para um esclarecimento do sentido a ser adotado para o termo *feminicídio*.

Perdeu-se ainda a oportunidade de se ter uma lei de combate ao feminicídio mais abrangente, com alterações no âmbito do processo penal de aplicação no tribunal do júri. As vítimas diretas ou indiretas e os familiares da vítima direta têm o direito de receber, por parte das instituições que formam o sistema penal, um tratamento digno, que lhes permita reivindicar seu direito à Justiça. Esta pretensão está inseparavelmente relacionada ao direito a recursos judiciais efetivos, por meio do qual deve se tornar efetiva a participação individual ou coletiva das pessoas afetadas pelo crime, nas decisões judiciais que as prejudiquem.[29]

Garantias como o acesso à Justiça, a igualdade frente aos tribunais, a defesa durante o processo, a imparcialidade e independência dos tribunais e a efetividade dos direitos devem ser preconizadas tanto para o acusado como para a vítima. Desta forma, o devido processo legal – que envolve o princípio de legalidade, o direito de defesa e suas garantias e o juiz natural –, é preconizado de igual forma no que se refere às vítimas e às pessoas acusadas.

A lei poderia ter previsão expressa de aplicação da Lei Maria da Penha, notadamente, a concessão das medidas protetivas de urgência à mulher sobrevivente à tentativa de feminicídio, aos seus filhos e familiares. Alguns princípios norteadores se concretizam no direito à assistência jurídica gratuita e nas possibilidades processuais de intervenção previstos em lei, quando a vítima direta ou indireta participa do processo penal como ator civil, assistente de acusação em crimes de ação pública ou como envolvido especial. Não obstante, as vítimas indiretas e seus familiares podem participar do processo penal como testemunhas dos fatos. De acordo com o papel que forem desempenhar, deveriam receber um tratamento diferenciado por parte do Ministério Público[30] e dos/as

29 Princípio 10 dos Princípios e Diretrizes Básicos sobre o Direito das Vítimas de Violações Manifestas das Normas Internacionais de Direitos Humanos e de Violações Graves do Direito Internacional Humanitário de Interpor Recursos e Obter Reparações. As vítimas devem ser tratadas com humanidade e respeito pela sua dignidade e pelos seus direitos humanos, devendo ser adotadas medidas adequadas a fim de garantir a sua segurança, seu bem-estar físico e psicológico e sua privacidade, bem como a das suas famílias. O Estado deve assegurar que a sua legislação interna, na medida do possível, garanta que uma vítima de violência ou trauma receba uma atenção e cuidado especiais a fim de evitar que ocorram novos traumatismos no âmbito dos procedimentos jurídicos e administrativos destinados a fazer justiça e garantir a reparação. Assembleia Geral da ONU, Resolução nº 60/147, 16 de dezembro de 2005, GA/RES/60/147. Para maiores informações, visite: <http://direitoshumanos.gddc.pt/3_6/IIIPAG3_6_29.htm>. Acesso em: 1º nov. 2015.

30 Sobre a utilização de medidas protetivas, destaco o enunciado do COPEVID: **Feminicídio: medidas protetivas de urgência. Enunciado nº 28 (010/2015):**

Juízes/as e tribunais. Isso tudo poderia estar previsto na legislação brasileira de forma clara e determinante.

Perdemos também a chance de prever a criação de centros especializados na proteção às vítimas de feminicídio e seus familiares, que garantissem a assistência jurídica, à saúde e social à mulher e aos filhos e familiares e, por fim, a determinação da criação de banco de dados estatísticos sobre mortes de mulheres no âmbito do sistema penal e, ainda, a obrigação de dotação orçamentária para que os Poderes Judiciário e Executivo pudessem implementar todos esses mecanismos de proteção.

Postas essas necessárias críticas, até para que possam semear uma proveitosa discussão daqui para a frente, cumpre ressaltar que as consequências da tipificação do feminicídio são, ao fim e ao cabo, muito positivas. É lamentável, é claro, que tais debates, que poderiam ter se dado antes da tipificação e assim, resultado em uma legislação aperfeiçoada, só venham a dar-se retrospectivamente. Isso é, porém, consequência da já repetidamente ressaltada importância das palavras na construção da realidade social. Apenas agora que contamos, institucionalmente, com o termo *feminicídio*, é que essas e outras discussões virão gradualmente à luz. Essa, por si só, é razão suficiente para que festejemos como conquista a tipificação do feminicídio.

"Em casos de feminicídio, é recomendável o requerimento pelo Ministério Público de medidas protetivas de urgência previstas na Lei Maria da Penha para a vítima sobrevivente, testemunhas e vítimas indiretas, inclusive perante a Vara do Júri" (Aprovado na II Reunião Ordinária do GNDH e pelo CNPG em 22/09/2015).

CAPÍTULO 7

Análise de Processos Relativos a Homicídios de Mulheres no Rio de Janeiro, no Período entre 2000 e 2010

Finalmente, optei por encerrar este volume com a presente análise de processos relativos a homicídios de mulheres no Rio de Janeiro, referente ao período da primeira década deste século.

A investigação dos processos foi orientada a procurar responder às seguintes indagações e hipóteses: Qual o contexto das mortes de mulheres no Rio de Janeiro nessa década? Como o Judiciário fluminense julgou esses casos? Os processos criminais de homicídios de mulheres foram julgados com alguma perspectiva de gênero? A Lei nº 11.340/2006 gerou alguma mudança no comportamento da sociedade e no do Judiciário? Responder a essas indagações nos fornecerá mais insumos para concluir sobre a necessidade ou não de se criar um tipo penal específico ou uma qualificadora de feminicídio.

Foram observadas três etapas na investigação dos processos: (1) leitura de bibliografia concernente; (2) identificação dos processos que se enquadravam em todos os critérios, quais sejam: (i) trânsito em julgado de homicídio e tentado de homicídio (ii) cometidos por homens contra mulheres, (iii) julgados entre janeiro de 2000 até o ano de 2010, pelas varas do II e III Tribunais do Júri do Município do Rio de Janeiro, o que resultou em 22 processos válidos; (3) coleta, sistematização e análise de dados por meio de leitura dos processos.

Desses 22 processos válidos, 22 homens foram identificados como réus, sendo dois réus acusados de crime contra duas mulheres cada um;[1]

1 Em um processo o réu foi acusado de dois homicídios tentados, e noutro o réu foi acusado de homicídio consumado e homicídio tentado.

embora 26 pessoas tenham sido citadas como vítimas, considerei em minha análise somente as vítimas mulheres, que totalizam 24. Por conseguinte, são também 24 o total de crimes observados nesta análise.

O mapeamento das informações das peças dos processos foi orientado pela aplicação de um questionário estruturado, com quesitos fechados e abertos, cujas respostas foram anotadas em uma planilha.

Os quesitos foram divididos em quatro blocos: 1. informação do processo; 2. Informação sobre a vítima; 3. Informação sobre o réu; 4. Informação sobre o crime. As fontes privilegiadas nas peças processuais para a coleta dos dados foram as mesmas em todos os processos, a saber: Denúncia do Ministério Público, Registro de Ocorrência, Folha de Antecedentes Criminais, Termo de Testemunha ou Entrevista, Auto de Exame de Corpo de Delito, Boletim de Atendimento Médico, Auto de Exame Cadavérico, Laudo de Exame Necropsia e peças do Julgamento (Interrogatório e Depoimento de Testemunha, Sentença e Ata do Julgamento).

Cabe dizer que nem todos os processos dispunham de todas essas fontes, e que não raro as fontes se mostraram inconsistentes, não oferecendo as informações aspiradas, principalmente quanto ao perfil da vítima. Os quesitos com relevante falta de informação não foram descartados, assim como os dados advindos da falta de informações não foram ignorados. Ao contrário, foram anotados e considerados na sistematização e análise dos dados. Importa, dessa forma, iluminar as presenças e também as ausências, o dito e o não dito, posto serem parte do discurso.

Mariza Corrêa (1983:300) diz que:

> Quando um caso está sendo construído, ele está ao mesmo tempo constituindo seu próprio código, delineando seus próprios limites, escolhendo o que não será, o que não pode ser dito, ao mesmo tempo que o que pode e deve ser dito.

7.1. Os julgamentos

Além do tipo de crime (homicídio consumado e homicídio tentado), outro eixo central nas peças dos processos é a motivação: ela é consequência do processo investigativo e a tese que o Ministério Público buscará provar durante o julgamento. Mariza Corrêa (1983), em *Morte em Família*, usa o método de agrupar os processos que estuda a partir das motivações ou temas para os crimes, dividindo-as em quatro categorias. Todas guardam íntima relação com o fato de serem crimes praticados exclusivamente no contexto familiar, que em princípio, poderíamos entender como possíveis feminicídios íntimos e por conexão. A partir dessa organização em agrupamentos, Corrêa deslinda seus casos.

Inspirada por esse método, incluí ao moldar a análise propondo quatro categorias aglutinadoras, duas delas elaboradas por Corrêa, que, porém, aqui serão aplicadas de modo mais amplo, considerando as três tipologias de feminicídios. A primeira categoria é a briga, que engloba os crimes que ocorrem "[...] em meio a uma agressão mútua" (CORRÊA, 1983:97), mas não exclusivamente entre parceiros íntimos; a segunda é o inconformismo, que aglutinará os crimes em que se alega que o réu não aceita o fim da relação ou participa em crime que tem essa razão; a terceira é a negativa de autoria, que engloba os crimes onde há o uso dessa tese pela defesa; e, finalmente, temos o estupro, seja ele praticado por conhecido ou desconhecido.

Nesta sessão, trarei informações sintéticas de réus e vítimas, dos crimes e dos julgamentos, que serão agrupados nos quatro motivos. Farei assim um confronto das informações disponíveis. Depois, dedicarei maior atenção a conhecer as vítimas, os réus e os crimes que os unem.

Dos 22 réus acusados, entre homicídios consumados e tentados, 19 foram condenados. Foram absolvidos três réus acusados de três homicídios consumados e de um homicídio tentado.

Isolando e observando os crimes agregados nos motivos inconformismo e briga, por serem aqueles de maior representatividade (20 dos 24 crimes), uma análise comparativa das sentenças fixadas nesses dois grupos permite dizer que os homicídios consumados por inconformismo em feminicídio de tipo íntimo são aqueles que têm as penas mais rigorosas, de no mínimo 12 anos, e chegando a 16 anos, todos eles na forma de regime fechado. Os homicídios consumados por motivo de briga do tipo íntimo tiveram suas sentenças fixadas em quatro anos no mínimo e seis anos no máximo, nos regimes semiaberto e aberto.

Embora se trate sempre de feminicídios íntimos, o motivo *briga* pode nos sugerir a hipótese de que "[...] a imagem de um conflito constante é aceita quase como natural [...], quase como inerente à relação[...]" (CORRÊA, 1983:195). Essa percepção do conflito como próprio das relações pode, por sua vez, influenciar no estabelecimento de uma pena inferior àquelas estabelecidas por motivo de inconformismo.

Situação diferente se apresenta para os homicídios tentados de tipo íntimo observados nesses dois motivos. Em ambos os motivos a pena menor é de dois anos e a pena maior pouco difere: nos casos de inconformismo é de 4,4 anos e nos casos de briga é de 4 anos. A mesma semelhança se percebe no tipo de regime aplicado: nos casos de inconformismo o regime que prevalece é o aberto, ao passo que nos casos de briga temos 25% em regime fechado, 25% em semiaberto e 50% em aberto, ou seja, nos casos de briga percebe-se a prevalência de regimes brandos.

Os oito casos em que os julgamentos aconteceram após a Lei Maria da Penha ter sido sancionada estão circunscritos aos motivos inconformismo e briga. Excluindo os dois casos em que o feminicídio foi por conexão, nos outros seis, de tipo íntimo, a Lei Maria da Penha seria aplicável. Entretanto, o que se vê é que não há nas peças dos processos nenhuma citação à referida lei. A dinâmica da instituição judiciária se mostrou lenta em incorporar no seu cotidiano a Lei Maria da Penha.

Comparando as penas entre os grupos briga e negativa de autoria, vamos perceber que também aqui os crimes por motivo de briga, nos três tipos de feminicídio, têm consideração inferior aos crimes em que há negativa de autoria, sendo a pena média no caso de briga de quatro anos, e aquela de negativa de autoria de sete anos.

Percebe-se que as penas para os homicídios consumados e tentados de tipo não íntimo é de 10,3 anos em média, sendo a menor pena de cinco anos e a maior de 21 anos. Interessa notar que o feminicídio de tipo não íntimo tem penas tão severas quantos os outros tipos de feminicídios, e por vezes até mais, como no caso de homicídio consumado por motivo de estupro, cuja pena foi fixada em 21 anos e também nos dois casos de homicídio tentado, cujas penas foram fixadas em oito anos cada (pena esta superior àquelas fixadas nas sentenças de homicídios consumados nos motivos de briga e negativa de autoria, cujo tempo médio é de 5,5 anos). No caso de homicídio tentado, o feminicídio não íntimo é aquele que tem a maior pena: seja no caso de inconformismo, seja no caso de negativa de autoria, a pena foi de oito anos, ambos em regime fechado.

Uma hipótese que nos permitiria entender o porquê de o feminicídio não íntimo ter penas mais severas pode estar ligado à natureza da relação entre réu e vítima, de apenas conhecidos ou mesmo desconhecidos. Nessa relação ou não relação falta o cotidiano comum entre réu e vítima, no qual estaria depositada a interação e tensão como uma etapa explicadora da violência sofrida. Dessa forma, a violência nos casos de feminicídio não íntimo poderia ser entendida como o oposto da violência nos casos de briga.

O motivo estupro apresenta apenas um caso, é um feminicídio de tipo não íntimo. Nesse caso a narrativa da mulher está suprimida, pois foi vítima de homicídio consumado. Por ela falará sua testemunha, um homem. O réu é um desconhecido. Seguindo a norma, esse crime não íntimo, infligirá a maior pena dos processos analisados: 21 anos em regime fechado.

Certamente os discursos pronunciados nos testemunhos durante os julgamentos tiveram a sua função na equação de qualificação e desqualificação de réus e vítimas. Os discursos não são aleatórios, ao contrário, eles são produtos de processos imperceptíveis que pretendem naturalizar as relações. Bourdieu (1999), em *A Dominação Masculina*, reflete sobre a manutenção da ordem instituída na esfera social, onde as relações de dominação são consideradas naturais. A dominação masculina, para Bourdieu, da forma como é infligida e mesmo vivenciada, resulta de uma violência imperceptível, "suave" e "invisível", que não precisa ser física: é uma coerção simbólica ou, melhor dizendo, uma violência simbólica. Essa violência simbólica, embora imperceptível, pode ser identificada nas maneiras de pensar, falar e agir.

As relações de gênero enquanto relações de poder estão ligadas às práticas de violência de homens contra as mulheres, entendidas como tentativas de submetê-las, controlá-las e dominá-las, muitas vezes de forma sutil, por meio do discurso, do agir cotidiano, que irá dizer do lugar da mulher, que não será o mesmo lugar do homem. A forma invisível desses discursos, com esquemas inconscientes, se insere no cotidiano, abrindo caminho para a dominação masculina como uma forma "naturalmente" aceita por homens e mulheres, estabelecendo o que Bourdieu denomina lógica da dominação.

7.1.1. Os casos de inconformismo

O inconformismo e a briga, igualmente, são os motivos que mais agregam os crimes cometidos. Os crimes cometidos por inconformismo com o fim da relação, que vitimaram ex-parceiras e pessoas que estavam próximas, ocorreram em 10 dos 24 crimes. Desses, oito crimes podem ser entendidos pela lógica do feminicídio íntimo, outro pela do feminicídio não íntimo e um último pelo feminicídio por conexão.

> **Caso 1:** Julgado em 28/02/2002. Feminicídio Íntimo. O réu, de 39 anos, branco, carpinteiro, ex-parceiro da vítima, de 47 anos, branca, auxiliar de transporte escolar, foi acusado de homicídio consumado, com uso de barra de ferro. Partes lesionadas: região occipital. A defesa pugnou a tese de negativa de autoria, porém os jurados condenaram o réu; sua pena ficou fixada em 12 anos, a cumprir-se em regime fechado.

> **Caso 2:** Julgado em 19/03/2002. Feminicídio Íntimo. O réu, de 36 anos, pardo, pedreiro, ex-parceiro da vítima, de 33 anos, parda, diarista, foi acusado de homicídio tentado, com uso de faca. Tanto réu

quanto vítima haviam consumido álcool. Partes lesionadas: axila esquerda. A defesa pugnou a tese de desistência voluntária. O réu foi condenado; sua pena fixada em quatro anos em regime fechado.

Caso 5: Julgado em 17/09/2002. Feminicídio não íntimo. O réu, 23 anos, preto, instrutor de jiu-jitsu, conhecido da vítima, de 17 anos, parda, foi acusado de homicídio tentado, com uso de arma de fogo. Partes lesionadas: Região escapular. A defesa pugnou a tese de negativa de autoria. O réu foi condenado; sua pena fixada em oito anos a ser cumprida em regime fechado.

Caso 6. Julgado em 19/09/2002. Feminicídio Íntimo. O réu, 39 anos, pardo, camelô, ex-parceiro da vítima, de 25 anos, parda, dona de casa, foi acusado de homicídio consumado, com uso de arma de fogo. A mãe da vítima foi testemunha do crime. Partes lesionadas: nove feridas, sendo seis projéteis na musculatura do períneo e das coxas; uma mão direita; uma região supraorbitária. A defesa pugnou a tese de homicídio privilegiado pela violenta emoção. Os jurados condenaram o réu; a pena foi fixada em 14 anos a cumprir-se em regime fechado.

Caso 10: Julgado em 16/03/2004. Feminicídio Íntimo. O réu, de 42 anos, preto, desempregado, ex-parceiro da vítima, de 27 anos, preta, vendedora, foi acusado de homicídio tentado, com uso de gasolina e fósforo. A irmã e uma amiga foram testemunhas do crime. O réu consumiu álcool naquele dia. Partes lesionadas: nenhuma. A defesa pugnou a tese de exclusão de qualificadores. O réu foi condenado; sua pena foi de dois anos em regime aberto.

Caso 13: Julgado em 29/06/2005. Feminicídio Íntimo e por conexão. O réu, de 24 anos, lutador de boxe, foi acusado de homicídio consumado contra a vítima, sua ex-parceira, e homicídio tentado contra a segunda vítima, 19 anos, parda, professora, com uso de arma de fogo. A filha da vítima, que é a segunda vítima, foi testemunha do crime. Partes lesionadas: na vítima de homicídio consumado: laceração encefálica; na segunda vítima: braço esquerdo. A defesa pugnou a tese de negativa de autoria para as duas acusações. O réu foi absolvido.

Caso 15: Julgado em 14/11/2006. Feminicídio Íntimo. O réu, 36 anos, branco, pedreiro, foi acusado de homicídio consumado contra sua ex-parceira, de 33 anos, parda, garçonete, com uso de faca. A filha e a nora do réu e vítima foram testemunhas do crime. Partes lesionadas: tórax, sendo no gradil costal, ventrículo esquerdo e fígado. A defesa pugnou a tese de acidentalidade, inexigibilidade de conduta diversa e homicídio privilegiado. Os jurados condenaram o réu e sua pena foi fixada em 14 anos em regime fechado. Não há citação da Lei nº 11.340 em nenhuma parte das peças do processo.

Caso 17: Julgado em 10/06/2008. Feminicídio Íntimo. O réu, 48 anos, pardo, ambulante, namorado da vítima, 32 anos, parda, do lar, foi acusado de homicídio tentado com uso de faca. Réu e vítima consumiram bebida alcoólica. Partes lesionadas: sete feridas, nas regiões mamária direita, cervical, dorsal e supraescapular. A defesa pugnou a tese de acidentalidade. O réu foi condenado a quatro anos e quatro meses em regime aberto. Não há citação da Lei nº 11.340 em nenhuma parte das peças do processo.

Caso 22: Julgado em 10/06/2010. Feminicídio Íntimo. O réu, de 21 anos, pardo, arquivista, ex-parceiro da vítima, de 17 anos, branca, estudante, foi acusado de homicídio consumado com uso de veneno "chumbinho". Partes lesionadas: Não foi possível identificar. A defesa pugnou a tese de exclusão de qualificadoras. Os jurados condenaram o réu e sua pena foi fixada em 16 anos em regime fechado. Não há menção à Lei nº 11.340.

7.1.2. Os casos de briga

A briga é o motivo de 10 entre os 24 crimes observados. Esses crimes estão relatados em nove casos. A tipologia de feminicídio mais presente nesse tema é de tipo íntimo, somando seis crimes; um de tipo não íntimo e três de tipo por conexão.

Caso 3: Julgado em 30/07/2002. Feminicídio de tipo não íntimo. O réu, 32 anos, ajudante de caminhão, foi acusado de homicídio consumado, com uso de faca, contra sua ex-parceira, de 22 anos. Partes lesionadas: coração, pulmão esquerdo e artéria carótida. Tanto réu quanto vítima haviam consumido bebida alcoólica. A defesa pugnou a tese de legítima defesa. O réu foi condenado e sua pena foi fixada em cinco anos em regime fechado.

Caso 4: Julgado em 06/08/2002. Feminicídio íntimo. O réu, 49 anos, pardo, biscateiro, companheiro da vítima, de 42 anos, preta, sem ocupação declarada, foi acusado de homicídio consumado, com uso de faca. Partes lesionadas: tórax e abdome. Foi testemunha do crime um conhecido do casal. Sua defesa pugnou a tese de legítima defesa. A sentença dos jurados foi absolutória.

Caso 7: Julgado em 14/01/2003. Feminicídio íntimo e por conexão. O réu, 30 anos, branco, ajudante de cozinha, ex-parceiro da vítima, empregada doméstica, 30 anos, e conhecido da segunda vítima, de 31 anos, foi acusado de homicídio tentado, com uso de faca, contra as duas vítimas. Partes lesionadas: na ex-parceira: região cervical; na segunda vítima: hemiface esquerda e pescoço. Sua defesa pugnou a tese de desqualificação contra a ex-parceira e de lesão corporal contra a conhecida. As vítimas foram também testemunhas. Os jurados condenaram o réu, a pena final estabelecida pelo Juiz foi de quatro anos para o crime contra a ex-parceira, e de três meses pelo crime contra a segunda vítima, que foi classificado como lesão corporal. A pena final foi de quatro anos e três meses, a ser cumprida em regime semiaberto.

Caso 12: Julgado em 06/04/2005. Feminicídio íntimo. O réu, de 41 anos, branco, oficial de cartório da polícia civil, foi acusado de homicídio consumado contra sua companheira, parda, 29 anos, sem ocupação declarada. O crime, praticado com uso de arma de fogo. Partes lesionadas: regiões mentoniana, supra-hioidea masseterina e carotídea direitas. Sua defesa pugnou a tese de acidentalidade e desclassificação para crime culposo. Os jurados condenaram o réu, que teve a pena estabelecida em quatro anos a ser cumprida em regime aberto.

Caso 16: Julgado em 14/01/2008. Feminicídio íntimo. O réu, 30 anos, pardo, caseiro, ex-parceiro da vítima, de 30 anos, preta, doméstica, foi acusado de homicídio tentado com uso de arma de fogo. Partes lesionadas: costas, atingindo fígado e pâncreas. A defesa pugnou a tese de negativa de autoria. Os jurados condenaram o réu e a pena foi de dois anos: um ano por lesão corporal e um ano por porte ilegal de arma. O regime de cumprimento da pena foi aberto. Nem Ministério Público, nem Juiz mencionam a Lei nº 11.340.

Caso 18: Julgado em 18/12/2008. Feminicídio íntimo. O réu, de 34 anos, pardo, catador de papelão, namorado da vítima, de 17 anos, branca, copeira em hospital, foi acusado de homicídio tentado, com uso de faca. No dia do crime o réu consumiu álcool. Partes lesionadas: regiões molar, mandibular, cervical esternocleidomastoideo e peitoral direitas. A defesa pugnou a pena de legítima defesa e desclassificação do crime. O réu foi condenado e sua pena foi de quatro anos em regime fechado. Nem Ministério Público, nem Juiz mencionam a Lei nº 11.340.

Caso 19: Julgado em 13/08/2009. Feminicídio por conexão. O réu de 51 anos, pardo, pedreiro, parente por afinidade da vítima de 50 anos, doméstica, foi acusado de homicídio tentado, com uso de faca. Foi testemunha do crime a companheira do réu. Partes lesionadas: região mamária esquerda e região mamária direita. A defesa pugnou a tese de negativa de autoria e lesão corporal. Os jurados condenaram o réu, que teve a pena fixada em dois anos em regime aberto. Não há citação da Lei 11.340 em nenhuma parte das peças do processo.

Caso 20: Julgado em 21/01/2010. Feminicídio íntimo. O réu, de 26 anos, branco, pintor de automóvel, companheiro da vítima de 27 anos, branca, manicure, foi acusado de homicídio consumado, com uso de faca. No dia do crime o réu consumiu álcool. Partes lesionadas: cinco feridas na região cervical anterior. A defesa pugnou a tese de semi-imputabilidade. O réu foi condenado à pena de seis anos em regime semiaberto. Não há menção à Lei nº 11.340, pelo Ministério Público, nem pelo Juiz.

Caso 21: Julgado em 03/03/2010. Feminicídio por conexão. O réu, de 36 anos, branco, desempregado, parente por afinidade da vítima de 30 anos, branca, do lar, foi acusado de homicídio consumado, com uso de faca. A companheira do réu, que também é prima da vítima foi testemunha do crime. O réu havia consumido bebida alcoólica. Partes lesionadas: lesão da subclávia esquerda. A defesa pugnou a tese de legítima defesa, mas o réu foi condenado à pena de seis anos em regime semiaberto. Não há citação da Lei nº 11.340 em nenhuma parte das peças do processo.

7.1.3. Os casos de negativa de autoria

Todos os três crimes, relatados em três casos, onde a motivo foi negativa de autoria, são de feminicídios de tipo não íntimo.

Caso 8: Julgado em 13/03/2003. Feminicídio não íntimo. O réu, de 19 anos, estoquista, conhecido da vítima, 17 anos, parda, do lar, foi acusado de homicídio tentado com uso de arma de fogo. O réu havia consumido bebida alcoólica. Partes lesionadas: nenhuma. A defesa pugnou a tese de negativa de autoria. Os jurados decidiram por condenar o réu, cuja pena foi fixada em oito anos em regime fechado.

Caso 11: Julgado em 02/03/2005. Feminicídio íntimo. O réu, 51 anos, branco, comerciário, foi acusado de homicídio consumado contra a sua namorada, a vítima de 42 anos, branca, dona de bar; o crime foi praticado com uso de arma de fogo. Partes lesionadas: região parietal. A defesa pugnou a tese de negativa de autoria. O réu foi absolvido.

> **Caso 14:** Julgado em 01/08/2005. Feminicídio não íntimo. O réu, 48 anos, branco, camelô, foi acusado de homicídio consumado contra a vítima, que lhe era desconhecida, de 36 anos, branca, com uso de arma de fogo. Um transeunte foi testemunha do crime. Partes lesionadas: dorso da mão esquerda e região mamária direita. A defesa pugnou a tese de negativa de autoria, mas os jurados decidiram em condená-lo, sendo a pena fixada em seis anos a cumprir-se em regime semiaberto.

7.1.4. Os casos de estupro

Embora o estupro represente apenas um caso, com um crime contra mulher, pela sua especificidade mereceu ser considerado isoladamente.

> **Caso 9:** Julgado em 27/03/2003. Feminicídio não íntimo. O réu, 33 anos, flanelinha, desconhecido da vítima, de 16 anos, estudante, foi acusado de homicídio consumado com uso de objeto perfurocortante. Um colega foi testemunha do crime. Partes lesionadas: região mamária e braço esquerdo. A defesa pugnou a tese de exclusão de qualificadora. Os jurados condenaram o réu e sua pena foi fixada em 21 anos, a cumprir-se em regime fechado.

7.2. Quem são as vítimas

De modo geral, o perfil das 24 vítimas observadas é de mulheres jovens, com média de 28 anos de idade, no período etário produtivo e reprodutivo. Na segmentação segundo faixas de idade chama atenção a existência de pouco mais de 45% de vítimas com até 29 anos, intervalo etário que engloba adolescentes, jovens e adultas jovens segundo o Conselho Nacional de Juventude.[2] Entre essas jovens, com idade de 15 a 29 anos, 63,6% foram vítimas de homicídio consumado e 36,4%, de homicídio tentado.

Pode-se dizer que ambos os crimes, homicídios consumado e tentado, podem ser descritos de modo análogo, mas não sobrepostos, com pontos de aproximação e de distanciamento em relação ao perfil da vítima: as mulheres vítimas de homicídio consumado têm 28 anos em média, a maioria é branca, solteira, tem filhos, tem alguma ocupação, seja ela remunerada ou não, e em sua maioria a escolaridade é desconhecida. Já as vítimas de homicídio tentado têm 29 anos em média, a maioria é

2 Para maiores informações, visite: <http://bvsms.saude.gov.br/bvs/publicacoes/politica_nacio nal_juventude_diretrizes.pdf>. Acesso em: 22 dez. 2014).

parda, solteira, não se sabe se tem filhos, assim como não se sabe a sua escolaridade, e tem alguma ocupação, principalmente em serviços domésticos, remunerados ou não.

O quesito raça/cor é objeto de controvérsias. A literatura acerca das relações raciais é vasta, atual e efervescente, e aqui nos restringimos a reconhecer que sua classificação é da ordem do subjetivo[3] e que os processos identitários estão historicamente marcados por disputas que procuram naturalizar a tentativa de afirmar o ideário branco como um modelo de referência para toda a sociedade, como se a "[...] identidade racial não tivesse fortes matizes ideológicos, políticos, econômicos e simbólicos[...]" (BENTO, 2002). Dessa forma, a predominância do branco entre os perfis da vítima e do réu nos leva a nos associarmos à reflexão elaborada por Izumino (1998:116), quando produz a hipótese de uma possível tentativa de "embranquecimento" nas informações:

> No momento de preencher o BO o escrivão pode apontar esse dado a partir de sua própria opinião a respeito da cor da vítima ou do indiciado ou pode perguntar a eles essa informação. Em pesquisa realizada pelo Seade/CECF (1987) as autoras alertam sobre os cuidados necessários ao trabalhar essa informação, uma vez que tanto pode ocorrer um processo de "embranquecimento" como de "enegrecimento" do réu e da vítima, e a adoção de um desses procedimentos pode influenciar o desfecho processual.

A falta de informações é relevante na maioria das variáveis relacionadas ao perfil da vítima, o que torna possível e admissível traçar ainda um outro perfil dessas vítimas, dessa vez verificando a incidência da totalidade de 24 crimes (a soma dos crimes de homicídio consumado e homicídio tentado) sobre o campo "não informa" de cada quesito. O perfil que surge desse encontro é que todas as 24 mulheres vítimas de violência têm idade identificada, 29 anos em média, entretanto 25% não tem sua raça/cor e nem mesmo seu estado civil identificados; não se sabe se 41,7% dessas vítimas têm filhos ou não, se desconhece a escolaridade de 91,7% e se 29,2% têm alguma ocupação, seja ela remunerada ou não.

3 Vale citar como exemplo o processo 12º, no qual no verso da folha 100 do Auto de Exame Cadavérico, diz textualmente: "Deu entrada neste Instituto às 10:00hs de 25/10/2002 com guia nº 433/4ª DP, o cadáver de (sem especificação) sexo feminino, cor parda, idade 35 anos (*sic*) PAF; removida do Hospital Souza Aguiar, necropsia às 18:00h, INSPEÇÃO EXTERNA: o cadáver é de uma mulher de cor branca[...]". Foram consideradas outras fontes de informação nas peças dos processo para se identificar nesse estudo a vítima como parda.

Tabela 1 - Idade[4] e Raça/Cor por tipo de crime

Vítima	Homicídio consumado	Homicídio tentado	Total	Total %
Idade				
15-19	2	3	**5**	**20,8**
20-24	1	-	**1**	**4,2**
25-29	3	1	**4**	**16,7**
30-34	2	6	**8**	**33,3**
35-39	1	-	**1**	**4,2**
40-44	2	-	**2**	**8,3**
45-49	1	-	**1**	**4,2**
50-54	-	1	**1**	**4,2**
Não informa	1	-	**1**	**4,2**
Raça/cor				
Branca	6	1	**7**	**29,2**
Preta	1	2	**3**	**12,5**
Parda	3	5	**8**	**33,3**
Amarela	-	-	-	**0**
Não informa	3	3	**6**	**25,0**

Por um lado, as mulheres são, em sua maioria, civilmente solteiras; por outro, tiveram alguma experiência conjugal e reprodutiva. Se é possível afirmar que essa experiência conjugal foi com o réu, de outro modo é impossível afirmar se naqueles casos de díade afetiva, o réu seja o genitor da prole. Ainda nesses casos de homicídios consumado e tentado, nota-se que os ex-parceiros são aqueles que mais foram acusados de atentar contra a vida da vítima, seguidos dos atuais parceiros[5] (Tabela 2).

O agrupamento de réus que tinha ou teve alguma parceria íntima com a vítima[6] mais as classificações de parentela,[7] corresponde a 70,8% do total dos casos de homicídios consumado e tentado. Esse dado reproduz a tendência dos dados sobre a violência doméstica e familiar contra

4 Idade na data do crime do qual é vítima.

5 São considerados parceiros atuais o agrupamento das classificações Marido, Companheiro e Namorado.

6 São consideradas as classificações Marido, Companheiro, Namorado e Ex-parceiro.

7 Parente e Parente por afinidade.

a mulher no Brasil. Nesse cenário é preciso lembrar do lugar virtuoso que ocupa a Lei Maria da Penha.

Especificamente nos casos de homicídio consumado, a maioria das vítimas teve alguma experiência afetiva íntima com o réu implicado no crime, sendo o grupo de ex-parceiro ligeiramente maior do que o grupo de parceiro, ainda que essa diferença não se faça relevante.

Observa-se, nos casos de homicídio tentado, que os ex-parceiros correspondem ao dobro de réus parceiros e que o grupo de réus que tinha ou teve algum tipo de experiência afetiva íntima com a vítima (parceiros) é ligeiramente superior ao total de vítimas que tinha um relacionamento social,[8] sem pacto íntimo afetivo.

Tabela 2 – Estado Civil, Relação com Réu e Filhos por tipo de crime

Vítima	Homicídio consumado	Homicídio tentado	Total	Total %
Estado Civil				
Solteira	9	6	**15**	**62,5**
Casada/União de fato	-	2	**2**	**8,3**
Divorciada/ separada	-	1	**1**	**4,2**
Viúva	-	-	-	-
Não informa	4	2	**6**	**25**
Relação com Réu				
Marido	-	-	-	-
Companheiro	3	-	**3**	**12,5**
Namorado	1	2	**3**	**12,5**
Ex-parceiro	5	4	**9**	**37,5**
Parente	-	-	-	-
Parente por afinidade	1	1	**2**	**8,3**
Conhecido	1	4	**5**	**20,8**
Desconhecido	2	-	**2**	**8,3**
Não informa	-	-	-	-

8 Esse agrupamento é resultado da soma das categorias Parente, Parente por afinidade e Conhecido.

Vítima	Homicídio consumado	Homicídio tentado	Total	Total %
Filhos				
Sim	8	3	**11**	**45,8**
Não	2	1	**3**	**12,5**
Não informa	3	7	**10**	**41,7**

Do total de 24 vítimas, para 22 delas há ausência de informação sobre escolaridade (Tabela 3). Algumas vezes, no caso de homicídio tentado, encontramos no Termo de Depoimento de Testemunha da vítima o item "sabe ler e escrever", onde cabe a resposta SIM ou NÃO.

Desconsiderando os 29,2% de vítimas para as quais não há informação sobre a ocupação, o que encontramos é uma maioria de vítimas com alguma fonte de renda (45,8% das vítimas). A origem desses rendimentos, ligada à situação laboral e (in)dependência econômica das mulheres, não demonstra diferenças relevantes e não é possível tentar qualquer aproximação com a escolaridade dessas, pois em 91,7% dos casos há ausência dessa informação. Das vítimas de homicídio consumado, 16,7% estavam empregadas, seja no mercado formal ou informal, e também 16,7% não tinham fonte de renda própria; já 29,2% das vítimas de homicídio tentado estavam empregadas e 8,3% não tinham renda própria. Ainda há duas vítimas fatais cuja ocupação era estudante, o que é razoável posto três vítimas estarem na faixa etária entre 15 e 19 anos.

Ao mesmo tempo em que não há informação sobre vítimas desempregadas, tem-se 16,7% das vítimas classificadas quanto à ocupação como "donas de casa" e outras 16,7% classificadas como trabalhadoras domésticas. Um olhar possível sobre esse rol de informações é a valoração do cuidado da casa e da família como uma ocupação inata às mulheres, divergindo do seu caráter artificial e inscrito na divisão sexual do trabalho. Esse cuidado assim é tarefa que recai invariavelmente sobre a mulher porque lhe é reconhecido o capital social da disposição para cuidar. Essa lógica, que está fundada na "[...] construção de papéis de gênero em que se naturaliza a disposição ao cuidado como uma propensão feminina, baseada na sua função reprodutiva" (GEORGES; SANTOS, 2014:54), permite que através da tarefa do cuidado a mulher possa se apresentar e ser apresentada com uma ocupação, qual seja dona de casa, ao invés de desempregada; permite, ainda, que esse capital social seja usado fora do lar como uma ocupação remunerada no mercado de trabalho.

> A diferença biológica entre os sexos, isto é, entre o corpo masculino e o corpo feminino, e, especificamente, a diferença anatômica entre os órgãos sexuais, pode assim ser vista como justificativa natural da diferença socialmente construída entre os gêneros e, principalmente, da divisão do trabalho (BOURDIEU, 2007, p. 20).

Estudantes e donas de casa, vítimas de homicídio tentado, juntas correspondem a 25% do total das vítimas. Esse agrupamento relevante de vítimas não tem fonte de renda própria, o que incide diretamente na restrição de sua autonomia e numa maior vulnerabilidade social.

Tabela 3 – Escolaridade e Ocupação[9] por tipo de crime

Vítima	Homicídio consumado	Homicídio tentado	Total	Total %
Escolaridade				
Fundamental	-	1	**1**	**4,2**
Médio	1	-	**1**	**4,2**
Superior	-	-	-	
Mestrado/doutorado	-	-	-	
Analfabeta	-	-	-	
Não informa	12	10	**22**	**91,7**
Ocupação				
Aux. de transporte escolar	1	-	**1**	**4,2**
Dona de casa[10]	2	2	**4**	**16,7**
Estudante	2	-	**2**	**8,3**

9 Quando oportuno e possível as atividades similares desempenhadas declaradas nas peças dos processos foram agregadas numa única ocupação. As ocupações elencadas são adaptações, quando necessário, das ocupações encontradas na Classificação Brasileira de Ocupações. Disponível em: <http://www.mtecbo.gov.br/cbosite/pages/pesquisas/BuscaPorEstrutura.jsf>. Acesso em: 26 dez. 2014. Por ocupação, usamos o significado encontrado no *Grande dicionário Houaiss*, qual seja "atividade, serviço ou trabalho principal da vida de uma pessoa", portanto qualquer atividade independentemente se remunerada ou não. Disponível em: <http://houaiss.uol.com.br/ busca?palavra=ocupa%25C3%25A7%25C3%25A3o>. Acesso em: 15 dez. 2014).

10 As atividades citadas nas peças dos processos nessa ocupação foram: "Do lar" e "Dona de casa".

Vítima	Homicídio consumado	Homicídio tentado	Total	Total %
Manicure	1	-	**1**	**4,2**
Professor	-	1	**1**	**4,2**
Trabalhador doméstico[11]	-	4	**4**	**16,7**
Trabalhador dos serviços de alimentação[12]	2	1	**3**	**12,5**
Vendedora	-	1	**1**	**4,2**
Não informa	5	2	**7**	**29,2**

7.3. Quem são os réus

Da totalidade dos réus, 22, de modo geral o perfil é de homem adulto, com idade média de 36 anos, branco e pardo, civilmente solteiro, com ensino fundamental e em ocupação no setor de vendas e prestação de serviços do comércio, seja ele formal ou não (Tabelas 4 e 5, excluindo a categoria "não informa"). Na segmentação por faixa etária, a maioria dos réus, ou seja, 45,4%, tem entre 30 e 39 anos, sendo a mediana de 34,5 anos. A representatividade de réus até 29 anos, ou seja, de jovens, é de 22,6%, sendo 9% acusados de homicídio consumado, 9% de homicídio tentado e 4,5% acusados nos dois tipos de crimes.

Os réus que foram acusados no crime de homicídio consumado têm idade média de 38 anos. A maioria é branco, solteiro, sabe ler e escrever, embora a escolaridade não tenha sido identificada,[13] e sua ocupação é no setor de vendas e prestação de serviços do comércio.

Dos réus acusados de homicídio tentado, a idade média é de 35 anos, a maioria é pardo, civilmente solteiro, sabe ler e escrever, embora a escolaridade não tenha sido identificada, e a sua ocupação prevalente é em serviços domésticos e de alimentação, de madeira e construção civil, conquanto os dados se apresentem significativamente pulverizados.

11 As atividades citadas nas peças dos processos nessa ocupação foram: "Doméstica", "Empregada doméstica" e "Diarista".

12 As atividades citadas nas peças dos processos nessa ocupação foram: "Garçonete", "Copeira" e "Tinha um bar".

13 Essa informação foi obtida na qualificação do réu, na folha de Interrogatório durante o julgamento. A qualificação se restringe a informar se o réu sabe ler e escrever.

Naquele único caso em que o réu foi acusado de homicídio consumado e homicídio tentado, seu perfil é de um homem jovem, com idade de 24 anos, não se sabe sua raça/cor, era solteiro, declarado analfabeto e sua ocupação era de instrutor de arte marcial.

Tabela 4 – Idade, Estado Civil e Raça/Cor por tipo de crime

Réu	Homicídio consumado	Homicídio tentado	Homicídios consumado e tentado	Total	Total %
Idade[14]					
15-19	-	1	-	**1**	**4,5**
20-24	1	1	1	**3**	**13,6**
25-29	1	-	-	**1**	**4,5**
30-34	2	3	-	**5**	**22,7**
35-39	4	1	-	**5**	**22,7**
40-44	1	1	-	**2**	**9,1**
45-49	2	1	-	**3**	**13,6**
50-54	1	1	-	**2**	**9,1**
Não informa	-	-	-	-	-
Raça/Cor					
Branco	7	1	-	**8**	**36,4**
Preta	-	2	-	**2**	**9,1**
Parda	3	5	-	**8**	**36,4**
Amarela	-	-	-	-	-
Não informa	2	1	1	**4**	**18,2**
Estado Civil					
Solteiro	10	7	1	**18**	**81,8**
Casada/União de fato	2	2	-	**4**	**18,2**
Divorciado/ separado	-	-	-	-	-
Viúvo	-	-	-	-	-
Não informa	-	-	-	-	-

14 Idade na data do crime do qual é acusado.

Assim como verificado com as vítimas (91,7% de ausência de informação sobre escolaridade), também com os réus se verifica o predomínio de ausência de informação no quesito escolaridade (a categoria "não informa" equivale a 63,6% do total), o que torna impossível especular sobre um razoável binômio escolaridade-ocupação (Tabela 5).

Os réus desempenhavam distintos tipos de atividade laboral: instrutor de luta, flanelinha, policial civil, caseiro, pintor de automóvel, camelô etc. Entretanto, 9,1% estavam desempregados. Entre aqueles que tinham alguma ocupação, 50% exerciam atividades com distintivos marcados pela precariedade: ausência de direitos coletivamente assegurados e institucionalizados pelo Estado social.

Tabela 5 – Escolaridade e Ocupação por tipo de crime

Réu	**Homicídio consumado**	**Homicídio tentado**	**Homicídios consumado e tentado**	**Total**	**Total %**
Escolaridade					
Fundamental	4	-	-	**4**	**18,2**
Médio	-	1	-	**1**	**4,5**
Superior	1	-	-	**1**	**4,5**
Mestrado/ doutorado	-	-	-	-	-
Analfabeta	-	1	1	**2**	**9,1**
Não informa	7	7	-	**14**	**63,6**
Ocupação					
Oficial de cartório da Polícia Civil	1	-	-	**1**	**4,5**
Escriturário[15]	1	1	-	**2**	**9,1**
Instrutor e praticante de lutas[16]	-	1	1	**2**	**9,1**
Trabalhador dos serviços diversos[17]	1	1	-	**2**	**9,1**

15 As atividades citadas nas peças dos processos nessa ocupação foram: "Arquivista" e Estoquista".

16 As atividades citadas nas peças dos processos nessa ocupação foram: "Instrutor de *Jiu-Jitsu*" e Lutador de boxe"

17 As atividades citadas nas peças dos processos nessa ocupação foram: "Catador de papelão" e "Flanelinha".

Réu	Homicídio consumado	Homicídio tentado	Homicídios consumado e tentado	Total	Total %
Trabalhador dos serviços domésticos e de alimentação[18]	-	2	-	2	9,1
Trabalhador de serviços de madeira e construção civil[19]	2	2	-	4	18,2
Vendedor e prestador de serviços do comércio[20]	6	1	-	7	31,8
Desempregado	1	1	-	2	9,1
Não informa	-	-	-	-	-

7.4. As vítimas e os réus

Recuperando as informações das vítimas e dos réus e colocando-as em relação, é possível dizer que nos casos de homicídio consumado, em sua maioria, a vítima tem idade média de 28 anos, portanto uma vítima jovem e em idade produtiva, enquanto o réu tem 38 anos em média, um perfil de adulto e em idade produtiva; tanto vítima como réu são brancos e civilmente solteiros (Tabela 6), embora tenham tido algum tipo de parceria afetiva íntima entre eles (Tabela 2). A diferença de anos entre vítima e réu que tiveram algum tipo de parceria afetiva é de nove anos, informação que acompanha o padrão etário brasileiro em conjugalidade, que indica o cônjuge masculino com idade mais elevada que o feminino (Tabela 6).

O perfil da vítima, nos casos de homicídio tentado é, em sua maioria, de uma mulher de 29 anos em média, portanto também ela jovem, parda e civilmente solteira; o perfil do réu é de idade média de

18 As atividades citadas nas peças dos processos nessa ocupação foram: "Ajudante de cozinha" e Caseiro".

19 As atividades citadas nas peças dos processos nessa ocupação foram: "Carpinteiro" e Pedreiro".

20 As atividades citadas nas peças dos processos nessa ocupação foram: "Ajudante de caminhão", "Ambulante", "Biscateiro", Camelô, "Comerciário" e "Pintor de automóveis"

35 anos, também ele adulto, pardo e solteiro. Conquanto vítima e réu sejam civilmente solteiros, também entre eles se verifica algum tipo de parceria afetiva íntima (Tabela 2). A diferença de anos que separa vítima e réu neste caso é menor, cinco anos, embora se note ainda a reprodução do padrão etário de conjugalidade.

Tabela 6 – Idade, Raça/Cor e Estado Civil por crime e vítima e réu

Vítima e Réu	Homicídio consumado		Homicídio tentado		Homicídios consumado e tentado	
	Vítima	Réu	Vítima	Réu	Vítima	Réu
Idade						
15-19	2	-	2	1	1	-
20-24	1	1	-	1	-	1
25-29	3	1	1	-	-	-
30-34	2	2	6	3	-	-
35-39	1	4	-	1	-	-
40-44	2	1	-	1	-	-
45-49	1	2	-	1	-	-
50-54	-	1	1	1	-	-
Não informa	-	-		-	1	-
Raça/cor						
Branca	6	7	1	1	-	-
Preta	1	-	2	2	-	-
Parda	3	3	4	5	1	-
Amarela	-	-	-	-	-	-
Não informa	2	2	3	1	1	1
Estado Civil						
Solteiro	10	10	5	7	1	1
Casada/União de fato	-	2	2	2	-	-
Divorciada/ separado	-	-	1	-	-	-
Viúvo	-	-	-	-	-	-
Não informa	2	-	2	-	1	-

Conquanto a Lei Maria da Penha seja um marco no enfrentamento da violência contra a mulher, a sua aplicabilidade exclusiva às situações de violência acontecidas nos âmbitos doméstico e familiar, onde haja ou tenha havido relação íntima de afeto, deixa a descoberto os crimes contra as mulheres praticados fora desses âmbitos, por conhecidos e desconhecidos. A qualificação em feminicídio, que não concorre com a Lei Maria da Penha e nem a desmerece, de outro modo engloba e categoriza os crimes enquadrados nessa lei e todos os demais crimes praticados contra a mulher que resultem em sua morte ou em tentativa de morte. Considerando a sua capacidade de aplicação a contextos mais amplos de homicídios consumado e tentado contra as mulheres, é que aqui classificaremos os crimes analisados a partir da lógica tipológica do feminicídio.[21]

Organizando as informações por tipo de feminicídio, entre os 24 crimes prevalece o de tipo íntimo e em sua maioria homicídio consumado (9 do total de 15 ocorrências). Desses 15 crimes de tipo íntimo, 11 aconteceram antes da Lei nº 11.340, em agosto de 2006, e quatro após a sua promulgação, portanto sob a égide de marco jurídico específico (Tabela 7).

Dos 15 processos que envolviam feminicídio íntimo, em sete processos havia menção à violência doméstica[22] entre a vítima e o réu anterior ao episódio que resultou no processo em estudo (em dois processos é dito que são "vários" os episódios de violência praticados pelo réu contra a vítima): cinco menções em processos antes da Lei nº 11.340 e dois em processos após a mesma. Entretanto, em somente um processo há menção de feitura do Registro de Ocorrência – RO – da violência anteriormente sofrida, sem que esse suposto RO resultasse em denúncia pelo Ministério Público e, consequentemente, em processo judicial. Nenhum desses 15 réus tinha outro processo em julgamento ou em julgado por violência doméstica e familiar nas folhas de Antecedentes Criminais, e nem mesmo se faz alusão a essa situação judicial nas peças dos processos, o que confirma que não havia nenhuma denúncia anterior contra o réu. Além disso, nos quatro feminicídios íntimos ocorridos após a promulgação da Lei Maria da Penha, em nenhuma parte das peças dos processos há menção a medidas protetivas.

Esse cenário – episódios de violência anterior, mas que não geram RO – reproduz o padrão das situações de violência doméstica e familiar vivenciadas pelas mulheres, nas quais principalmente os aspectos cul-

21 Feminicídio íntimo, Não íntimo e Por Conexão.

22 Embora tenha ganhado estatuto jurídico a partir da Lei Maria da Penha, a expressão *violência doméstica* antecede a citada lei.

turais, sociais e econômicos interferem diretamente nas possíveis consequências intrínsecas aos dilemas do que fazer: se denunciar ou não, se manter ou não a relação, entre outros. Reproduz também a prática judiciária, que demonstra dificuldade em incorporar a Lei nº 11.340 no seu cotidiano.

Os casos de feminicídio não íntimo são cinco: em três deles o réu era conhecido da vítima e dois eram desconhecidos. Já nos quatro casos de feminicídio por conexão, dois réus eram parentes por afinidade da vítima[23] e os outros dois eram conhecidos.

Tabela 7 – Tipo de Feminicídio por crime

Vítima e Réu	Homicídio consumado	Homicídio consumado %	Homicídio tentado	Homicídio tentado %
Tipo de Feminicídio[24]				
Íntimo	9	37,5	6	25
Não íntimo	3	12,5	2	8,3
Por conexão	1	4,2	3	12,5
Lei nº 11.340[25]				
Antes	7	46,7	4	26,7
Depois	2	13,3	2	13,3

7.5. Os crimes

A maioria dos homicídios contra mulheres consumados e tentados é de tipo íntimo, majoritariamente provocada por inconformismo e por briga, aconteceu numa residência,[26] sobretudo na residência da vítima ou do casal, no período noturno,[27] principalmente no período da noite (das 18h às 24h), no final de semana, especialmente na sexta-feira, com o uso de faca e, em 45,8% dos casos, na presença de ao me-

23 Eram prima e cunhada.

24 São considerados os 24 crimes investigados.

25 São considerados nessa classificação as 15 ocorrências tipificadas como feminicídio íntimo.

26 Considerando o agrupamento de residências Vítima/casal e do agressor.

27 Período que engloba a noite e a madrugada.

nos uma outra pessoa, identificada como testemunha e, em dois casos, como vítimas também.

Os crimes de homicídio consumado são, na sua maioria, igualmente por inconformismo e por briga, de tipo íntimo, ocorrido numa residência, em especial na residência da vítima ou do casal, ainda que a ocorrência em via pública seja igualmente relevante, no período da madrugada (0h às 6h), final de semana, tanto na sexta-feira quanto no sábado, com o uso de faca e na presença de ao menos uma outra pessoa. Os crimes de homicídio tentado, na maioria, são igualmente por inconformismo e por briga, de tipo íntimo, acontecidos sobretudo em local público,[28] à noite, na sexta-feira, com uso de faca e sem testemunhas.

Entre os três tipos de feminicídio, o de tipo íntimo aconteceu prevalentemente na casa da vítima ou casal, por inconformismo, em 40% dos casos com testemunha, duas delas se tornaram também vítimas (feminicídio por conexão), e com o uso de faca (Tabela 8).

Os réus tiveram ou usaram a seu favor o resguardo proporcionado pelo ambiente doméstico para cometer seus crimes; usufruíram de um momento – sexta-feira à noite – em que se espera que as pessoas estejam fora de casa, aproveitando o início do final de semana, ou estejam recolhidas, ou, no caso de vizinhos, que estejam recolhidos em suas casas.

Nos casos de homicídio consumado, prevalece o inconformismo, ocorridos na residência da vítima ou casal, da madrugada até a manhã, na sexta-feira e com uso de arma de fogo. Os crimes de homicídio tentado têm as informações mais pulverizadas: são igualmente por inconformismo e por briga, aconteceram na residência da vítima ou do casal, em via pública e em outros locais, principalmente à noite, na sexta-feira e com faca.

Tabela 8 – Feminicídio de tipo Íntimo: Local, Hora, Dia da Semana e Arma por tipo de Homicídio e Testemunha[29]

Crime	Homicídio consumado		Homicídio tentado	
Tipo de Feminicídio		**Testemunha**		**Testemunha**
Íntimo	9	4	6	2
Local		**Testemunha**		**Testemunha**
Residência vítima/casal	5	3	2	-

28 Considerando o conjunto das informações das classificações Via pública e Outro.

29 Foram desprezadas as classificações que não apresentaram ocorrências.

Crime	Homicídio consumado		Homicídio tentado	
Residência agressor	1	-	-	-
Via pública	3	1	2	1
Outro[30]	-	-	2	1
Hora		**Testemunha**		**Testemunha**
Manhã	3	1	1	1
Tarde	1	1	1	-
Noite	2	2	3	1
Madruga	3	-	1	-
Dia da semana		**Testemunha**		**Testemunha**
3ª feira	1	-	-	-
4ª feira	1	1	-	-
5ª feira	2	1	-	-
6ª feira	3	2	4	2
Sábado	2	-	2	-
Arma do crime		**Testemunha**		**Testemunha**
Fogo	4	2	1	-
Faca	3	2	4	1
Outro	2	-	1	1

O feminicídio não íntimo é aquele que tem maior capacidade de englobar feminicídios praticados por agentes diversos, sejam eles conhecidos ou desconhecidos (Tabela 9).

Pode-se dizer que os crimes de tipo não íntimo são caracterizados pela negativa de autoria, com mais vítimas em homicídio consumado. Nesses casos, o crime aconteceu principalmente em via pública, de madrugada e com arma de fogo. Nos casos de homicídio consumado, os crimes se enquadram, igualmente, em briga, estupro e negativa de autoria, ocorridos em via pública, de madrugada, na segunda-feira e com uso arma de fogo, faca e outra arma. Os crimes de homicídio tentado são de inconformismo, nos quais o réu foi cúmplice no crime, e de negativa de autoria, tendo acontecido tanto em via pública como em outro lugar, de tarde e de madrugada, na quarta e no sábado e com arma de fogo.

30 Os outros lugares citados foram: local do trabalho do acusado, no interior de escola pública, numa vila de casas e, por último, na casa da irmã da vítima.

Tabela 9 – Feminicídio de tipo Não Íntimo: Local, Hora, Dia da Semana e Arma por tipo de Homicídio e Testemunha[31]

Crime	**Homicídio consumado**		**Homicídio tentado**	
Tipo de Feminicídio		**Testemunha**		**Testemunha**
Não íntimo	3	2	2	-
Local		**Testemunha**		**Testemunha**
Residência agressor	1	-	-	-
Via pública	2	2	1	-
Outro[32]	-	-	1	-
Hora		**Testemunha**		**Testemunha**
Tarde	-	-	1	-
Noite	1	1	-	-
Madruga	2	1	1	-
Dia da semana		**Testemunha**		**Testemunha**
2ª feira	2	1	-	-
4ª feira		-	1	-
Sábado	1	1	1	-
Arma do crime		**Testemunha**		**Testemunha**
Fogo	1	1	2	-
Faca	1	-	-	-
Outro	1	1	-	-

Os feminicídios por conexão foram, em sua maioria, por briga, resultaram em homicídio tentado, praticados na residência da vítima ou casal, de noite, durante a semana, numa quarta-feira, e com uso de faca (Tabela 10).

Das informações apreendidas nas peças dos processos, é possível dizer que todas as vítimas por conexão acompanhavam a mulher, que era alvo da ação de violência desferida pelo réu, por ser ou ter sido parceira íntima dele.

O único caso de homicídio consumado é por briga, aconteceu na residência do réu, à noite, numa quarta-feira e com faca. Os três casos

31 Foram desprezadas as classificações que não apresentaram ocorrências.

32 Os outros lugares citados foram: local do trabalho do acusado, no interior de escola pública, numa vila de casas e, por último, na casa da irmã da vítima.

de homicídio tentado estão classificados, segundo a maioria, por briga, aconteceram na casa da vítima ou casal, ao longo do dia (manhã, tarde e noite), entre quarta e sexta-feira e com emprego de faca.

Tabela 10 – Feminicídio de tipo Por Conexão: Local, Hora, Dia da Semana e Arma por tipo de Homicídio e Testemunha[33]

Crime	Homicídio consumado		Homicídio tentado	
Tipo de Feminicídio		**Testemunha**		**Testemunha**
Por conexão	1	1	3	2
Local		**Testemunha**		**Testemunha**
Residência vítima/casal	-	-	2	1
Residência agressor	1	1	-	-
Outro[34]	-	-	1	1
Hora		**Testemunha**		**Testemunha**
Manhã	-	-	1	1
Tarde	-	-	1	1
Noite	1	1	1	-
Dia da semana		**Testemunha**		**Testemunha**
4ª feira	1	1	1	1
5ª feira	-	-	1	-
6ª feira	-	-	1	1
Arma do crime		**Testemunha**		**Testemunha**
Fogo	-	-	1	-
Faca	1	1	2	2

Em 33,3%, ou oito crimes foi citado o consumo de bebidas alcoólicas: em cinco deles somente pelo réu e nos demais três o consumo foi feito pelo réu e pela vítima. Também em cinco crimes o consumo aconteceu em residência, sendo três na residência da vítima ou do casal.

Conquanto a vasta literatura relacione álcool e violência, essa relação se coloca pela sua potencialidade de agir como um desinibidor, consequentemente um facilitador para a violência, e não por uma pos-

33 Foram desprezadas as classificações que não apresentaram ocorrências.

34 Os outros lugares citados foram: local do trabalho do acusado, no interior de escola pública, numa vila de casas e, por último, na casa da irmã da vítima.

sibilidade de causalidade. Baltieri e Cortez, embora considerem difícil a associação direta entre álcool e comportamento violento, alegam ser possível sugerir que o consumo de bebidas alcoólicas esteja relacionado a crimes violentos, alertando que sempre devem ser considerados outros fatores criminógenos, pois o álcool isolado não explica a ocorrência da violência (BALTIERI; CORTEZ, 2009: 140). A conclusão semelhante chegam Zilberman e Blume, no artigo que tratam exclusivamente da violência no âmbito doméstico: "A associação entre a violência doméstica [...] e uso, abuso e dependência de substâncias tem sido investigada por vários autores, mas uma relação causal não pode ser inferida".

O consumo de álcool não elide a responsabilidade criminal do réu, entretanto a forma de verificação desse consumo, privilegiadamente por meio de testemunhos, é uma oportunidade de qualificação e desqualificação de vítima e réu: o discurso é um produto social, portanto não é aleatório e nem neutro. Ao contrário, é sexista e contribui para a manutenção de estruturas de opressão e culpabilização da mulher. Dessa forma, as narrativas testemunhais não só dizem do consumo ou não do álcool, mas falam também do contexto em que está inscrito esse consumo e principalmente de quem são as pessoas envolvidas, vítima e réu. E se ao réu a narrativa é garantida, isso nem sempre é possível para a vítima, que terá a sua narrativa suprimida nos casos de homicídio consumado.

Os laudos periciais são importantes fontes de prova para o processo de investigação da veracidade dos fatos narrados, para qualificar e tipificar os delitos. Muito embora as investigações periciais e consequentes laudos sejam recursos citados com frequência quando relacionados às vítimas, observa-se nesses laudos a ausência de uma abordagem que permita verificar indícios de violência de gênero.

Com exceção de um crime em que a vítima de homicídio tentado de tipo não íntimo, decorrente de briga, não sofreu nenhuma lesão física, e por isso não há solicitação de qualquer laudo, nos demais 23 crimes há menção nas peças dos processos de algum tipo de laudo.

Embora seja presente em quase todos os autos de exame cadavérico analisados o quesito sobre o uso de "veneno, fogo, explosivo, asfixia ou tortura, ou por outro meio insidioso ou cruel", quesito capaz de definir possíveis qualificadoras do crime, a resposta comum em todos os autos é "prejudicado". Em um caso a vítima – homicídio consumado de tipo íntimo, por motivo de inconformismo pelo fim da relação – teve três laudos e em nenhum deles se conseguiu confirmar o meio usado para o homicídio, que, segundo confissão do réu, foi envenenamento por "chumbinho".[35]

35 É um rodenticida ilegal. Sua aparência granulosa e cinzenta se assemelha a bolinhas de chumbo, por isso é chamado vulgarmente de "chumbinho".

Todos os laudos, excluindo o de envenenamento, independentemente do crime, se consumado ou se tentado, do tipo de feminicídio e da motivação, guardam semelhanças quanto à área do corpo atingida: entre a região do abdome e a cabeça, região de alto potencial de letalidade, bem como em alguns casos o braço e mão (demonstrando a tentativa de defesa).

Somente no caso de homicídio consumado de tipo não íntimo e por motivo de estupro é que há menção à violência sexual no laudo pericial (auto de exame cadavérico); nos demais casos não há alusão à investigação desse tipo de violência, assim como não há menção à investigação de lesões anteriores, nem mesmo naqueles sete casos onde foi mencionada presença de episódios de violência doméstica anteriores ao crime analisado.

Por fim, conclui-se que a investigação pericial tem capacidade para ser uma fonte de informação para determinar se a violência sofrida é ou não em razão de gênero, entretanto observa-se que essa não é sua intenção.

Fonte processual:
Caso 1: 2000.001.145809-3. Data julgamento 28/02/2002
Caso 2: 2000.001.001534-5. Data julgamento 19/03/2002
Caso 3: 2000.001.136875-4. Data julgamento 30/07/2002
Caso 4: 99.001.161002-6. Data julgamento 06/08/2002
Caso 5: 2000.001.088888-2. Data julgamento 17/09/2002
Caso 6: 2001.001.101269-0. Data julgamento 19/09/2002
Caso 7: 2001.001.125849-5. Data julgamento 14/01/2003
Caso 8: 2002.001.032881-9. Data julgamento 13/03/2003
Caso 9: 2001.001.134726-1. Data julgamento 27/03/2003
Caso 10: 2002.001.008260-0. Data julgamento 16/03/2004
Caso 11: 2003.001.078871-7. Data julgamento 02/03/2005
Caso 12: 2004.001.083126-1. Data julgamento 06/04/2005
Caso 13: 2003.001.075572-4. Data julgamento 29/06/2005
Caso 14: 2005.001.020393-8. Data julgamento 01/08/2005
Caso 15: 2006.001.046564-9. Data julgamento 14/11/2006
Caso 16: 2007.001.054925-3. Data julgamento 14/01/2008
Caso 17: 2007.001.021071-7. Data julgamento 10/06/2008
Caso 18: 2008.001.006533-1. Data julgamento 18/12/2008
Caso 19: 2008.001.364544-9. Data julgamento 13/08/2009
Caso 20: 2009.001.047903-6. Data julgamento 21/01/2010
Caso 21: 2009.206.000484-2. Data julgamento 03/03/2010
Caso 22: 2009.204.005562-5. Data julgamento 10/06/2010

Conclusão

No decorrer deste estudo, creio que restou evidenciado que o feminicídio e outras formas de violência contra a mulher são fenômenos globais e que mantêm as velhas dicotomias de gênero, que ainda nos fazem concluir que as mulheres não são cidadãs de pleno direito nem mesmo em sociedades democráticas.

A recente tipificação do femicídio/feminicídio em vários países fez com que se intensifique o debate sobre a persistência de estruturas patriarcais no Direito, tanto no referente às próprias normas, como em sua aplicação pelos operadores jurídicos.

Como vimos ao longo dos Capítulos que formam o presente estudo, o conceito se desenvolve inicialmente nos Estados Unidos, mas observamos que foi na América Latina onde o conceito foi ampliado e discutido com profundidade, adquirindo transcendência internacional que se mantém na atualidade. Foi na América Latina que a tradução da palavra em inglês *femicide* resultou em duas expressões diferentes, *femicídio* e *feminicídio* segundo algumas teóricas como Marcela Lagarde, Julia Monárrez, Rita Laura Segato e Montserrat Sagot.

A partir da situação atual da América Latina, que abriga várias definições de femicídio/feminicídio, concluímos que seria desejável e apropriado definir o conceito de femicídio ou feminicídio de modo a permitir uma análise a partir de uma perspectiva de Justiça Criminal. Neste sentido, independentemente do termo a adotar, se femicídio ou feminicídio, seria necessário restringir o conceito para trasladar para o Direito Penal, enfatizando a relevância penal dos comportamentos e a definição clara do tipo penal e do bem jurídico que deva ser protegido pela norma penal.

Depois que analisamos todo o debate acerca do conceito nos Estados Unidos e na América Latina, concluímos que o conceito mais adequado seria "a morte de mulheres em função do gênero feminino" e, em dois contextos, o doméstico e familiar, fundada em razão do gênero; ou seja, como a primeira possibilidade, a mulher que é morta por um parceiro íntimo atual ou anterior (ex); como uma segunda possibilidade, a morte da mulher por uma pessoa desconhecida da vítima, mas também associada a razões de gênero.

No campo político, a expansão do uso e da denúncia feminista sobre o femicídio/feminicídio corresponde ao alto grau de coordenação existente em nível regional do movimento feminista desde a década de 1980, incluindo o trabalho em rede especificamente com relação à violência contra as mulheres desde 1990. Este alto nível de coordenação permitiu levantar o fenômeno dos femicídios/feminicídios como um dos eixos da ação e denúncia feminista em nível regional desde os fins da década de 1990. O marco dos direitos humanos também tem sido relevante neste aspecto, posto que tem dotado as denúncias destes fenômenos de um alto grau de exigibilidade jurídica, muito mais forte e específico que o existente a respeito de outros temas da agenda feminista.

O incremento da violência em alguns países da América Latina, em particular na última década na América Central e certas regiões do México – e o recrudescimento da violência contra as mulheres que tem acompanhado, com extremas manifestações nos homicídios de mulheres, tem sido a razão pela qual alguns crimes têm tido grande atenção midiática e política.

Tudo isso se soma a uma tendência à maior utilização do Direito Penal para composição de conflitos nos últimos anos, relacionado ao incremento da violência contra as mulheres em alguns países, assim como com os benefícios políticos da utilização deste tipo de lei frente a um fenômeno que gera tanta reprovação da sociedade como os femicídio/feminicídios, e com baixos custos econômicos que, em geral, sua implementação supõe. Com efeito, a violência contra as mulheres é provavelmente o único tema da agenda feminista que goza de amplo apoio social, inclusive de setores mais conservadores e religiosos, provavelmente porque reforça o estereótipo de fragilidade das mulheres e necessidade de maior proteção.

Ao analisar a legitimidade da tipificação da figura como femicídio/feminicídio, é possível concluir que a justificativa para as primeiras iniciativas legislativas de tipificar o femicídio/feminicídio na América Latina, ocorreu com base especialmente no Direito Internacional dos Direitos Humanos (DIDH).

Neste sentido, a tipificação de condutas que sancionam especificamente formas de violência contra as mulheres se amoldam à obrigação dos Estados – em particular aqueles obrigados pela Convenção de Belém do Pará, de adotar medidas legislativas para sancionar este fenômeno. Assim, a Convenção inclui a obrigação dos Estados de incluir em seu ordenamento jurídico interno as normas penais – entre outras – que "sejam necessárias para prevenir, punir e erradicar a violência contra as mulheres" (art. 7, letra *c*).

Vale ainda citar as obrigações mencionadas no art. 5º da CEDAW e no art. 7º da Convenção de Belém do Pará, que especificam o dever do Estado de modificar práticas jurídicas ou consuetudinárias que respaldem a persistência ou a tolerância à violência contra a mulher e também por isso estas leis encontram a base da sua legitimidade. Ressalte-se ainda que é possível sustentar que nesta, como em outras matérias, a adoção de normas gênero-específicas é exigida, pois a modificação daqueles padrões socioculturais requer medidas adequadas para fazer frente a um fenômeno com essas características.

Dentro desta perspectiva, é possível concluir que existem tanto no Direito Internacional dos Direitos Humanos como no Direito Constitucional dos diversos países, elementos suficientes para justificar a adoção de normas penais de gênero que sejam específicas em matéria de violência contra as mulheres. No entanto, a justificação genérica das leis penais específicas não tem eximido estas normas legais de questionamentos e objeções especialmente no âmbito penal e constitucional. Muitos desses questionamentos são comuns aos delitos de femicídio/feminicídio e a leis penais que se referem ao gênero – específicas tipificadas em outras legislações, como foi no Brasil o caso da Lei Maria da Penha.

A tipificação do femicídio/feminicídio constitui, na maior parte dos países da América Latina, a primeira forma de legislação dirigida especificamente a combater a violência contra as mulheres. Isto tem grande importância, porquanto, por muitos anos esta forma de violência era invisível para os ordenamentos jurídicos, ocultado por denominações neutras como violência familiar, sexual ou outras.

Observamos ao analisar as leis existentes na América Latina que os países adotaram formas diferentes de sancionar o ato de matar uma mulher, seguindo opções legislativas alternativas, que inclusive dificultam fazer avaliações gerais sobre a tipificação do feminicídio/femicídio na região.

Apesar disso, é possível que a tipificação do femicídio/feminicídio possa ter efeitos significativos nos países em que a impunidade de tais crimes é um dos elementos determinantes da sua denúncia. É provável que a tipificação dessas figuras contribua para gerar maior informação específica e obrigar a uma atenção especial nesses casos por parte do sistema de justiça, pois possibilita um controle e registro particular dos casos, assim como um acompanhamento mais preciso dos procedimentos de investigação e judiciais que se realizam, favorecendo o controle e monitoramento tanto das organizações da sociedade civil como do resto do aparato do Estado.

É certo que nos países ou regiões em que se denunciou a impunidade dos feminicídios, a maior parte das questões está associada à persecução penal desses crimes e não se encontra na ausência de um tipo penal específico, mas de questões principalmente relativas à atuação dos organismos policiais e judiciais envolvidos na investigação. Ao considerar, por exemplo, as recomendações formuladas por organismos internacionais de direitos humanos ao México, em torno do feminicídio, incluída na sentença do Caso Campo Algodonero, é claro que a maior parte delas depende mais de questões de ordem processual penal do que substancial, questões que não se resolvem apenas com a tipificação.

O Brasil ratificou os dois principais Tratados Internacionais de Direitos Humanos das mulheres, no âmbito da OEA, a Convenção Interamericana para Prevenir, Punir e Erradicar a violência contra a Mulher e, em âmbito global, a Convenção Pela Eliminação de Todas as Formas de Discriminação Contra a Mulher (Convenção da Mulher ou CEDAW).

Seguindo a tendência do Direito Penal brasileiro de criminalizar as condutas baseadas no gênero, em 09 de março de 2015 foi sancionada a Lei nº 13.104/2015 criando a circunstância qualificadora do feminicídio, passando a ser o 16º País no mundo a ter uma legislação específica que tipifica o feminicídio. Várias críticas já surgiram a partir de então, principalmente por parte dos que defendem o Direito Penal Mínimo, mais uma vez por considerar que o Direito Penal não serve para dar uma reposta eficaz às mulheres que sofrem com a violência machista.

A partir do estudo de caso realizado na sessão final pode-se afirmar a necessidade da tipificação do feminicídio por alguns aspectos práticos, entre eles cito a falta de dados no sistema de justiça, a grande dificuldade de encontrar os processos de homicídios de mulheres, a falta de menção à Lei Maria da Penha nos processos e a invisibilidade da violência doméstica contra a mulher pelo Tribunal do Júri. Estes aspectos comprovam a necessidade de medidas judiciárias que deem luz ao tema, seja dentro dos tribunais ou na sociedade. A tipificação do crime de feminicídio inclui medidas que vão além de um revanchismo de gênero e ajudariam a mapear a violência contra a mulher de maneira mais eficaz.

Além disso, no plano fático, este estudo se soma às conversas, debates e diálogos em torno da possibilidade de existir uma Convenção contra o feminicídio. Nesse sentido, não podemos deixar de registrar que a Declaração das Nações Unidas sobre a Eliminação da Violência contra as Mulheres, de 1993, não é vinculante, e que a Convenção para a Eliminação de Todas as Formas de Discriminação contra a Mulher, de 1973, ainda que seja um importante marco internacional de proteção aos direitos humanos das mulheres, não reconhece diretamente em seu bojo a violência contra as mulheres, salvo através de suas Recomendações Gerais. Desta forma, urge a criação de um instrumento internacional vinculante sobre as várias formas de violência contra as mulheres, entre estas o feminicídio. Não podemos deixar passar esta oportunidade histórica de implicarmos toda a sociedade civil global nesse objetivo.

Durante o desenvolvimento do trabalho nos deparamos com uma complexa discussão sobre o próprio conceito de feminicídio e que a criação de um crime sob o nome de femicídio ou feminicídio, sua tipificação ou sua especificação no seio de um tipo penal preexistente, serve a razões muito mais fundamentais do que a mera possibilidade de uma punição ou de uma punição mais grave desses delitos (o que poderia levar a se pensar em um punitivismo simplista). Essa interpretação sim, é que seria simplista, pois ignoraria a dimensão do reconhecimento pelo Direito como instituição de uma realidade que ainda não é, muitas vezes, sequer uma realidade reconhecida no próprio campo social.

Como observamos neste trabalho, muitas vezes não há sequer a necessidade de uma punição diferente para o crime de homicídio quando praticado contra mulheres, por serem mulheres, em relação ao homicídio em geral, bastando para o reconhecimento dessa diferença fundamental, que ela esteja nomeada no seio do Direito. Esse é, inclusive, o caso do Brasil, onde o homicídio qualificado por motivo torpe, considerado jurisprudencialmente como abarcando o que passa a ser chamado feminicídio, já era, por ser qualificado, tanto sujeito à pena maior quanto crime hediondo, não havendo, portanto, que se falar em expansionismo penal nesse caso.

Vários são os aspectos, contudo, em que a marca da diferença entre o homicídio qualificado em geral e o feminicídio é determinante, independentemente de alguma diferenciação em termos da punição. Um deles é o problema da usual confusão, enraizada em um falso senso comum, do assassinato de mulheres com um "crime passional", cometido em um momento de ira e descontrole. É preciso diferenciar o femicídio/feminicídio para inscrevê-lo no rastro de uma linha de violência que pode ser identificada sempre de forma contínua, que não leva, portanto, à morte por acaso, por um lapso, mas de forma previsível, praticamente predestinada, a partir das violências mais cotidianas que muitas vezes deixamos de perceber. A tendência, ainda hoje, é de desacreditar a mulher ou ainda de culpá-la. Diz-se que a mulher estava à noite na rua ou usando um determinado tipo de roupa, ou ainda que tinha escolhido relacionar-se ou continuar se relacionando com um dado tipo de homem, de tal modo que a culpa, a responsabilidade pela violência sofrida é sempre dela mesma.

Conclui-se que é muito difícil romper esse ciclo de violência, quando até mesmo os aspectos mais fundamentais da interpretação da mesma violência são atingidos por ela, pelo seu aspecto epistemológico, até mesmo ontológico, isto é, por uma violência que determina o conhecimento e o próprio ser das coisas. A mulher entra numa espiral da qual só poderia se livrar com a ajuda de uma força externa e maior, isto é, do Direito, mas se encontra subtraída dessa possibilidade, na medida em que o contexto de violência em que está inserida mostra-se invisível ao próprio Direito. Para que uma mulher procure a ajuda do Estado, é preciso que tenha muita confiança e certeza das consequências desse ato para ir adiante. Afinal, na melhor falha, é de volta ao alcance do seu agressor que ela cairá, tendo que responder perante ele pela busca de ajuda e submetendo-se, portanto, à certeza de uma violência ainda maior. É preciso que o Estado se mostre confiável à mulher vítima de violência, e, para tanto, o primeiro passo é que ele seja capaz de construí-la como tal, com todas suas particularidades. O Poder Judiciário, como observamos ao longo do trabalho, é muitas vezes desacreditado pelas mulheres vítimas de violência, daí o grande número de desistência durante o curso dos processos.

Por fim, com este trabalho esperamos contribuir ao empoderamento jurídico das mulheres e ajudar a sentar as bases da discussão sobre o feminicídio no Brasil e no mundo, registrando o que até aqui teve que ser discutido, e dando o tom para as discussões futuras. Afinal, apenas agora começa a aparecer essa nova palavra que, através das instituições, começa a ecoar para a sociedade em geral. Na medida em que, sendo reconhecida pelo Direito, a figura do feminicídio começou a aparecer na mídia, no debate público etc., passou a fazer parte do uso cotidiano da língua e, assim, do mundo compartilhado. Esse é como já ressaltamos, em muitos sentidos o começo de uma discussão, e não seu fim.

Referências Bibliográficas

AAAS. *Guatemala Memoria del silencio. Conclusiones y recomendaciones del informe de la Comisión para el Esclarecimento Historico.* Disponível em <https://www.aaas.org/sites/default/files/ migrate/uploads/mos_en.pdf >. Acesso em: 06 mai. 2013.

ALMEIDA, S. S. *Femicídio*: algemas (in)visíveis do público-privado. Rio de Janeiro: Revinter Ltda, 1998.

ANDRADE. Vera Regina Pereira. A soberania patriarcal: o sistema de justiça criminal no tratamento da violência sexual contra a mulher. Revista Sequência, nº 50, jul. 2005.

ANISTIA INTERNACIONAL. *Guatemala información para el comité de la ONU contra la tortura 50º periodo de sesiones*, mai. 2013. Disponível em: <https://doc.es.amnesty.org/cgi-bin/ai/BRSCGI/23400613?CMD=VEROBJ&MLKOB =32430010505>. Acesso em: 06 mai. 2013.

_____. *Guatemala – Ni protección ni justicia*: homicídio de mujeres em Guatemala, 2005. Disponível em: <http://www.amnesty.org /es/library/asset/AMR34/017/2005/es/e6bd24fd-d4fe-11dd-8a23-d58a49c0d652/amr340172005es.pdf>. Acesso em: 27 fev. 2012.

_____. *Mortes intoleráveis – Dez anos de desaparecimentos e assassinatos na Cidade de Juarez e Chihuahua*, 2003. Disponível em: <http://www.amnesty.org/es/library/asset/ACT30/001/2004/es/9f57a977-d646-11dd-ab95-a13b602c0 642/act300012004pt.pdf>.

ASSOCIAÇÃO PORTUGUESA DE APOIO ÀS VÍTIMAS. *Relatório Penélope sobre violência doméstica no sul da Europa*. Projeto Penélope, 2003. Disponível em: <http://www.apav.pt/pdf/relatorio_penelope.pdf>. Acesso em: 29 ago. 2019.

_____. *Estatísticas APAV*: Relatório anual 2018. Disponível em: <https://apav.pt/apav_v3/images/pdf/Estatisticas_APAV_Relatorio_Anual_2018.pdf>. Acesso em: 13 set. 2018

AZEVEDO, Elisa Girotti; CELMER, Rodrigo Ghringhelli de. A violência de gênero, produção legislativa e discurso punitivo – Uma análise da Lei nº 11.340/2006, *Boletim do IBCCRIM*, ano 14, n. 170, jan./2007.

BALTIERI, Danilo e CORTEZ, Fernanda. *A violência e consumo nocivo do álcool.* Disponível em: <http://www.cisa.org.br/UserFiles/File/alcoolesuasconsequencias-pt-cap7.pdf>.

BARROS, Francisco Dirceu. *Feminicídio e neocolpovulvoplastia*: as implicações legais do conceito de mulher para os fins penais, 2015. Disponível em: <http://jus.com.br/artigos/37145/feminicídio-e-neocolpovulvoplastia>. Acesso em: 15 jun. 2015.

____. *Não existe femicídio qualificado privilegiado*, 2015. Disponível em: <http://franciscodirceubarros.jusbrasil.com.br/artigos/176024244/nao-existe-feminicídio-qualificado-privilegiado>. Acesso em: 15 jun. 2015.

BANDEIRA, Maria de Lourdes. Violência de gênero: a construção de um campo teórico e de investigação. *Revista Sociedade e Estado*. v. 29, n. 2 mai./ago. 2014.

BARSTED, Leila de Andrade Linhares. A resposta legislativa à violência contra as mulheres no Brasil. In: *Violência de gênero e políticas públicas.* Rio de Janeiro: Editora UFRJ, 2007.

____. Em busca do tempo perdido: mulher e políticas públicas no Brasil 1983-1993. *Revista Estudos Feministas* 2, especial (1994).

____; GIFFIN, K.; COSTA, S. H. Família, sexualidade e reprodução no direito brasileiro. *Questões de Saúde Reprodutiva.* Karen Giffin e Sarah Hawker Costa (Orgs.). Rio de Janeiro: Editora Fiocruz,1999.

____; HERMANN, Jacqueline; O judiciário e a violência contra a mulher: a ordem legal e a (des)ordem familiar. In: *Cadernos Cepia.* CEPIA, 1995.

____; PITANGUY, Jacqueline (Orgs.). O progresso das mulheres no Brasil 2003-2010. Rio de Janeiro: CEPIA, Brasília: ONU Mulheres, 2011.

BASTOS, Marcelo Lessa. Violência doméstica e familiar contra a mulher. Lei "Maria da Penha". Alguns comentários. *Jus Navigandi,* Teresina, ano, v. 10, 2006. Acesso em: 29 out. 2014.

BATISTA, Nilo. Só Carolina não viu. In: MELLO, Adriana (Org.). *Comentários à lei de violência doméstica e familiar contra a mulher.* Rio de Janeiro: Lumen Iuris, 2007.

BIANCHINI, Alice. *Lei Maria da Penha*: Lei nº 11.340/2006: aspectos assistenciais, protetivos e criminais da violência de gênero. São Paulo: Saraiva, 2013.

____; GOMES, Luiz Flávio. Feminicídio: entenda as questões controvertidas da Lei 13.104/2015, 2015. Disponível em: <http://professorlfg.jusbrasil.com. br/artigos/173139525/feminicídio-entenda-as-questoes-controvertidas-da-lei-13104-2015>. Acesso em: 15 jun. 2015.

BODELÓN, Encarna. Género y sistema penal: los derechos de las mujeres en el sistema penal. In: BERGALLI, Roberto (Coord.), *Sistema penal y problemas sociales*, Valencia: Tirant Lo Blanch, 2003.

____. La violencia contra las mujeres y el derecho no-androcéntrico: pérdidas en la traducción jurídica del feminismo. In: LAURENZO, Patricia, Maqueda, LUISA, María; RUBIO, Ana (Coords.) Género, violencia y derecho. Valencia: Tirant Lo Blanch, 2008.

____. Violencia de género y las respuestas de los sistemas penales. 1. ed. Buenos Aires: Ediciones Didot, 2012.

____; HEIN, Daniela. *Derecho, género e igualdad. Cambios en las estructuras jurídicas androcéntricas.* v. I. Grupo Antígona y Dones i Drets. 2009.

BOURDIEU, Pierre. *A dominação masculina*. Tradução de Maria Helena Kuhner. 5. ed. Rio de Janeiro: Bertrand Brasil, 2007.

BUSATO, Paulo César. Homicídio mercenário e causas especiais de diminuição de pena. Um paradoxo dogmático. *Revista CEJ*, Brasília, Ano XVII, n. 60, mai./ago. 2013.

CAMPBELL, Jacquelyn C. et al. Risk-factors for femicide in abusive relationships: results from a multisite case control study. *American Journal of Public Health*, 93 (2003).

____. If I can´t have you, no one can: power and control in homicide of female partners. In: *Femicide, the politics of woman killing*, Ed. Jill Radford and Diana E. H. Russell, New York: Twayne, 1992.

CAMPOS, Amini Haddad; CORRÊA, Lindinalva Rodrigues. *Direitos humanos das mulheres*. Curitiba: Juruá, 2009.

CAMPOS, Carmen Hein de; CARVALHO, Salo de. Tensões atuais entre a criminologia feminista e a criminologia crítica: a experiência brasileira. *Lei Maria da Penha comentada em uma perspectiva jurídico-feminista.* Rio de Janeiro: Lumen Juris, 2011.

CAMPOS, Roberta Toledo. Aspectos constitucionais e penais significativos da Lei Maria da Penha. Disponível em: <http://www.blogdolfg.com.br>. Acesso em: 24 set. 2007.

CAPUTI, Jane. The new founding fathers: the lore and lure of the serial killer in contemporary culture, *Journal of American Culture* 13, 1-12, 1990.

____; Diana RUSSELL. Femicide: sexist terrorism against women. In: *Femicide*: the politics of woman killing, Ed. Jill Radford and Diana E. H. Russell, Nueva York, Twayne, 1992.

CARCEDO, Ana. *Femicídio en Costa Rica, una realidad, un concepto y un reto para la acción.* Isis International (n.d.). Disponível em: <http://www.isis.cl/Feminicídio>. Acesso em: 1º jul. 2013.

____. *Femicídio en Panamá*, (n.d.). Disponível em: <http://bdigital.binal.ac.pa/bdp/femicídio%20en%20panama.pdf>. Acesso em: 1º jul. 2013.

____. Mujer no estás sola: cinco mil mujeres deteniendo el maltrato. In: Mujeres hacia el 2000: deteniendo la violencia. Cefemina: San José, Costa Rica, 1994.

____. (Coord.). *No olvidamos ni aceptamos*: femicídio en Centroamérica 2003-2006. San José, Costa Rica: Asociación Centro Feminista de Información y Acción (CEFEMINA), 2010, 502p.

____. Femicídio en Costa Rica, 2000. Disponível em: <http://www.bvsde.paho.org/bvsacd/cd26/femicídio.pdf>. Acesso em: 24 abr. 2014.

____; SAGOT, Montserrat. Femicídio en Costa Rica, 1990-1999, Organización Panamericana de la Salud, Programa Mujer, Salud y Desarrolo, San José, Costa Rica, 2000.

CARNEIRO, Sueli. Mulheres em movimento. *Estudos Avançados* 17.49 (2003): 117-133.

Caso de Campo Algodonero: Claudia Ivette González, Esmeralda Herrera Monreal e Laura Berenice Ramos Monárrez (Casos 12.496, 12.497 e 12.498) contra os Estados Unidos Mexicanos. 4 de novembro de 2007, parágrafo 140. Disponível em: <http://www.cidh.org/demandas/12.496-78%20Campo%20Algodonero%20Mexico%204%20noviembre%202007%20ESP.pdf>. Acesso em: 30 abr. 2014.

CELMER, Elisa Girotti; AZEVEDO, Rodrigo Ghiringhelli de. Violência de gênero, produção legislativa e discurso punitivo: uma análise da Lei nº 11.340/2006. *IBCCRIM: Instituto Brasileiro de Ciências Criminais, Brasília, DF* 170 (2007).

CEPIA. *O progresso das mulheres no Brasil 2003-2010*. Organização Leila Linhares Barsted, Jacqueline Pitanguy. Rio de Janeiro: CEPIA, Brasília: ONU Mulheres, 2011.

CLADEM. *Feminicídio. Monitoreo sobre femicidi/feminicídio en Bolívia, Ecuador, Paraguay, Perú y República Dominicana*, Lima, 2008. Disponível em: <http://www.cladem.0rg/espanol/regionales/Violenciadegenero/Docs/feminicídio2/fe minicídio%20vf2.pdf>. Acesso em: 05 set. 2013.

PORTO, Comba Marques. *Consciência feminista*. 2011. Disponível em <http://conscienciafeminista.blogspot.com.br/2011/05/lei-maria-da-penha-no-stf.html>. Acesso em: 21 mar. 2012.

CONVENCIÓN AMERICANA DE DERECHOS HUMANOS. Disponível em: <http://www.cladem.org/index.php?option=com_content&view=article&id=404:casoesmeralda-mexico-femicídio-feminicídio-remetido-a-la-corte-interamericana-de-derechos humanos&catid=46&Itemid=132>. Acesso em: 17 ago. 2013.

Corrêa, Mariza. *Morte em família:* representações jurídicas de papéis sexuais. Rio de Janeiro: Graal, 1983.

CORTE INTERNACIONAL DE DIREITOS HUMANOS, caso 12.051 – Maria da Penha Maia Fernandes, informe de 54, 2001. Disponível em: <https://www.cidh.oas.org/annualrep/2000port/12051.htm#_ftn17?>. Acesso em: 21 ago. 2013.

DECRETO Nº 4.388, DE 25/09/2002. *Promulga o Estatuto de Roma do Tribunal* Penal Internacional. Disponível em: <http://www.planalto.gov.br/ccivil_03/decreto/ 2002/D4388.htm>. Acesso em: 26 mai. 2014.

DEL CARMEN CORTIZO, María; GOYENECHE, Priscila Larratea. Judiciarização do privado e violência contra a mulher. *Revista Katálysis*, v. 13, n. 1, 2010.

DEL PRIORE, Mary. Histórias Intimas. *Sexualidade e erotismo na história do Brasil.* São Paulo: Editora Planeta do Brasil, 20

DIAS, Maria Berenice. As uniões homoafetivas no STF. *Unisul de Fato e de Direito*, v. 2, n. 3.

DE SOUZA; Eros, BALDWIN, John R.; ROSA, F. H. da. A construção social dos papéis sexuais femininos. *Psicologia: reflexão e crítica* 13.3, 2000.

D'INCAO, Maria Ângela. Mulher e família burguesa. In: Mary del Priore e Carla Bassanezi (org. e coord. de textos) *História das mulheres no Brasil*, São Paulo: Contexto, 1997.

EL UNIVERSAL. Globalização e novas formas de violência contra a mulher. Disponível em: <http://noticias.univision.com/mexico/noticias/article/2011-03-09/mas-de-1700-feminicídios-en#ixzz2bhekv9lC>. Acesso em: 11 ago. 2013.

ESCOLA DE MAGISTRATURA DO ESTADO DO RIO DE JANEIRO. *Relatórios de pesquisa NUPEGRE*. A representação de pessoas transexuais e transgêneras na justiça brasileira: uma análise do discurso judicial nas ações de retificação de registro civil. n. 1, Rio de Janeiro, 2018.

EUROPA PRESS. Disponível em: <http://www.europapress.es/internacional/noticia-onu-total-100-millones-ninas-muerto-aborto-selectivo-infanticidio-informe-20070302124820.html>. Acesso em: 05 mai. 2014.

FACIO, Alda (2003). Los derechos humanos desde una perspectiva de género y las políticas públicas. In: *Revista Otras Miradas*, Grupo de Investigación en Género y Sexualidad GIGESEX Facultad de Humanidades y Educación Universidad de Los Andes Mérida-Venezuela. v. 3, n. 1, jun. 2003. Disponível em: <http://www.saber.ula.ve/bitstream/123456789/22813/1/articulo3_2.pdf>. Acesso em: 28 ago. 2014.

_____. *La carta magna de todas las mujeres. Lectura de apoyo 10.* Disponível em: <http://www.equidad.scjn.gob.mx/biblioteca_virtual/doctrina/76.pdf>. Acesso em: 17 set. 2014.

FARAH, Marta Ferreira Santos. Gênero e políticas públicas. *Estudos Feministas* 12.1, 2004.

FROTA, M. H. P. *O femicídio no Ceará*: machismo e impunidade? Uma pesquisa em andamento. Disponível em: <http://www.fazendogenero.ufsc.br/8/sts/ST11/Frota-Santos_11.pdf>.

GARCIA, Ivete. Gênero e políticas públicas municipais. Mulher e Política: gênero e feminismo no Partido dos trabalhadores. São Paulo: Ed. Fundação Perseu Abramo, 1998.

GÓMARIZ MORAGA, Enrique. Políticas de seguridad ciudadana y violencia intrafamiliar. In: *Documento de Trabalho*. Fundação Friedrich Ebert, 2006, agosto.

GOMES, Izabel Solyszko. Femicídio: a (mal) anunciada morte de mulheres. *R. Pol. Pública*. São Luis, v. 14, n. 1, jan./jun. 2010. Disponível em <http://www.periodicoseletronicos.ufma.br/index.php/rppublica/article/view/338>. Acesso em: 1º jul. 2013.

GOMES, Luiz Flávio; BIANCHINI, Alice. Feminicídio: entenda as questões controvertidas da Lei 13.104/2015, 2015. Disponível em: <http://professorlfg.jusbrasil.com. br/artigos/173139525/feminicídio-entenda-as-questoes-controvertidas-da-lei-13104-2015>. Acesso em: 15 jun. 2015.

GOMES, Olívia Maria Cardoso. *Violência doméstica e migrações*: estudo comparado das legislações portuguesa, brasileira e espanhola sobre violência doméstica e feminicídio em comunidades imigrantes. 2. ed. Curitiba: Juruá Editora, 2015.

GONÇALVES, Camila de Jesus Mello. *Transexualidade e direitos humanos*: o reconhecimento da identidade de gênero entre os direitos da personalidade. Curitiba: Juruá, 2014.

GONÇALVES, Renata. Sem pão e sem rosas: do feminismo marxista impulsionado pelo maio de 1968 ao academicismo de gênero. *Lutas Sociais* 21/22, 2009.

GRECO, Rogerio. *Feminicídio* – Comentários sobre a Lei nº 13.104, de 9 de março de 2015. 2015. Disponível em: <http://rogeriogreco.jusbrasil.com.br/artigos/173950062/feminicídiocomentariossobre-a-lei-n--13104-de-9-de-marco-de-2015>. Acesso em: 10 ago. 2016.

GREGORI, Maria Filomena. *Cenas e queixas*: um estudo sobre mulheres, relações violentas e a prática feminista. São Paulo, Paz e Terra/ANPOCS, 1993.

HESPANHA, Antonio Manuel. *Imbecillitas*: as bem-aventuranças da inferioridade nas sociedades de Antigo Regime. São Paulo: Annablume, 2010.

IIDH/CCPDH. *I Informe regional*: situación y análisis del femicídio en la región Centroamericana Consejo Centroamericano de Procuradores de Derechos Humanos, San José, 2006. Disponível em: <http://www.cawn.org/espanol/publicaciones/documentos/otras/Femicídio%20oficial.pdf>. Acesso em: 05 mai. 2014.

INSTITUTO INTERAMERICANO DE DIREITOS HUMANOS. Informe Regional do Conselho Centro-americano de Procuradores de Direitos Humanos: *Análisis del femicídio en la región centroamericana*. San José. 2006. Disponível em: <http://www.diputados.gob.mx/LeyesBiblio/ref/lgamvlv.htm>. Acesso em: 07 abr. 2012.

ITURRIAGA, Rodrigo Mazzo. *Biblioteca Del Congresso Nacional de Chile*. Disponível em: <http://www.bcn.cl/de-que-se-habla/promulgacion-femicídio>. Acesso em: 21 fev. 2012.

JASS. Informe. De sobrevivientes a defensoras: mujeres que enfrentan la violencia en México, Honduras y Guatemala. Informe de JASS & La iniciativa de las mujeres premio Nobel. Disponível em: <http://www.justassociates.org/sites/justassociates. org/files/sp_nwi-mexico_centralamerica-lr.pdf>. Acesso em: 12 out. 2014.

JESUS, Damásio de. *Direito penal*. Parte especial. São Paulo: Saraiva, 1986. v. 3.

LAGARDE, Marcela. *Antropologia, feminismo y politica*: violencia feminicida e derechos humanos de las mujeres. Disponível em: <http://www.ankulegi.org/wp-content/uploads/2012/03/0008Lagarde.pdf>. Acesso em: 02 mai. 2013.

_____. *Los cautiverios de las mujeres*. Madreposas, monjas, putas, presas y locas. Horas y horas, la editorial. Madrid, 2011.

_____. *Marcela Lagarde y la invención de la categoría "feminicídio".* 2 de mayo de 2011. Disponível em: <http://aquiescencia.net/2011/05/02/marcela-lagarde-y-la-invencion-de-la-categoria-feminicídio/>. Acesso em: 23 ago. 2014.

_____. Por la vida y la libertad de las mujeres: Fin al feminicídio/ Día V, Juárez, In: *Apuntes para la Agenda legislativa del PRD 2004*. Mesa Directiva del GPPRD. Grupo Parlamentario del PRD. Cámara de Diputados, Congreso de la Unión LIX Legislatura. México.

LAGE, Lara; NADER, Maria Beatriz. *Nova história das mulheres*. Carla Bassanezi Pinsk e Joana Maria Pedro (Orgs.). São Paulo: Contexto, 2012.

LAURENZO, Patricia; MARQUEDA, Maria Luisa; RUBIO, Ana (Coords.). *Género, violencia y derecho*. Tirant lo Blanch. Valencia, 2008.

LARRAURI, Elena. El gênero de la violência: la visión de la Ley orgánica de medidas de protección integral contra la violencia de género. Revista Catalana de Seguretat Pública, n. 16, 2006. Igualdad y violencia de género. In: Dret. *Revista para el Análisis del Derecho*. Barcelona, febrero de 2009.

_____. *Mujeres y sistema penal. Violencia domestica*. Editorial IBDEF. Montevideo y Buenos Aires. Julio César Faira – Editor, 2008.

LAVORENTI, Wilson. *Violência e discriminação contra a mulher*: tratados internacionais de proteção e o direito penal brasileiro. Campinas, São Paulo: Milennium Editora, 2009.

MACIEL, Débora Alves. Ação coletiva, mobilização do direito e instituições políticas: o caso da campanha da Lei Maria da Penha. *Revista Brasileira de Ciências Sociais* 26.77, 2011.

MACKINNON, Catharine A. *Toward a Feminist Theory of the State*. Cambridge: Harvard University Press, 1989.

MANSO, Flávia; CAMPAGNAC, Vanessa. *Dossiê Mulher*: 2019. 14. ed. Rio de Janeiro: RioSegurança, 2019. Disponível em: <http://arquivos.proderj.rj.gov.br/isp_imagens/uploads/DossieMulher2019.pdf>. Acesso em: 16 ago. 2019.

MAPA DA VIOLÊNCIA. Disponível em <http://www.sangari.com/mapadaviolencia>. Acesso em: 02 out. 2012.

MAPA DA VIOLÊNCIA 2012. Disponível em: <http://mapadaviolencia.org.br/mapa2012.php#mulheres>. Acesso em: 02 out. 2012.

MARTINEZ, Ivonne Patricia Ortuño. Los operadores de justicia penal y la violencia contra las mujeres en Ciudad de Juárez, México. In: *Maquiladores de la Ley*. Tesis para obtener el grado de Ph.D. in Law and Society.

MELLO, Adriana Ramos de. Feminicídio: uma análise sociojurídica do fenômeno no Brasil. *Revista EMERJ*. Rio de Janeiro, v. 19, n. 72, jan. - mar. 2016.

_____; PAIVA, Lívia de Meira. *Lei Maria da Penha na Prática*. São Paulo: Thomson Reuters Brasil, 2019.

MENEGUEL, Stela Nazareth. Hirakata, Vânia Naomi. *Femicídios*: homicídios femininos no Brasil. Disponível em: <http://www.scielo.br/rsp>.

MINISTÉRIO DA JUSTIÇA, Secretaria de Assuntos Legislativos. Violência contra a mulher e as práticas institucionais.– Brasília: Ministério da Justiça, Secretaria de Assuntos Legislativos (SAL): IPEA, 2015. Série. Pensando o Direito, v. 52. Disponível em: <http://pensando.mj.gov.br/wp-content/uploads/2016/02/PoD_52_Cristiane_web-1.pdf>. Acesso em: 25 out. 2019.

MONÁRREZ FRAGOSO, Julia Estela. *Trama de uma injusticia*: feminicidio sistémico em Ciudad de Juarez. 1. ed. Tijuana, Baja Califórnia: El Colegio de La Frontera Norte, México, D.F: Miguel Ángel Porruá, 2009.

_____. La Cultura del Feminicídio en Ciudad de Juarez, 1993-1999 (2000). Disponível em: <http://www.researchgate.net/publication/26419952_La_cultura_ del_feminicídio_en_Ciudad_Jurez_1993-1999>. Acesso em: 20 abr. 2014.

NICOLÁS LAZO, Gemma; BODELÓN, Encarna (Comps.). Bergalli, Roberto, Rivera Iñaki et alii. *Género y Dominación. Críticas feministas del derecho y el poder.* Anthropos, 2009.

NUCCI, Guilherme de Souza. *Leis penais e processuais comentadas*. 2. ed. rev. atual. e ampl. São Paulo: Revista dos Tribunais, 2007.

NÚCLEO DE GÊNERO MPSP. *Raio X do Feminicídio em SP*: é possível evitar a morte. Disponível em: <http://www.mpsp.mp.br/portal/page/portal/Nucleo_de_Genero/Feminicidio/2018%20-0RAIOX%20do%20FEMINICIDIO%20pdf.pdf>. Acesso em: 25 ago. 2019.

NUNES, Carlos Casimiro; MOTA, Maria Raquel. O crime de violência doméstica: a al. b) do nº 1 do art. 152º do Código Penal. *Revista do Ministério Público*, Lisboa, nº 122, abr.-jun. 2010.

OBSERVATÓRIO CIDADÃO NACIONAL CONTRA O FEMINICÍDIO. Disponível em: <http://site.adital.com.br/site/noticia.php?lang=PT&cod=80201>. Acesso em: 12 out. 2014.

OFICINA EN MÉXICO DEL ALTO COMISIONADO DE LAS NACIONES UNIDAS PARA LOS DERECHOS HUMANOS. *Feminicídio.* 1. ed., México, 2009.

ONU MULHERES (Coord.). *Diretrizes para investigar, processar e julgar com perspectiva de gênero as mortes violentas de mulheres.* Brasília, 2018. Disponível em: <http://www.onumulheres.org.br/wp-content/uploads/2016/04/diretrizes_feminicidio.pdf>. Acesso em: 25 ago. 2019.

ORDENAÇÕES FILIPINAS. Disponível em: <http://www2.senado.leg.br/ bdsf/ item /id/ 24 27 33>. Acesso em: 23 jun. 2014.

ORTUÑO, Ivone. *Maquiladores de la ley. Los operadores jurídicos del sistema de justicia penal y la violencia contra las mujeres en Ciudad Juárez, México.* Tesis para obtener el grado de Ph.D en Law ans society.Universitá Degli Studi di Milano. Febrero, 2011.

PASINATO, Wânia. "Femicídios" e as mortes de mulheres no Brasil. In: CORRÊA, Mariza; BELELI, Iara [Org.]. *Cadernos Pagu.* Campinas: Unicamp/PAGU, jul./dez. 2001.

______. SANTOS, Cecília M. *Mapeamento das delegacias da mulher no Brasil.* Campinas: Núcleo de Estudos de Gênero Pagu, Universidade Estadual de Campinas, 2008.

______. VERGO, Terezinha [et al.]. *Violência contra a mulher e acesso à justiça.* Estudo comparativo sobre a aplicação da Lei Maria da Penha em cinco capitais. *Sumário Executivo.* CEPIA, 2013.

PINSK, Carla Bassanezi; PEDRO, Joana Maria (Org.). *Nova história das mulheres.* São Paulo: Contexto, 2012.

PIOVESAN, Flavia. *La equidad de género y los derechos humanos de las mujeres: Desafíos y Perspectivas.* Texto preparado para o seminário internacional "Reformas Constitucionales y Equidad de Género" (promovido pela CEPAL – Comisión Económica para Latinoamérica y el Caribe de la Organización de las Naciones Unidas, Bolivia: 21 y el 22 de febrero de 2005). Disponível em: <http://www.cepal.org/mujer/reuniones/bolivia/piovesan2.pdf>. Acesso em: 13 out. 2014.

______. *Temas de direitos humanos.* 3. ed. São Paulo: Saraiva, 2009.

______; PIMENTEL, Silvia (2011). A Lei Maria da Penha na perspectiva da responsabilidade internacional do Brasil. In: *Lei Maria da Penha:* comentada em uma perspectiva jurídico-feminina/ Carmen Hein de Campos (Org.). Rio de Janeiro: Lumen Juris.

PIRES, Amom Albernaz. A natureza objetiva da qualificadora do feminicídio e sua quesitação no Tribunal do Júri, 2015. Disponível em: <http://amomalbernaz.jusbrasil.com.br/artigos/172762972/a-natureza-objetiva-da-qualificadora-do-feminicídio-e-sua-quesitacao-no-tribunal-do-juri>. Acesso em: 15 nov. 2015.

PODER JUDICIÁRIO DO ESTADO DO RIO DE JANEIRO. Observatório Judicial de Violência Contra a Mulher. *1º Relatório de Dados Compilados sobre Violência Doméstica e Familiar*: Julho 2016. Disponível em: <http://portaltj.tjrj.jus.br/documents/10136/3480102/01-relatorio-dados-compilados-observatorio.pdf>. Acesso em: 12 out. 2019.

PONTES, Heloisa. *Do palco aos bastidores*: o SOS Mulher e as práticas feministas contemporâneas. Dissertação de Mestrado, IFCH/Unicamp, 1986.

POUGY, Lilia Guimarães. Desafios políticos em tempos de Lei Maria da Penha. *Revista Katálisis* 13.1, 2010.

PROGRAMA DE SEGURIDAD CIUDADANA Y PREVENCIÓN DE LA VIOLENCIA DEL PNUD GUATEMALA. Informe estadístico de la violência em Guatemala. Disponível em: <http://www.who.int/violence_injury_prevention/violence/national_ activities/informe_estadistico_violencia_guatemala.pdf>. Acesso em: 22 fev. 2012.

RADFORD, Jill; RUSSELL, Diana E. H. (Eds.) *Femicide*: the politics of woman killing, Nova York, Twayne Publishers, 1992.

RUSSELL, Diana. The killing of females by males because they are females. In: *Strengthening understanding of femicide*. Washington D.C., 2008.

______. Defining femicide, nov. 2012. Disponível em: <http://www.dianarussell.com/defining-femicide-.html>. Acesso em: 23 abr. 2014.

______. *Femicide – the power of a name, out. 2011b.* Disponível em: <http://www.dianarussell.com/femicide_the_power_of_a_name.html>.

______. The origin and the importance of the term femicídio, 2011a. Disponível em: <http://www.dianarussell.com/origin_of_femicide.html>. Dez. 2011 Acesso em: 11 ago. 2013 e 23 abr. 2014.

______. 2012. Disponível em: <http://www.dianarussell.com/defining-femicide-.html>.

______. 2011a. Disponível em: <http://www.dianarussell.com/origin_of_femicide.html>. Acesso em: 23 abr. 2014.

REVISTA GOBIERNO. Disponível em <http://www.revistagobierno. com/portal/index.php/mundo/america-latina/4120-alarmante-violencia-contra-la-mujer>. Acesso em: 21 fev. 2012.

RIFIOTIS, Theophilos. As delegacias especiais de proteção à mulher no Brasil e a "judiciarização" dos conflitos conjugais. *Sociedade e Estado* 19.1, 2004.

ROMEIRO, Julieta. A Lei Maria da Penha e os desafios da institucionalização da "violência conjugal" no Brasil. *Seminário Internacional Fazendo Gênero:* "Construindo novas relações de gênero: a presença feminina nos territórios do saber". Florianópolis, 2008.

RUSSELL, Diana E. H. e HARMES, Roberta A (Eds.), *Femicide in global perspective*. New York: Teachers College Press, 2001, Ch. 2.

SABADELL, Ana Lucia. A posição das mulheres no direito. *Manual de sociologia jurídica*, 4. ed. Lição 11, 2008.

_____. A violência doméstica contra as mulheres sob a perspectiva do controle social. In: Hector Silveira et al. (Orgs.). *Contornos piegles del derecho*. Homenaje a Roberto Bergalli. Barcelona: Anthropos, 2006.

_____. O iluminismo jurídico e liberalismo: O processo de inclusão limitada da mulher e seu reflexo no pensamento de Corrêa Telles e Schopenhauer. In: ZILIO, Jacson e BOSSA, Fabio (Orgs.) *Estudos críticos sobre o sistema penal*: homenagem ao professor Doutor Juarez Cirino dos Santos por seu 70º aniversário. Curitiba: LedZe editora, 2012.

_____. Patriarcalismo jurídico e violência doméstica: reflexões sobre a suposta inconstitucionalidade da Lei Maria da Penha. In: Temas para uma perspectiva crítica do direito: Homenagem ao Professor Geraldo Prado. 2ª ed. Editora Lumen Juris. 2012.

_____. Perspectivas jussociológicas da violência doméstica: efetiva tutela de direitos fundamentais e/ou repressão penal. *Revista dos Tribunais*. v. 840, out. 2005.

_____. Reflexões sobre a metodologia na história do direito. *Cadernos de Direito* (Unimep), Piracicaba, v. 2, n. 4, 2003. Disponível em: <https://www.metodista.br/revistas/revistas-unimep/index.php/direito/article/viewFile/718/251>. Acesso em: 13 out. 2014.

_____; SOUZA, Anamaria Monteiro de Castro. O impacto da teoria feminista do direito no âmbito internacional: observações acerca da Convenção Interamericana para Prevenir, Punir e Erradicar a violência contra a mulher. *Manual dos Direitos da Mulher*. Instituto Brasiliense de Direito Público. Brasília: Editora Saraiva, 2013.

SABADELL, Ana Lucia; DIMOULIS, Dimitri. Domestic violence in Brazil: social problems and legislative interventions. *SSRN Electronic Journals*: *The English & Commonwealth Law Abstracts Journal*, v. 86, 2014.

SAFFIOTI, H. I. B. ALMEIDA, Suely Souza de. *Violência de gênero*: poder e impotência. Rio de Janeiro: Revinter, 1995.

_____. *Gênero, patriarcado e violência*. São Paulo: Editora Fundação Perseu Abramo, 2004.

SANTIN, Valter Foleto. Igualdade constitucional na violência doméstica. Disponível em: <http://www.boletimjuridico.com.br/doutrina/texto.asp?id=1594>. Acesso em: 28 out. 2014.

SANTOS, Loysio. Disponível em: <http://blogaloysiosantos.blogspot.com/2011/12/femicídio-o-assassinato-de-mulher.html>. Acesso em: 22 fev. 2012.

SARTI, Cynthia Andersen. Feminismo no Brasil: uma trajetória particular. *Cadernos de pesquisa* 64, 1988.

SCHMITT, Carl. *Théologie politique*. Paris: Gallimard, 1988.

SCOTT, Joan W. Gênero, uma categoria útil de análise histórica. *Revista Educação e Realidade*, Porto Alegre, n. 16, 1990.

SEGATO, Rita. Território, soberania e crimes de segundo Estado: a escritura nos corpos das mulheres de Ciudad Juarez. Florianópolis: *Revista de Estudos Feministas*. 13(2) 2005.

_____. *Femigenocidio y feminicidio*: una propuesta de tipificación. Lido na mesa "Feminismos Poscoloniales y descoloniales: otras epistemologías" durante el II Encuentro Mesoamericano de Estudios de Género y Feminismos, Guatemala, 2011. Disponível em: http://www.larevuelta.com.ar/pdf/Femigenocidio-femicídio-Segato.pdf. Acesso em: 18 ago. 2013.

_____. *Feminicidio y femicidio*: conceptualización y apropiación, 2010. Disponível em: <http://www.cawn.org/assets/Feminicidio%20de%20Lima%20a %20Madrid.pdf>. Acesso em: 18 ago. 2013.

SENADO FEDERAL, Observatório da Mulher Contra a Violência. *Aprofundando o olhar sobre o enfrentamento à violência contra as mulheres.* Pesquisa OMV/DataSenado. Brasília, 2018. Disponível em: <https://www12.senado.leg.br/institucional/datasenado/arquivos/conhecer-direitos-e-ter-rede-de--apoio-sao-pontos-de-partida-para-denunciar-agressao-e-interromper--ciclo-de-violencia>. Acesso em 25 ago. 2019.

SOIHET, Rachel. Mulheres pobres e violência no Brasil urbano. In: DEL PRIORE, Mary e BASSANEZI, Carla (Org. e coord. de textos). *História das mulheres no Brasil*. São Paulo: Contexto, 1997.

STRECK, Lênio. Lei Maria da Penha no contexto do Estado Constitucional: desigualando a desigualdade histórica. In: CAMPOS, Carmem Hein de (Org.). Lei Maria da Penha comentada em uma perspectiva jurídico-feminista. Rio de Janeiro: Editora Lumen Juris, 2011.

STREET, Doca. "Mea culpa, o depoimento que rompe 30 anos de silêncio". EditoraPlaneta do Brasil, 2006.

Toledo, Patsilí Vasquez. *Aproximaciones a las controversias jurídicas y políticas relativas a la tipificación del feminicídio/femicídio en países latinoamericanos*. Tese apresentada em setembro de 2009 em Universidad Autonoma de Barcelona.

TOLEDO, Patsilí. Tipificación del femicídio/feminicídio: Otra vía hacia el abandono de la neutralidad de género en el Derecho Penal frente a la violencia contra las mujeres, 2010. Disponível em: <http://studylib.es/doc/6926930/tipificaci%C3%B3n-del-femicidio---feminicídio--otra--v%C3%ADa-hacia>.

_____. *La tipificación del femicídio/feminicídio en países latinoamericanos*: antecedentes y primeras sentencias (1999-2012). Tesis Doctoral. Universidad Autónoma de Barcelona, 2012.

______. Leyes sobre femicídio y violencia contra las mujeres. Análisis comparado y problemáticas pendientes. In: *Red chilena contra la violencia doméstica y sexual. Tipificación del feminicídio en Chile.* Un debate abierto, Andros, Santiago de Chile, 2009.

TRIBUNAL INTERAMERICANO DOS DIREITOS DO HOMEM, Processo González e outras *vs.* México ("Campo Algodonero"), de 16 de novembro de 2009. Disponível em: <http://www.corteidh.or.cr/index.php/jurisprudencia>. Acesso em: 26 mai. 2014.

TRINDADE, A. A. CANÇADO. O sistema interamericano de direitos humanos no limiar do novo século: recomendações para o fortalecimento de seu mecanismo de proteção. In: *O sistema de interamericano de proteção dos direitos humanos e o direitos brasileiro.* Luiz Flavio Gomes e Flavia Piovesan (Coords.). São Paulo. Editora Revista dos Tribunais, 2000.

VALCÁRCEL, Amélia. La política de las mujeres. Feminismos. Cuarta Edición. *Ediciones Cátedra.* Universitat de Valencia. Instituto de la Mujer. Madrid, 2008.

VICENTIM, Aline. *A trajetória jurídica internacional até formação da lei brasileira no caso Maria da Penha.* In: Âmbito Jurídico, Rio Grande, XIII, n. 80, set. 2010. Disponível em: <http://www.ambitojuridico.com.br/site/index.php?n_link= revista_artigos_leitura&artigo_id=8267>. Acesso em: set. 2014.

VIEIRA, Sinara Gumieri. *Discursos judiciais sobre homicídios de mulheres em situação de violência doméstica e familiar*: ambiguidades do direito como tecnologia de gênero, 2013. Disponível em: http://bdm.unb.br/bitstream/10483/4743/1/2013_SinaraGumieriVieira.pdf Acesso em: set. 2015.

WASHINGTON, Diana. Cosecha de mujeres. Safari en el desierto mexicano, *Editorial Océano de México,* S.A., Barcelona, 2005.

ZAFFARONI, Eugenio Raúl. El discurso feminista y el poder punitivo. In: *Las trampas del poder punitivo. El género en el derecho penal.* Buenos Aires: Editorial Biblos, 2000.

ZILBERMAN, Monica L; BLUME, Sheila B. Violência doméstica, abuso de álcool e substâncias psicoativas. *Revista Brasileira de Psiquiatria,* São Paulo, v. 27, supl. 2, out. 2005. Disponível em: <http://www.scielo.br/scielo.php?script=sciarttext&_pid=S1516-44462005000600004&lng=en&nrm=iso>. Acesso em: 15 jan. 2015.

CONSELHO NACIONAL DE JUSTIÇA

Formulário Nacional de Avaliação de Risco
Violência Doméstica e Familiar Contra a Mulher

Identificação das Partes

Delegacia de Polícia: ______________________________
Nome da vítima: ______________________________ Idade: ________
Escolaridade: ______________________________
Nacionalidade: ______________________________
Nome do(a) agressor(a): ______________________________
Idade:________
Escolaridade: ______________________________
Nacionalidade: ______________________________
Vínculo entre a vítima e o(a) agressor(a): ______________________________
Data: ______/______/______

Bloco I - Sobre o histórico de violência

1. O(A) agressor(a) já ameaçou você ou algum familiar com a finalidade de atingi-la?

( ) Sim, utilizando arma de fogo

( ) Sim, utilizando faca

( ) Sim, de outra forma

( ) Não

2. O(A) agressor(a) já praticou alguma(s) destas agressões físicas contra você?

( ) Queimadura

( ) Enforcamento

( ) Sufocamento

( ) Tiro

( ) Afogamento

( ) Facada

( ) Paulada

( ) Nenhuma das agressões acima

3. O(A) agressor(a) já praticou alguma(s) destas outras agressões físicas contra você?

( ) Socos

( ) Chutes

( ) Tapas

( ) Empurrões

( ) Puxões de Cabelo

( ) Nenhuma das agressões acima

4. O(A) agressor(a) já obrigou você a fazer sexo ou a praticar atos sexuais contra sua vontade?

( ) Sim

( ) Não

5. O(A) agressor(a) já teve algum destes comportamentos?

( ) disse algo parecido com a frase: "se não for minha, não será de mais ninguém"

( ) perturbou, perseguiu ou vigiou você nos locais em que frequenta

( ) proibiu você de visitar familiares ou amigos

( ) proibiu você de trabalhar ou estudar

( ) fez telefonemas, enviou mensagens pelo celular ou e-mails de forma insistente

( ) impediu você de ter acesso a dinheiro, conta bancária ou outros bens (como documentos

pessoais, carro)

( ) teve outros comportamentos de ciúme excessivo e de controle sobre você

( ) nenhum dos comportamentos acima listados

6. Você já registrou ocorrência policial ou formulou pedido de medida protetiva de urgência

envolvendo essa mesma pessoa?

( ) Sim

( ) Não

7. As ameaças ou agressões físicas do(a) agressor(a) contra você se tornaram mais frequentes ou

mais graves nos últimos meses?

( ) Sim

( ) Não

Bloco II - Sobre o(a) agressor

8. O(A) agressor(a) faz uso abusivo de álcool ou de drogas?

( ) Sim, de álcool

( ) Sim, de drogas

( ) Não

( ) Não sei

9. O(A) agressor(a) tem alguma doença mental comprovada por avaliação médica?

( ) Sim e faz uso de medicação

( ) Sim e não faz uso de medicação

( ) Não

( ) Não sei

10. O(A) agressor(a) já descumpriu medida protetiva anteriormente?

( ) Sim

( ) Não

11. O(A) agressor(a) já tentou suicídio ou falou em suicidar-se?

( ) Sim

( ) Não

12. O(A) agressor(a) está desempregado ou tem dificuldades financeiras?

( ) Sim

( ) Não

( ) Não sei

13. O(A) agressor(a) tem acesso a armas de fogo?

( ) Sim

( ) Não

( ) Não sei

14. O(A) agressor(a) já ameaçou ou agrediu seus filhos, outros familiares, amigos, colegas de trabalho, pessoas desconhecidas ou animais de estimação?

( ) Sim. Especifique: ( ) filhos ( ) outros familiares ( ) outras pessoas ( ) animais

( ) Não

( ) Não sei

Bloco III - Sobre você

15. Você se separou recentemente do(a) agressor(a) ou tentou se separar?

( ) Sim

( ) Não

16. Você tem filhos?

( ) Sim, com o agressor. Quantos?

( ) Sim, de outro relacionamento. Quantos?

( ) Não

16.1. Se sim, assinale a faixa etária de seus filhos. Se tiver mais de um filho, pode assinalar
mais de uma opção:

( ) 0 a 11 anos

( ) 12 a 17 anos

( ) A partir de 18 anos

16.2. Algum de seus filhos é pessoa portadora de deficiência?

( ) Sim, Quantos?

( ) Não

17. Você está vivendo algum conflito com o(a) agressor(a) em relação à guarda do(s) filho(s), visitas
ou pagamento de pensão?

( ) Sim

( ) Não

( ) Não tenho filhos com o(a) agressor(a)

18. Seu(s) filho(s) já presenciaram ato(s) de violência do(a) agressor(a) contra você?

( ) Sim

( ) Não

19. Você sofreu algum tipo de violência durante a gravidez ou nos três meses posteriores ao parto?

( ) Sim

( ) Não

20. Se você está em um novo relacionamento, percebeu que as ameaças ou as agressões físicas

aumentaram em razão disso?

( ) Sim

( ) Não

21. Você possui alguma deficiência ou é portadora de doenças degenerativas que acarretam

condição limitante ou de vulnerabilidade física ou mental?

( ) Sim. Qual(is)? ____________________________

( ) Não

22. Com qual cor/raça você se identifica:

( ) branca ( ) preta ( ) parda ( ) amarela/oriental ( ) indígena

Bloco IV - Outras Informações Importantes

23. Você considera que mora em bairro, comunidade, área rural ou local de risco de violência?

( ) Sim

( ) Não

( ) Não sei

24. Você se considera dependente financeiramente do(a) agressor(a)?

( ) Sim

( ) Não

25. Você quer e aceita abrigamento temporário?

( ) Sim

( ) Não

Declaro, para os fins de direito, que as informações supra são verídicas e foram prestadas por mim,

____

Assinatura da Vítima/terceiro comunicante: ______________________________

PARA PREENCHIMENTO PELO PROFISSIONAL:

( ) Vítima respondeu a este formulário sem ajuda profissional

( ) Vítima respondeu a este formulário com auxílio profissional

( ) Vítima não teve condições de responder a este formulário

( ) Vítima recusou-se a preencher o formulário

( ) Terceiro comunicante respondeu a este formulário